教育自然法的寻求

刘晓东　著

江蘇鳳凰教育出版社
Phoenix Education Publishing, Ltd

有一种天命或召唤来自心田：The call to teach，已达达人，诲人不倦。多少次驻足随园，花团锦簇里，话语与笑靥如春风扑面，朝霞满天……

谨以此书献给已故的教育哲学教授、敬爱的刁培萼老师。

目录

序

“人的教育”必须尊重“自然的教育”①，或者说，教育必须尊重、遵循人的天性，此即谓教育的自然法。

先秦文献《中庸》开篇即云：“天命之谓性，率性之谓道，修道之谓教。”从《中庸》这句话即可参得教育的自然法。探索、发现与遵循天命、天性，建设遵循天性的教育学，修造遵循天性的教育之路，乃教育与教育学的使命。

“天命之谓性”表明，天性就是天命，是故遵循天性便是遵循天命。

天命者，自然法也。天命、天性即教育的自然法。遵循天命、天性便是遵循教育的自然法。然而，岂止教育应遵循天命、天性耶？一切人文世界均应遵循天命、天性。

西方现代教育学的基本成就便是发现教育的自然法。可见古代中国的教育学与现代西方教育学其致一也，正所谓“天下同归而殊途，一致而百虑”（《周易·系辞下》）。

为何使用“教育自然法的寻求”作为书名？

其一，那满足人的天性之自我实现的意志（天意、天志），亦是教育的意志。守护与保全人自身的自然（古人称之为“性”，今人称之为“天性”），此乃教育实现其自然意志的自然之道，亦即教育的自然法。一切教育活动应当遵循教育的自然法，应当体现教育的自然法，这本身便是教育自然法的寻求。使用

---

① 卢梭的《爱弥儿》将完整的教育分成三部分。卢梭写道：“这种教育，我们或是受之于自然，或是受之于人，或是受之于事物。我们的才能和器官的内在的发展，是自然的教育；别人教我们如何利用这种发展，是人的教育；我们对影响我们的事物获得良好的经验，是事物的教育。”（卢梭．爱弥儿［M］．李平沤，译．北京：商务印书馆，1994：7.）卢梭认为，人的教育、事物的教育应当与自然的教育保持一致。本书相关文章对卢梭的这种说法有比较详细的介绍和讨论。

“教育自然法的寻求”这一书名，此其第一义者也。

其二，教育是人的教育，人是教育的主体，教育是由人来承担的。人在多大程度上发现自然法，教育便在多大程度上得以实现其天命、使命，人也就相应地在教育活动中获得多大程度的自由。因而，从事教育活动的人（尤其是教育学学者）应当探索、发现、认识教育的自然法，遵循教育的自然法。“教育自然法的寻求”这一书名，又有“寻求教育的自然法”之义。本书即是我寻求“教育自然法”的一点点心得。使用“教育自然法的寻求”这一书名，此其第二义。

在直接阐释“教育的自然法”时，个别文章所使用的史料相互间有少量重复。由于各篇文章独立成篇，这些重复的内容均是论说时不可或缺的逻辑环节，一旦删除，论说即难连贯，文章便不完整；不过，这恰好暗示其在阐释“教育的自然法”时有难以取代的地位。由是观之，这一点点重复让人无奈之余，并非一无是处。

刘晓东

2018 年 3 月 26 日

丽娃河畔

第一章

教育学与自然法

童年的意义①

大人者，不失其赤子之心者也。

——《孟子·离娄下》

Thou best philosopher, who yet dost keep

Thy heritage, thou eye among the blind.

——William Wordsworth. *Ode: Intimations of Immortality from Recollections of Early Childhood*②

每个人都从童年走过，但是回望过往，童年世界已然模糊难辨。似乎在一转眼间，长大的我们与童年的自己已经身处两个世界。儿童世界充满生机、快乐、情感和想象。面对如此纯真的世界，成年人应当如何看待？怎样消除偏见和误解，真正走进儿童的世界？带着这些问题，记者采访了南京师范大学的刘晓东教授。

记者：每个人都有童年，有自己独特的喜怒哀乐。对一个成年人来说，曾经走过的童年意味着什么呢？

刘晓东：童年留在人生这棵大树最核心处的年轮里，它始终在为人生提供滋养。

不过许多人患有“童年遗忘症”，这如同大树失去最核心处的年轮。这些“空心树”不再有童年的记忆，也难以获得童年的滋养。而那些依然拥有童年世界的记忆和印象的人，那些将童年生命持存于生命深处的人，那些不断从童年的生活中挖掘出“矿藏资源”的人是幸运的。马斯洛研究了几万名“自我实现的

① 该访谈录由《人民教育》期刊的记者朱哲主持，访谈录的部分内容以“童年的意义”为题发表于《人民教育》2014 年第 11 期。此处发表的是访谈录的未删节稿。

② “你这卓越的哲人，保全你的天赋资源，/你是盲目的成人中间的明眼人。”这是英国诗人华兹华斯《颂诗：忆幼年而悟永生》（写于 19 世纪初期）中的诗句，是对儿童的发现、尊崇与唱颂。

人”，这些人都是非常成功的科学家、艺术家、政治家、企业家等，他们无一例外地具有孩子气。不少心理学家认为，拥有“童稚”是成人保持心理健康的重要条件之一。

童年是最重要的自然资源和人文资源。说它是最重要的自然资源，是因为童年体现着人之为人的自然资源。人的天性或说人之自然与其他资源相比，当然是最重要的自然资源。说它是最重要的人文资源，是因为每个成人都是由童年的那个自己，一天天，一年年，通过吃喝撒拉睡以及好奇、探究、游戏、涂鸦、幻想、哼唱、蹦蹦跳跳、学习等，“一砖一瓦”地建设起来的。

“儿童是成人之父”，这是英国诗人华兹华斯的著名诗句，表达的是，在同一个个体维度上，成人与他曾经是的那个儿童之间的本真关系。这句诗强调，童年是成年的发源地，儿童是自己将要长成的成人生命的创造者，儿童身上具有先天资源，成人是这种童年资源的继承人、受益人。

老子主张“复归婴儿”，孟子主张“不失赤子之心”，便是将赤子婴孩视为终极的人文资源。毕加索晚年声称自己用了一生的时间去学习像六岁幼童那样作画；莫言称自己写作时会忘记自己的年龄而变成孩子，从而狂放不羁、如醉如痴、思如泉涌，下笔千言万语……类似的个案例证还有很多。这都表明，童心是文化创造的源头，葆有童心是避免文化异化的最有效的“防火墙”。这样看来，童心是一切人文资源的源头和内核。

记者：童年如此珍贵，但作为成年人，我们似乎并没有真正意识到儿童世界独特的价值。

刘晓东：是的，人类对儿童的理解、认识和研究已经取得了巨大的成就，但儿童的世界是难以想象的丰富，成人社会对儿童的认识还只是管中窥豹。

与儿童有接触的、热爱儿童的人会发现，儿童游戏中的假扮，儿童的自发性歌唱与跳跃，儿童自发性的涂鸦与描摹，儿童泛灵论的世界观念，儿童的幻想、想象，儿童对神话、童话的热爱，等等，都向我们表明，儿童的世界是一个神秘的、诗的、艺术的世界。

只要有健康的自然生态和文化生态，只要有适当的物质食粮和精神食粮，只要有成人世界的关爱、支持和帮助，任何遗传学上正常的儿童都会按照共同的生物学指令实现类似于长胳膊长腿这样的生长发育，都会逐步展开童年的精神世界，都会主动地探索、游戏、梦想、涂鸦、歌唱、表达。所有这一切构成儿童的生活、儿童的世界、儿童生命的现实形态。儿童时代被丰子恺称为人生的“黄金时代”。

我还想专门对儿童的教师们说几句话。童年是珍贵的。如果成人透过儿童稚气的面庞而看到童心的光华，那么，天天面对儿童的教师将会抛弃“家有五斗粮，不做孩子王”的职业自卑感，教师职业面对的不再是一帮让人无可奈何的调皮鬼，而是一群可爱可敬的精灵。“近水楼台先得月”，教师对自己职业的感受将焕然一新，社会也将赋予教师职业以新的光荣，从而对教师给予更高的尊敬，当然也会对教师提出更高的职业期待和任职要求。于是，基础教育界将会焕发出一派新气象，这也将从正面大大地影响整个社会系统的进步。

记者：儿童世界与成人世界有很大的区别，是吗？

刘晓东：是的。儿童不是小大人，儿童有独立的不同于成人的生活。“发现”儿童，从而以儿童为本位，这是近现代教育的逻辑起点。我感觉这话都已经因为不断重复而令人生厌了，然而这种看似简单的儿童观和教育观依然难以写入我们民族文化的深层心理中，依然难以作为我们看待儿童和儿童教育的逻辑起点。现代教育的根本立场是建立在对儿童的这种认识之上的。欧美国家目前的基础教育便是建立在这一立场之上的。

记者：确实，儿童本位说起来容易，做起来却阻碍重重，成人总是不自觉地要将儿童塑造成自己想要的样子。

刘晓东：教育应该符合儿童的天性。所谓教育“塑造”，其实是将儿童视为简单的“物”，于是成人与儿童相互对立，相互为敌，相互折磨。

儿童是未成熟的，在成长过程中需要成人的帮助，但教育应因人的天性而改变自身，而不是人因教育而改变天性。尽管儿童没有做成人通常认为的那些在成人世界里可谓重要的工作，但儿童表面的幼稚下面隐藏着意蕴丰富的生活，那是他独立的不同于成人的生活。在这个表面看来幼稚的世界里，儿童是积极地、主动地发展着的。

儿童其实是探索者、游戏者、梦想者，也是“哲学家”“艺术家”……表面看来，儿童只是在好奇、探索、涂鸦、幻想、游戏、哼哼唱唱、蹦蹦跳跳，但实际上在这些表面看来无所事事中，儿童却做着重要的工作。成人认为这很无聊，是浪费生命。错了。小孩子其实是在悄悄地构造一个大活人，这个大活人就是未来的他自己、未来的那个成人。每个成人都曾经是个孩子，每个成人都是往日自己童年时的那个孩子建构、生成的，所以华兹华斯、蒙台梭利等人才提出“儿童是成人之父”的命题。

一方面，儿童与成人的差异类似于蛹与蝶所处的不同形态。另一方面，儿童的成长又是由不同阶段构成的，相邻两个阶段的差异也类似于蛹与蝶所处的不同形态。儿童是沿着皮亚杰所谓“必经途径”这条进化历史为儿童规定的路线而成长的。教育、社会、文化都应当尊重儿童成长的这条自然路线。那种“千万别输在起跑线上”的口号其实质是揠苗助长，是促使家长、教师、学校违背儿童成长的自然规律而“好心办坏事”。“道法自然”，尊重儿童自身自然（即天性）的教育才体现“道”。

记者：遵从儿童的天性就能让儿童快乐成长吗？如何理解儿童自然发展与教育的关系？

刘晓东：在历史上，卢梭的《爱弥儿》一书第一次从理论上解决了这一问题。卢梭的方案是，所有教育影响都必须与儿童的自然发展相一致。杜威将卢梭的这一思想概括为“教育即自然发展”，裴斯泰洛齐、福禄培尔、杜威、蒙台梭利等人的教育学体系均持守卢梭的这一教育立场。

类似“教育即自然发展”的说法在中国并不鲜见。例如，先秦《学记》主张“禁于未发”。这里的“未发”在先秦时期的文献中与“已发”是常常成对出现的哲学概念。“禁于未发之谓豫，当其可之谓时……”——前一句讲的是儿童的成长“未发”的时候，教育就要耐心等待，不可贸然出场，于是儿童就会感到安适(“豫”)；后一句讲的是，一旦儿童成长起来，为实施教育提供了“内因”，那就要紧紧抓住教育的时机。这其实是主张尊重和依赖儿童自然发展的教育主张。

再如，明代的王阳明曾说：“大抵童子之情，乐嬉游而惮拘检，如草木之始萌芽，舒畅之则条达，摧挠之则衰萎。今教童子，必使其趋向鼓舞，中心喜悦，则其进自不能已。譬之时雨春风，沾被卉木，莫不萌动发越，自然日长月化。”在这里王阳明将儿童比作萌芽的“草木”，将教育比作“时雨春风”，并强调教育若能遵循儿童成长的天性，那么，童子必能“趋向鼓舞，中心喜悦，则其进自不能已”，如草木般“莫不萌动发越，自然日长月化”。这种观点不就是中国的“教育即自然发展”吗？可见“教育即自然发展”这一现代教育学的核心观念不只是西方有，中国也有。

儿童的天性能够得到表达和张扬，对儿童来说当然是欢欣的。儿童的天性得到表达和张扬，这本身就是成长。

中国完全有条件扎根于自己优秀的思想文化传统基础上，镜鉴和会通西方现代教育学，建设符合儿童教育现代立场和现代观念的儿童教育学体系。有了现代化的教育观念，才可能有现代教育的行动。当前中国亟待加强建设现代儿童教育学体系（现代儿童观和现代教育观），以服务于基础教育改革的深化和基础教育现代化的推进。

记者：许多人可能会认为，既然要尊重儿童的自然发展，那教师的作用就必然降低了。这种理解对吗？

刘晓东：人们往往会有这种误解，以为尊重儿童的自然发展，就是放弃成人对儿童的指导，就是拒绝成人对儿童的影响。这是错误的。现代儿童教育不是放弃成人对儿童的指导，而是放弃传统儿童教育中成人暴力、专制和无的放矢的指导。只有了解儿童的天性和儿童的生活，寻找儿童成长所需要的种种条件，才能更有效地对儿童进行帮助和指导。这种儿童本位的教育对教师的要求其实是更高了，因为它要求教师充分了解儿童的生活面貌和成长需要，而不是教师一厢情愿地单方面控制和灌输。

还有另一种误解，认为现代儿童教育中，教师应当变成一个孩子，应当蹲下来与儿童平视，方能显示出师生平等。对于蹲下来与儿童平视的教师，儿童自然是欢迎的，但是这个教师必须清楚自己是成人世界的代表。儿童欢迎那些尊重他们的教师，欢迎那些与他们交朋友的教师，欢迎教师进入他们的世界，但是儿童本身又有成长的愿望，有认识成人世界、进入成人世界的愿望。所以一味蹲下来与儿童平视，儿童未必欢迎，儿童欢迎的是那种与他们平视但又随时能够站起来、展示成人强大力量和多彩而厚重的成人世界的那种教师。

记者：现在的儿童教育中确实存在着“好心办坏事”的情况，不管是家长

还是教师，都自认为对儿童充满了爱，但是如果这种爱的方向是错误的，会不会反而变成对儿童的摧残？

刘晓东：是的。爱子女，爱后代，一般动物也能做到。在文明社会里，父母的爱是与父母对孩子的理解、认识难以分割的。没有对童年、对儿童的正确认识，这种爱就会成为不理性的爱、反理性的爱，就会好心办坏事。揠苗助长的宋国人就很爱自家的庄稼，他想让庄稼茁壮成长，早结硕果，获得丰收，可是他不了解庄稼成长的规律，以至于最后庄稼全部枯萎了。办教育，绝不能像那位宋国人，以“人为”害“自然”。

《老子》第十七章有云：“太上，不知有之；其次，亲而誉之；其次，畏之；其次，侮之。……功成事遂，百姓皆谓‘我自然’。”这美好而理想的政治理念，也适用于教育。办教育就要了解儿童，要了解儿童成长的特点与规律，了解儿童成长需要的物质的、文化的、社会的、教育的条件，并为儿童提供这些条件。教育即生长，教育即生活，——儿童在学校与教师一起生活，教师的工作作为“时雨春风”而影响儿童，因而儿童得以自由自在地成长，而未感到教师给予他们什么塑造、填输和束缚。这种教育的前提就是，教师是围绕儿童成长的需要而行动的，是合理、合目的、合规律的。教师做了许多工作，但都没有惹扰儿童自身的自然，没有对儿童自身的自然做一丝一毫的增减，因而是“无为”，其结果是“无为无不为”。套用老子的话，这可谓“教师功成事遂，儿童皆谓‘我自然’”。这大概是教育的至境，作为教育提升的最高标杆，虽不能至而心向往之，也是有其价值的。

记者：儿童惧怕成人，是当前儿童教育的一大问题。如何理解这一现象呢？

刘晓东：儿童惧怕成人，这一现象其实是儿童教育的病症之一。在历史上，明代王阳明就已发现儿童惧怕成人、视教师如寇仇的现象：“若近世之训蒙稚者，日唯督以句读课仿，责其检束而不知导之以礼，求其聪明而不知养之以善，鞭挞绳缚，若待拘囚。彼视学舍如囹圄而不肯入，视师长如寇仇而不欲见，……是盖驱之于恶而求其为善也，何可得乎？”显而易见，他已发现传统教育以逼迫灌输为教育方法，违背儿童的身心特点，摧残儿童的自然天性，导致师生关系恶化为敌我关系。

王阳明反对的那类教育至今犹存。新时代的学校童谣里就有这样的话：“太阳当空照，……我要炸学校，……一拉线我就跑，轰的一声学校不见了。”这活生生体现了学生对学校的厌恶。这一童谣有少年特有的夸张乃至恶搞的色彩，但其直率表达了对学校的厌倦。应当说，学生厌学习、厌学校、厌教师的情况并不鲜见。

这表明，在某种特定的意义上，儿童世界与成人世界在学校这一特定场域尖锐地对峙着。如果成人不能进入儿童的世界，便不会珍惜，更谈不上敬畏童年世界，怎么可能像伟大的教师苏霍姆林斯基那样对儿童充满“爱与理解”，从而“把整个心灵献给孩子”呢？家长和教师以粗暴的态度和强制的方法来干涉、侵入儿童世界，童年被“滥砍滥伐”得伤痕累累，以致“压力山大”的儿童将学校和家庭视为剥夺自己尊严和欢乐的监牢，多么可惜可悲！不了解儿童的天性，不了解儿童的世界，不了解儿童成长需要怎样的条件，便会好心办坏事，便会伤害童年，于是成人所谓的“爱”会变成儿童的“压力山大”，会变为儿童对成人的怕与恨。

记者：认识儿童，认识童年，这会对教育方法的进步有影响吧？

刘晓东：当然会的。辩证地看，观念即方法，方法即观念。有什么样的教育观念，当然就会探求相应的教育方法，从而教育方法又体现相应的教育观念。“大家都如此”的教育方法是与教育的文化无意识心理相对应的。稀里糊涂的教育方法是与稀里糊涂的教育观念对应的。“是”与“应当”是辩证统一的，“是”都想变成“应当”，“应当”都想落实为“是”，所以，人头脑里的教育观念都会试图变成实际的教育行动。“理论一经掌握群众，也会变成物质力量。理论只要说服人，就能掌握群众；而理论只要彻底，就能说服人。所谓彻底，就是抓住事物的根本。”马克思《〈黑格尔法哲学批判〉导言》中的这句话表达的也是这个意思。在中国思想史中，观念与方法的关系是作为知行关系这一话题来讨论的。

记者：对儿童的认识对教育方法的进步具体会有什么影响呢？

刘晓东：我主张教育学应当建立在儿童身心发生学基础上。不同阶段的教育是随儿童的成长而自我调整的，因而是不同的。

儿童教育不应当在起点处只盯住心理发展的结果，而应当看到这一结果的出现要经历怎样的过程、怎样的形式上的演变，因为只有认识到结果产生之前的那个过程和前结果的种种形式的演变，儿童教育才能为理想结果的诞生提供各种环境的、文化的、教育的条件。

如何理解这些说法呢？让我们先看看怎样种庄稼。农民不是不知道他们需要的是粮食，然而为了达到收获粮食这个最终目的，他们懂得播种、培植，耐心等待种子的发芽和自然成长，而他们付出的劳动主要不是直接针对粮食本身的，而恰恰是前果实的阶段。一分耕耘，一分收获。经过辛劳和等待，最后终于收获了粮食。而揠苗助长的那个宋国人，试图走捷径，不愿意付出辛劳和经历等待，结果是庄稼枯萎了。这对于儿童教育也是深刻的启发和教训。办教育千万不能步那个宋国人的后尘。

传统教育的误区可以归因于没有认识到儿童的精神发生现象和发生规律，没有认识到成人的精神世界与儿童的精神世界存在结构性差异，没有认识到成人的精神世界是要经过儿童的精神世界的数次结构性转换才能达成。也就是说，儿童的世界、儿童的生活、儿童的心灵即便在儿童时代也是按发展阶段的严格顺序发生数次结构性转变的，每次结构性转变，儿童的世界和儿童的需要以及儿童成长的任务都将发生相应的转换。传统教育将成人世界有价值的东西填输给儿童，过分强调教育的“塑造”功能，这是舍本逐末。

现代教育学主张“教育即自然生长”，或者说“教育即生长”。与忽视儿童自然成长的传统教育相比，现代教育学的育人功能的魅力就展现出来了。

记者：您曾主张学前教育乃至基础教育应当是成长取向，而不是学习取向。您为什么提出这种主张？

刘晓东：我反对学习取向，主张成长取向，即让小孩子快乐生活，快乐成长。小孩子是好奇的、探索的、艺术的、梦想的、游戏的……认真观察孩子，你会发现他比成人还要忙碌，那些忙碌就是在建设他自己，就是在成长。孩子所做的一切——吃喝撒拉睡玩——都是在自我建设，都是在完成进化历史给儿童成长所设定的成长任务。

但是如果成人不顺应孩子的这种成长需要，用成人自己的需要代替儿童的需要，孩子就遭殃了。如果成人让孩子的成长进程超越了自然进度或成长的自然路线，就是揠苗助长，相应的成长阶段的任务就难以顺利完成，就无法为后一个阶段的发展打好基础，童年的成长就会受到破坏。

当然，学习本身也是孩子的需要，要实施成长取向的教育也要关心孩子的学习，但是学习不是幼儿成长的全部。所谓学习，主要是在意识层面进行的。学习取向的教育忽视了儿童本能的、无意识的生活，而这一层面的生活是儿童生活的重要内容，更是幼童生活的主体部分。

正是由于幼童的生活主要是本能的、无意识的而非有意识的，主要是类的而非个人的，所以他的世界才显得更为纯真，这种纯真是一种生物学上的真，因而是“天真”。正是由于这种纯真是一种生物学上的真，幼童关于世界的观念、幼童的艺术、幼童的梦想、幼童的游戏、幼童的生活才那样富有教益和魅力。而学习取向的教育恰恰或无视或轻视儿童本能、无意识层面的生活，将力量全用在了意识层面，没有为儿童在本能与无意识层面的成长提供充分的机会，也未能使意识的大厦建立在厚实的基础上。而我提出“儿童教育应当是成长取向”这一主张，目的就是为了解决这一问题。

学习是成长的手段，不是成长的目的；成长是本，学习是末。

记者：在您理想中，儿童应拥有怎样的童年？

刘晓东：儿童能在适宜的社会、文化、教育等外部条件下，将其所有的先天资源，按照进化历史所赋予的时间表(“必经途径”)，按部就班地表现出来；社会、文化、教育对儿童成长的特点、规律和需要有充分的认识和尊重，能为儿童成长提供相应的外部支持；社会、文化、教育是保障儿童成长的母乳、食粮、精神财富，是给予儿童温暖、安宁和庇护的襁褓、摇篮和家宅。于是，现实的童年一定是欢乐的、欣欣向荣的、充分成长的童年。造就这种理想教育的社会不仅是全体儿童的天堂，也是全体成人与儿童一道幸福生活的理想社会。这需要成人为此奋斗，需要社会大系统协同进化，从而逐步走进这一社会。

谈到这里，不由想起《论语·先进》记述曾点言志而得孔子叹赏的那段话：

“（曾点）曰：‘暮春者，春服既成，冠者五六人，童子六七人，浴乎沂，风乎舞雩，咏而归。’夫子喟然叹曰：‘吾与点也。’”

这是多么温馨的图画。这是大手牵小手，小手牵大手；这是成人与儿童的相亲相爱，互哺互补，相互依存，相互拥有；这是“爱满人间”。念着这样如诗如画的文字，耳边似乎被贝多芬《欢乐颂》的旋律所萦绕。理想社会的建设离不开人类对童年资源的发现和利用，离不开儿童和成人建立一种互哺互补的和谐关系。

记者：您能总结一下您对儿童的认识吗？

刘晓东：我曾用九个陈述句来表达我对儿童的认识：

1. 儿童是人，但不是小大人；
2. 儿童是“探索者”和“思想家”；
3. 儿童是“艺术家”“梦想家”和游戏者；
4. 儿童是自然之子；
5. 儿童是历史之子；
6. “儿童是成人之父”；
7. 儿童是成人之师；
8. 儿童也是文化的创造者；
9. 儿童是“破坏者”，但更是建设者。

当然，这九项陈述依然难以穷尽对儿童的把握。儿童的生活或儿童的世界是好奇的、探索的，是诗性的、游戏的、童话的（或神话的）、梦想的，是从本能的和无意识的逐步迈向意识的，是历史沉积的因而是复苏的，是在转变中生长的。儿童世界最重要的特征是古而常青的：它有悠远历史却是从头开始生长的，是复演的但又是创新的；它是新与旧的和谐统一；它是历史与现实、文化与自然的和谐统一。

记者：2014年的六一儿童节就要到了。作为一位童年研究、教育研究领域的学者，您怎样看待六一儿童节？

刘晓东：儿童比成人稚嫩，但儿童在成人面前并不总是弱者。成人有许多方面比儿童强；可是，儿童也有许多方面比成人强，比成人更占优势，因而是值得成人刮目相看的。我在《人民教育》2014年第四期发表的《童年资源：从贫乏的童年到丰饶的童年》一文，试图阐明童年拥有丰饶的人性资源和人文资源，因而值得成人敬畏和学习。

设立儿童节，其初衷是提醒成人关爱儿童这群弱者，并保护他们的权利。这是历史进步的表现。现在看来，儿童节的内涵还可以进一步提升，以使儿童节获得新的时代精神。我希望，将护持童心、向儿童学习增补为儿童节的新内容。

众所周知，卢梭提出“教育即自然发展”的思想，就是以人的天性为教育之本。他同时发现，人的发展是有其“自然目的”的自然过程，这个自然过程就是童年。他的这种认识被称为“发现儿童”，并由此开启了现代教育学的纪元。

卢梭的思想与老、孟以及明代心学的童心主义传统是可以相互会通、相互支援的。陆王心学直承儒学中的孟子一脉。随着儒道释在宋明时代的进一步融合，陆王心学发展出极具个性的陆王左派。在人性（“内”）与文化（“外”）的对峙中，陆王左派强调“外”应当以“内”为本为中心为目的，最终以李贽写出《童心说》而达到高峰和极致，由此，一种与西欧现代精神类似的中国现代思维诞生了。这种现代思维“颠倒千万世之是非”，从而与儒学保守势力尖锐对立。最终，李贽被视为“异端”而身陷囹圄，被迫自戕，这标志着现代人格和现代精神在中国的夭折。日本学者岛田虔次将此次事件称为“中国近代思维的挫折”，认为它影响了中国现代思维和现代精神在中国的存亡绝续。现在看来，李贽的童心主义为中国乃至人类留下了光辉的思想财富。

中国的这种童心主义与西方教育学的儿童中心说可以相互会通，并可使儿童中心说获得新的深度、厚度、高度。童心主义刚好与马克思人的全面发展、未来理想社会是实现人性复归的彻底自然主义和彻底人本主义的学说是一致的。可以说，童心主义在中国乃至在全世界大放光彩的时候到了。

研究童年，不只是关涉儿童、关涉教育，而且关涉所有成人，关涉人类的未来。法国有幅名画《自由引导人民》，与此画相对照，如果说“童心引领人类”也并不过分，并不为怪。

在 2014 年儿童节到来之际，借这次访谈的机会，我最想表达的，是我对童年的敬意。这既是对儿童的敬意，也是对童心的敬意。作为一位童年研究者，这种敬意来自我对童年、童心、儿童的理解，因而它是内在的、发自心灵深处的。我也希望读者能同我一道向童年表达敬意。我甚至希望有朝一日，在未来的某一个儿童节，全体成人都愿接受这一倡议：向童年致敬！

自然教育学史论

天命之谓性，率性之谓道，修道之谓教。

——《中庸》

卢梭自然教育学的诞生标志着现代教育学的诞生。从卢梭以来的一切教育改革家都坚守卢梭的自然教育学立场。① 社会主义苏联的维果茨基、苏霍姆林斯基的教育思想也具有卢梭自然教育学的气息。古代中国具有自然教育学与教育自然法的丰厚思想资源。先秦时期的《中庸》开篇即指出："天命之谓性，率性之谓道，修道之谓教。"显而易见，这等于宣示"天性为教育立法"的主张。可见，卢梭自然教育学在中国本土思想体系中并非异质学说。亦可见，中国的现代教育学建设可扎根于《中庸》等中国古代的思想资源，并可与西方卢梭等人的现代教育学思想相互会通、相互支援、相互提升。

一、自然教育学的诞生与教育自然法的确立

自然教育学的诞生即教育自然法的确立。卢梭认为，"以自然为基础"是"人的理论"得以成立的必要条件乃至首要条件。②（马克思《1844 年经济学—哲学手稿》对人认识的逻辑进路即与此一致。）而教育学显然是属于"人的理论"之一种，因而"以自然为基础"的教育学——自然教育学——之成立也便理所当然。

比卢梭稍晚并自称受到卢梭重要影响的康德（有人甚至称康德为"卢梭的大弟子"③）在《纯粹理性批判》第一版序言中，希望纯粹理性体系在"自然的形而上学"这个标题下被提出。④ 而康德在《爱弥儿》中得到许多启示，康德所

① 杜威．明日之学校［M］//杜威．学校与社会·明日之学校．赵祥麟等，译．北京：人民教育出版社，1994：221.

② 卢梭．致博蒙书［M］．吴雅凌，译．北京：华夏出版社，2014：48.

③ 威廉·博伊德，埃蒙德·金．西方教育史［M］．任宝祥，吴元训，主译．北京：人民教育出版社，1985：313.

④ 康德．纯粹理性批判·第一版序［M］．杨祖陶，译//康德．康德三大批判精粹．北京：人民出版社，2001：45.

构思的“自然的形而上学”与卢梭的《爱弥儿》不无关系。卢梭的“自然人”概念暗示了康德“自然的形而上学”体系之设想即将诞生。更具体地说，卢梭的自然教育学可视为这种“自然的形而上学”的教育学分支，也是这种“自然的形而上学”在其教育学维度的显现。

在西方，是卢梭首次提出“自然教育”，首次发现教育的“自然法”。让我们看看卢梭是如何具体提出“自然教育”，又如何具体发现教育的“自然法”的。

卢梭将完整的教育分成三部分。他写道：

“这种教育，我们或是受之于自然，或是受之于人，或是受之于事物。我们的才能和器官的内在的发展，是自然的教育；别人教我们如何利用这种发展，是人的教育；我们对影响我们的事物获得良好的经验，是事物的教育。”①

卢梭又说：

“我们每一个人都是由三种教师培养起来的。一个学生，如果在他身上这三种教师的不同的教育互相冲突的话，他所受的教育就不好，而且将永远不合他本人的心意；一个学生，如果在他身上这三种不同的教育是一致的，都趋向同样的目的，他就会自己达到他的目标，而且生活得很有意义。这样的学生，才是受到了良好的教育的。

“在这三种不同的教育中，自然的教育完全是不能由我们决定的，事物的教育只是在有些方面才能够由我们决定。只有人的教育才是我们能够真正地加以控制的；不过，我们的控制还只是假定的，因为，谁能够对一个孩子周围所有的人的言语和行为通通都管得到呢？”②

在卢梭看来，三种教育必须协同一致才构成良好的教育，而自然的教育完全不能由人决定，所以，人的教育和事物的教育必须尊重自然的教育，即尊重人自身的自然（即天性）；教育的目标“就是自然的目标”，教育就是儿童自身的“内在自然”朝向“自然的目标”的展开。③

“自然的教育”（即“我们的才能和器官的内在的发展”）所体现的不再是儿

---

① 卢梭．爱弥儿［M］．李平沤，译．北京：商务印书馆，1994：7.
② 卢梭．爱弥儿［M］．李平沤，译．北京：商务印书馆，1994：7.
③ 卢梭．爱弥儿［M］．李平沤，译．北京：商务印书馆，1994：8—9.

童以外的成人的意志，而是“我们的才能和器官的内在的发展”（即“自然的教育”）所体现的“自然意志”。“自然的教育”，也即“我们的才能和器官的内在的发展”——亦即人的天性——是教育“自然法”的立法者。于是，一种遵循人之天性的教育学——遵循“自然法”的自然教育学——诞生了。自然教育学的诞生标志着现代教育学的诞生。

二、从卢梭以来的一切教育改革家都坚守卢梭自然教育学的立场

旧教育的形态尽管千差万别，但有一点是共同的，那就是，“自然的教育”往往受制于“人的教育”，总不外乎以人的意志来为教育立法。这也正是杜威在1899年出版的《学校与社会》中对旧教育主要特点的洞察：“概括地说，（旧教育的）重心是在儿童以外。重心在教师，在教科书以及在你所喜欢的任何地方和一切地方，唯独不在儿童自己的直接的本能和活动。”①而一种与此不同的教育在杜威那个时代正行进在路上：“现在，我们教育中正在发生的一种变革是重心的转移。这是一种变革，一场革命，一场和哥白尼把天体的中心从地球转到太阳那样的革命。在这种情况下，儿童变成了太阳，教育的各种措施围绕着这个中心旋转，儿童是中心，教育的各种措施围绕着他们而组织起来。”②

杜威意识到新旧教育的根本区别，在于成人中心到儿童中心（或重心）的转移(“我们教育中将引起的改变是重心的转移”)。因而杜威指出，当时正在发生的教育变革或革命其实是一场“哥白尼式革命”。

尽管是杜威发现当时正发生于美国和欧洲的教育革命是一场“哥白尼式革命”，不过，我们不宜说是杜威发动了“哥白尼式革命”。这是因为杜威提出教育的“哥白尼式革命”这种说法前，已经有若干人先于杜威提出类似的教育主张。类似的教育主张可上溯至福禄培尔，进而上溯至裴斯泰洛齐，最终可上溯至卢梭。

裴斯泰洛齐就其教育学理论来说可视为卢梭的学生。他直言受到刚问世的《爱弥儿》强烈的思想冲击：“当我读到这部美梦般的书籍时，我自己的理想倾

① 杜威．学校与社会［M］//杜威．学校与社会·明日之学校．赵祥麟等，译．北京：人民教育出版社，1994：43—44.

② 杜威．学校与社会［M］//杜威．学校与社会·明日之学校．赵祥麟等，译．北京：人民教育出版社，1994：43—44.

向也被激发到非凡热忱的高度。我把我在家庭、学校所受的教育，同卢梭的《爱弥儿》的要求做了比较，我便觉得我所受的教育太不充分了。"① 他还以卢梭的名字"雅克"为自己的儿子起名。可见卢梭教育学对其影响之大。裴斯泰洛齐认为："人的全部教育就是促进自然天性遵循它固有的方式发展的艺术"②，"自然本身已确定了我们人类的教学"③，教学法应当"与人的本性相协调"。他骄傲地宣称："我已使教学接近人类发展的自然进程。"④ 可以看出，裴斯泰洛齐的教育立场与卢梭自然教育学的确是一致的。

裴斯泰洛齐又说："人类发展的自然进程是不可改变的。在这方面，没有也不可能有两种好的教育方法，只有一种——这就是那种完全建立在自然的永恒法则基础上的教育方法。至于坏的方法，则多得无限；每一种坏方法，由于其偏离自然法则而变得更坏，由于其倾向于遵循这些自然法则而变得稍好。"⑤在裴斯泰洛齐看来，"那种完全建立在自然的永恒法则基础上的教育方法"是唯一正确的教育方法。

裴斯泰洛齐认识到，儿童具有跟随自然的能力。他写道："儿童跟随自然的能力也是不可估量的。……我努力去推动本来不需要外力推动就可能运转的东西。唯一可能有效的做法是去引发一个推进机制，这一机制有它固有的动力，靠这一动力它能自行运转（或者更确切地说，我努力去实现的工作，是使儿童内在的力量显示出来，只能促进他们内在的力量的发展，而不能向他们输入些什么）。"⑥

这段话其实是裴斯泰洛齐的教育哲学的内核，这也是卢梭以来杜威、蒙台

① 威廉·博伊德，埃蒙德·金．西方教育史［M］．任宝祥，吴元训，主译．北京：人民教育出版社，1985：315.

② 裴斯泰洛齐．葛笃德如何教育他的子女［M］//裴斯泰洛齐教育论著选．夏之莲等，译．北京：人民教育出版社，2001：30.

③ 裴斯泰洛齐．葛笃德如何教育他的子女［M］//裴斯泰洛齐教育论著选．夏之莲等，译．北京：人民教育出版社，2001：141.

④ 裴斯泰洛齐．葛笃德如何教育他的子女［M］//裴斯泰洛齐教育论著选．夏之莲等，译．北京：人民教育出版社，2001：141.

⑤ 裴斯泰洛齐．葛笃德如何教育他的子女［M］//裴斯泰洛齐教育论著选．夏之莲等，译．北京：人民教育出版社，2001：157.

⑥ 裴斯泰洛齐．葛笃德如何教育他的子女［M］//裴斯泰洛齐教育论著选．夏之莲等，译．北京：人民教育出版社，2001：35.

梭利等一切伟大的教育改革家所坚持与坚守的教育学内核，这一内核在不同的教育改革家那里用不同的语言表述了出来。在裴斯泰洛齐之前，这一内核是卢梭的“教育即自然发展”；在裴斯泰洛齐以后，杜威的“教育即生长”、蒙台梭利的“跟随儿童”和“内在教师”的说法，都是对这一内核的描摹。

裴斯泰洛齐最为著名的朋友和学生当属福禄培尔。福禄培尔曾两次专程求教于裴斯泰洛齐，他的教育学基本立场与卢梭、裴斯泰洛齐也是一致的。

福禄培尔认为人的内部世界和人的外部世界是统一的，“这个统一体就是上帝”①。他的“上帝”概念与先秦老子的“自然”概念是相似的。福禄培尔的教育学是讴歌自然的教育学，是尊崇童年的教育学。正因为如此，传统教育对儿童天性、儿童成长的内在规律性的破坏才令福禄培尔痛心疾首。

福禄培尔如是说：“人们给幼小的动物和植物提供安宁的环境，并力求避免用暴力干扰它们，因为人们知道，相反地去做，会妨碍它们完美地发育和健康地成长。但是，年幼的人使人觉得是一块蜡和一团泥，可以用来任意地捏成一样什么东西。……那么，父母们，你们的孩子，在你们违反他们的本性把你们以前的形式和使命强加于他们，以致他们病态地、不自然地跟随着你们行动的情况下，也能够成为完美成长和全面发展的生物吗？”② 时下仍有教育学者主张“打破儿童的自然成长，改善儿童的成长，加速儿童的成长”③，这种观念不正是福禄培尔当年所批评的吗？现代教育正是告别这一古老的反自然的教育观念而逐步成长起来的。打破自然规律而改善或加速儿童成长的说法或做法，是上帝都不敢也不能做到的。当“自由意志”脱离“自然意志”而任性胡为时，宇宙秩序就被破坏了，那被毁灭的是狂放不羁的“自由意志”自身！当“自由意志”试图体现“自然意志”的时候，“自由意志”才有可能获得真正的自由。

让我们继续聆听福禄培尔的诉说，——从人的完美性和本来的健全性等方面来看，“一切专断的、指示性的、绝对的和干预性的训练、教育和教学必然起着毁灭的、阻碍的、破坏的作用。因此，为进一步接受大自然的教训，葡萄藤应当被修剪。但修剪本身不会给葡萄藤带来葡萄，相反地，不管出自多么良好

① 福禄培尔．人的教育［M］．孙平复，译．北京：人民教育出版社，1991：5.

② 福禄培尔．人的教育［M］．孙平复，译．北京：人民教育出版社，1991：9—10.

③ 邝孔秀，张辉蓉．双基教学：摒弃还是发展［J］教育学报，2013（3）：43—44.

的意图，如果园丁在工作中不是十分耐心地、小心地顺应植物本性的话，葡萄藤可能由于修剪而被彻底毁灭，至少它的肥力和结果能力被破坏。在对待自然物方面，我们的做法常常是正确的，而在对待人的问题上，却会走上完全错误的道路，而且在两者中起作用的力量出自同一来源，服从于同一条法则。因此，从这一观点出发，对于人来说，重视自然（引者注，笔者以为此处的“自然”主要是指“天性”）和观察自然也是十分重要的。”① 从此处可以看出，福禄培尔如卢梭等主张尊崇天性的教育家一样从来没有阻止社会、文化对儿童的影响，他只是强调社会文化对儿童发生的影响是不能与儿童天性相抵触的。这其实也是老子“道法自然”所倡导的社会、文化的基本原则。

在杜威《明日之学校》看来，卢梭以降，裴斯泰洛齐、福禄培尔等一切教育改革家都持卢梭的教育立场。综上所述，可知杜威的这一观察是正确的。《明日之学校》一书描述了当时美国的幼儿园和学校蓬勃开展的教育革命的形势，并阐明了指导这种教育革命的理论与裴斯泰洛齐、福禄培尔、蒙台梭利等人的关联。杜威认为，上述这些人的教育立场乃至“教育即生长”等观念，都与卢梭的“教育即自然发展”是一致的。杜威明确指出，“后世的一切教育改革家”都坚持卢梭“教育即自然发展”的教育立场。其实杜威本人也是如此。该书的第一章标题就是“教育即自然发展”，详细讨论了卢梭对后世教育思想的深刻影响。显然，杜威认为，卢梭的“教育即自然发展”是“明日之学校”（即未来教育）的理论基础。于是，卢梭教育学在杜威心中的重要地位凸显出来，卢梭在教育思想史中的重要地位凸显出来，——那就是，卢梭乃现代教育学的奠基人和开辟者。

“说到杜威教育思想的来源，一些人认为他是从卢梭和福禄培尔那里得来的。关于这一点，我有一次问过杜威，他明确地告诉我，在他形成他的观点之前，随便哪一本书他都没有读过。”② 这是威廉·克伯屈在《回忆杜威和他的影响》中所写的一段话。从中可以看出，在杜威生前已经有人看出杜威与卢梭等人的教育学在根本立场上是一致的，以至于克伯屈也想知道问题的答案。杜威

① 福禄培尔．人的教育［M］．孙平复，译．北京：人民教育出版社，1991：10.

② 威廉·克伯屈．回忆杜威和他的影响［C］//简·杜威．杜威传．单中惠，编译．合肥：安徽教育出版社，1987：181.

否认了自己的教育思想直接得之于卢梭等人，但他并未否认自己教育学上的基础观念与卢梭等人思想的一致性。杜威在其理论成熟期与大女儿伊芙琳合著的《明日之学校》里，更是将卢梭的“教育即自然发展”视为后世一切教育改革家共同的观念乃至信仰。这进一步说明，卢梭的“教育即自然发展”类似于自然科学中的“公理”，杜威本人的教育学当然也要自觉或不自觉地体现与信守这一“公理”。(人文社会科学与自然科学一样具有一系列公理，认识的主体人心的普遍性与认识的客体宇宙规律的普遍性使这些公理的存在成为必然）中国古代哲学有“理一分殊”“月映万川”的说法，也有助于我们理解学术界“不约而同”这一普遍现象。当然，这里的“不约而同”是将恶意的剽窃排除在外的。

杜威之后的教育学也在遵守这一“公理”。例如，比杜威稍晚的蒙台梭利的教育立场也是卢梭式的。蒙台梭利指出：“儿童好像遵循着自然所规定的一个严格程序，它比任何组织严密的旧学校所规定的程序更加精密、可靠。”“可以说每个儿童都有一位辛勤的教师，其教学技巧之高可以使世界各地的儿童都取得相同的成绩。”“大自然为了保护儿童免受成人经验的影响而给予能促进儿童发展的内在教师（the inner teacher）以优先权。”[①] 蒙台梭利所说的“内在教师”、每个儿童身上都有的“辛勤的教师”以及儿童自身所体现的“自然所规定”的“严格程序”，不都是在描绘卢梭所说的“三种教师”（卢梭所谓“我们每一个人都是由三种教师培养起来的”）中的“自然教育”（即“我们的才能和器官的内在的发展”）这位“教师”吗？

蒙台梭利认为，脱离开儿童天性的教育会导致儿童的发展产生“歧变”，于是产出异化了的儿童。她说：“儿童所有的歧变都有一个根源——儿童不能实现他发展的原始计划。”[②] 这种“原始计划”即是儿童内在的类的潜能追求“实体化”的倾向。“实体化”是儿童将内在潜能表现出来的过程，它引导着儿童的自我生长之路。然而当教育以爱的名义阻塞儿童内在潜能实现其“实体化”时，儿童的自我就产生了歧变。这种歧变的根源在于教育对儿童自身之自然的无知、无视、忽视甚至故意地阻碍。

① 蒙台梭利．蒙台梭利幼儿教育科学方法［M］．任代文，译．北京：人民教育出版社，1993：326.

② 蒙台梭利．童年的秘密［M］．马荣根，译．北京：人民教育出版社，1990：156.

由于意识到天性在教育中的核心地位，所以蒙台梭利声称："我坚持任何教育改革必须依据人的天性。人本身必须成为教育的中心。"①这不也是将"天性"（即"自然教育"）作为教育"自然法"的立法者吗？

综上所述，从卢梭以来，裴斯泰洛齐、福禄培尔、杜威、蒙台梭利等一切西方教育改革家都坚守卢梭的教育立场。建设教育学的现代观念和现代立场不能无视、忽视，更不能反对卢梭的自然教育学立场。

三、社会主义苏联的维果茨基、苏霍姆林斯基的教育思想也具有卢梭气息

中华人民共和国成立后，卢梭等西方著名教育学家的思想被当成资产阶级的教育学受到批判，改革开放后这种姓社姓资的学术批评不断弱化，但还是有人担心西方学说对中国社会主义意识形态的侵蚀。卢梭自然教育学是资产阶级的专利吗？不是。苏联时期社会主义学者维果茨基、苏霍姆林斯基的教育思想便具有卢梭的气息。

维果茨基的儿童研究与教育研究通常被总括为"发展—教育论"。而"发展—教育论"包含心理发展的"文化—历史论"与"教育主导论（最近发展区）"两根理论支柱。

维果茨基并未用"文化—历史论"来解释儿童意识发展以外的其他非高级心理机能的发展。例如，维果茨基在其论文《学前教学与发展》中，提出了"儿童的大纲"和"教学的大纲"两个概念。维果茨基认为，3 岁前儿童的教学（按教学一词的广义理解，就像平常所说的儿童在 1 岁半到 3 岁之间"学习"语言）的特点是，儿童"按照自己的大纲进行学习"，母亲的教学大纲与儿童自己的大纲相比其作用是微不足道的。② 显然，维果茨基在学前儿童那里更看重儿童的自发、自动、自然的发展，这与他用"文化—历史论"来解释学龄儿童高级心理机能的发展是明显有别的。维果茨基也是重视自然发展的，他的"文化—

① 蒙台梭利．蒙台梭利幼儿教育科学方法［M］．任代文，译．北京：人民教育出版社，1993：328.

② 维果茨基．维果茨基教育论著选［M］．余震球，选译．北京：人民教育出版社，1994：378.

历史论”并不必然地与自然发展相牴牾。[①] 维果茨基学说曾经在苏联一度被打压，也是因为其学说中的卢梭式教育学的气息。当然，人在屋檐下，不得不低头，维果茨基学说也有主动迎合当时意识形态的地方，苏联的另一位教育家苏霍姆林斯基的教育学也是如此。

不过，作为全世界认可的教育家，苏霍姆林斯基在谈到尊重儿童自身的自然这个问题时，其见解可谓动人心弦，而其动人之处恰恰与卢梭尊崇天性的主张相一致。

苏霍姆林斯基自言，波兰教育家科尔恰克[②]对其一生的教育信念有重要影响。“那本波兰文灰皮书里的这些话使我终生难忘。”他说的“灰皮书”是指科尔恰克的《当我返老还童之时》一书。苏霍姆林斯基对书中的一段话表示认同和欣赏：“谁也不知道，当学生看着黑板时获得的，是不是比那不可抗拒的力量(即太阳使向日葵随着它转的那股力量)，促使他窥视窗外时所得的多。在那个时刻，什么对他更有益、更重要，是压缩在教室黑板上的逻辑世界，还是游动在玻璃窗之外的那个世界？不要去强迫人的心灵，要细心观察每个孩子自然的发展规律，体察他的特点、志向和需要。”[③]尽管苏霍姆林斯基认为不能将“黑板上的世界”与“窗外的世界”对立起来，但是，在他看来，儿童自身“那不可抗拒的力量”如同“太阳使向日葵随着它转的那股力量”，是儿童自身的自然力量，是天性，应当受到尊重和利用。

我想重复强调一下，苏霍姆林斯基认为科尔恰克这些话对其一生的教育信念有重要影响，可见这些话已经成为苏霍姆林斯基教育学的内核或“深层语法”。

女儿即将担任实习教师了，苏霍姆林斯基给女儿写了一封信，将自己的教育理念告诉女儿。在信中，他饱蘸感情讲述了“精神世界特别微妙和特别敏感

---

① 刘晓东．2013 年度中国儿童文化理论研究述评［J］．浙江师范大学学报：社会科学版，2014(5)：42.

② 科尔恰克（Janusz Korczak，1878 或 1879—1942)，波兰教育家。1939 年 9 月，德军占领华沙后，科尔恰克拒绝了德国人的邀请，利用教授和医生身份，在华沙建立犹太儿童避难所，并使这些儿童接受教育。1942 年，当地盖世太保将这些儿童送进集中营。科尔恰克本可以脱身，但他选择照顾儿童而与儿童们一道被屠杀。

③ 苏霍姆林斯基．我把心给了孩子们［M］．唐其慈，毕淑芝，赵玮，译//苏霍姆林斯基．苏霍姆林斯基选集：第 3 卷．北京：教育科学出版社，2001：13.

的小男生”季姆科的故事。季姆科对人友好，有探索精神，生活在自己的童话世界里。他将自己的探索带到课堂上而影响到上课，因而受到他的老师的批评和压制。于是，季姆科便以自己的方式向那位教师“宣战”，变成不服管教的“坏学生”。是苏霍姆林斯基以爱、理解、欣赏和鼓励，解放了季姆科的童真世界，他又重新变成好孩子了。苏霍姆林斯基反对“那位女教师对季姆科怀恨在心、冷酷无情”，因而提醒女儿引以为戒。他告诉女儿该如何去做：“就让这小小年纪的学生带着小同学钻进灌木林讲他的童话吧，就让他在课堂上玩他的甲虫吧，千万不要由于你的缘故，掩藏掉他身上作为人的精髓。”①

有多少小学教师能容许学生这样做呢？但苏霍姆林斯基鼓励这样做。因为儿童身上的自然力量要求儿童这样做，所以苏霍姆林斯基便鼓励这样做。他听到了儿童身上的自然力量对教师发出的命令，他听到了儿童自身的那位内部教师发出的命令，所以他接受了这一自然律令并相应做出反应。此即先秦时期思想家荀子所谓“制天命而用之”（《荀子·天论》）者也。

苏霍姆林斯基认为儿童身上的这种自然力量是“他身上作为人的精髓”！这不就是卢梭的自然教育学吗？这不就是卢梭主张的“人的教育”应当与“自然的教育”保持一致吗？这不就是主张人自身的自然（即人的天性）为教育立法吗？

苏霍姆林斯基的教育学从根本上来看，依然具有卢梭教育学的气息。

论述至此，我们可以发现，卢梭以后，裴斯泰洛齐、福禄培尔、杜威、蒙台梭利、维果茨基、苏霍姆林斯基的教育观念，无一例外地蕴含卢梭自然主义教育学的基本观念和根本立场。

四、卢梭自然教育学的西方先驱

是卢梭发动了教育学的“哥白尼式革命”，这是教育思想史上的一个基本史实。在《爱弥儿》原序中他清楚地告白：他的教育学与过去的教育学是不同的。这就意味着，卢梭已经意识到自己的教育观念所具有的革命性、颠覆性。

---

① 苏霍姆林斯基．给女儿的信［C］．刘伦振，译//苏霍姆林斯基．苏霍姆林斯基选集：第5卷．北京：教育科学出版社，2001：540－544．

当然，卢梭也有自己的先驱。[①] 例如，早其一个世纪的夸美纽斯便是其中的一位。但夸美纽斯不是彻底的“革命”者，他的《大教学论》将“人的终极目的在于来世”“今生只是为永生做准备”等观念作为基础，来阐释教育的目标在今生之外。这就意味着，在夸美纽斯看来，来世是今生的太阳，今生应当围绕来世运行。——这是旧世界的观念，体现的是传统宗教之精神。但他将“师法自然”作为一种思维方式而引入教育学理论建设，对后世教育学有重大影响。如果阅读他的《大教学论》，教育应当师法自然的说理可谓比比皆是：

“自然遵循适当的时机。”[②]

“自然并不跃进，它只一步一步地前进。”[③]

“自然并不性急，它只慢慢前进。”[④]

“自然的作为不是杂乱无章的，它在前进的时候，是界限分明地一步一步进行的。”[⑤]

“自然不强迫任何事物去进行非它自己的成熟了的力量所驱使的事。”[⑥]

如果用夸美纽斯自己的话来表现其教育学立场的话，那就是：“教师是自然的仆人，不是自然的主人；他的使命是培植，不是改变，……”[⑦] 显然，夸美纽斯是不会赞同“打破儿童的自然成长，改善儿童的成长，加速儿童的成长”这种观点的。不仅不会赞同，而且会极力反对。他正是针对当时欧洲流行的类似观点而发表上述言论的。

夸美纽斯之所以在教育思想史上具有里程碑意义，就在于他的这种哲学立场导致他提出许多具有创新意义的教育学见解，并对后世教育学产生重要影响，

---

① 卢梭的教育学有其自己的先驱，以致约瑟夫·凯杰特著有《卢梭的剽窃》（1768年出版法文版）。对此问题史学界还是有公允的立场的。在1881年出版的《教育学史》一书中，孔佩雷写道：“我们并不认为卢梭是一个抄袭者，因为卢梭有独特的思想和大胆的创新；然而，不管卢梭是一个多么伟大的创新者，一个不可否认的事实是：他深受蒙田、洛克和其他一些伟大教育家的启发。”（孔佩雷．教育学史［M］．张瑜，王强，译．济南：山东教育出版社，2013：209.）孔佩雷的这种说法应当是可信的。

② 夸美纽斯．大教学论［M］．傅任敢，译．北京：教育科学出版社，1999：76.

③ 夸美纽斯．大教学论［M］．傅任敢，译．北京：教育科学出版社，1999：85.

④ 夸美纽斯．大教学论［M］．傅任敢，译．北京：教育科学出版社，1999：98.

⑤ 夸美纽斯．大教学论［M］．傅任敢，译．北京：教育科学出版社，1999：81.

⑥ 夸美纽斯．大教学论［M］．傅任敢，译．北京：教育科学出版社，1999：99.

⑦ 夸美纽斯．大教学论［M］．傅任敢，译．北京：教育科学出版社，1999：138.

尽管夸美纽斯的教育目的论还带有旧时代的痕迹。

夸美纽斯的教育学贡献不只是提出教育应当师法自然的主张，他还提出"种子"论（这是将教育建基、扎根于儿童的天赋，这一"种子论"类似于孟子的"四端说"）和"灯"的比喻①（即认为儿童具足一切，颇类似于孟子"万物皆备于我"的思想）。这预示了教育学的新时代即将到来，预示着卢梭这样的学者即将到来。与夸美纽斯的宗教精神不同，卢梭的政治学说、教育学说所体现的是世俗精神。

卢梭的先驱甚至可以上溯至文艺复兴时期，乃至可以上溯至古希腊柏拉图的"知识即回忆"的认识论以及苏格拉底的"接生术"。然而，卢梭在《爱弥儿》中提出人的教育、事物的教育必须与自然的教育保持一致，——在我看来，这就等于提出了"天性为教育立法"这一教育学的根本准则。所以，发动教育学的"哥白尼式革命"的人依然是卢梭。

卢梭《爱弥儿》以人自身的自然（即天性）为教育的立法者，从而发动了教育学的"哥白尼式革命"。不仅如此，卢梭《爱弥儿》以对人自身的自然（即天性）的发现为前提和基础，还做了一个伟大的发现，那就是教育学史上著名的"儿童的发现"。对这一问题，有待另文探讨。

五、古代中国具有自然教育学与教育自然法的丰厚思想资源

古代中国具有丰厚的思想资源，这些思想资源与卢梭的自然教育学相互会通、相互支持、相互支援。这就意味着，卢梭自然教育学在中国亦有其先驱。

"出自造物主之手的东西，都是好的，而一到了人的手里，就全变坏了。他要强使一种土地滋生另一种土地上的东西，强使一种树木结出另一种树木的果实；……他不愿意事物天然的那个样子，甚至对人也是如此，必须把人像练马场的马那样加以训练；必须把人像花园中的树木那样，照他喜爱的样子弄得歪歪扭扭。"② 出自造物主的是天性，即先秦文献《中庸》所谓"天命之谓性"。这天性的集合其实就是一个活人即"自然人"。离开天性的规定而将"自然人"变成的那个"社会人"，是人为设计的，是人造的，是背离自然目的的；由于脱离

① 夸美纽斯．大教学论［M］．傅任敢，译．北京：教育科学出版社，1999：16.
② 卢梭．爱弥儿［M］．李平沤，译．北京：商务印书馆，1994：5.

人的天性的规定，这样的“社会人”的生产过程当然不可能合规律合目的。因而在卢梭眼中，这样的教育是训练马匹，是将树木弄得歪歪扭扭，那出自造物主之手的“自然人”在这样的教育者手里“就全变坏了”。

卢梭反对这种压迫、扭曲人本性的教育。他对这种教育做了“哥白尼式革命”。他认为全部教育（“三种不同的教育”）中“自然的教育”完全是不能由人决定的，但良好的教育必须三者一致起来，于是，“人的教育”和“事物的教育”必须与人不能决定的“自然的教育”一致起来。于是，“自然的教育”（即人自身的自然，或天性）成为“人的教育”和“事物的教育”的立法者。这是卢梭将异化的人从旧教育中解放出来的教育路线。这是现代教育的辉煌日出。

卢梭的教育立场和教育观念可以在古代中国找寻到支持和支援，找寻到可供进一步提升的思想资源。

早在先秦时期，古代中国人便找到了避免人“变坏”的良方。例如，《老子》主张“复归婴儿”，《孟子》认为“大人者不失其赤子之心者也”，这都是为了防止人性的异化，以始终保全人的天性。

《中庸》开篇即云：“天命之谓性，率性之谓道，修道之谓教。”现在看来，这段话涵盖了卢梭自然教育学的全部原理，它清晰地界定并确立了教育的自然法。这段话是教育自然法的简易而准确的表述，同时可以视为全部西方现代教育学话语体系的一个总纲或提要。

《中庸》又云：“喜怒哀乐之未发，谓之中。发而皆中节，谓之和。中也者，天下之大本也。和也者，天下之达道也。致中和，天地位焉，万物育焉。”又云：“诚者，天之道也。诚之者，人之道也。”这是说，人应当诚天之诚，人道应当忠诚于天道，即人应当自觉使自身与天合一。接着，《中庸》复云：“诚者，不勉而中不思而得，从容中道，圣人也。诚之者，择善而固执之者也。”又云：“自诚明，谓之性；自明诚，谓之教。诚则明矣；明则诚矣。”“未发”者，潜在也；“中”者，内在也。“未发”与“中”等义，其实就是“性”、天性、天性资源。而“诚者，天之道也”“自诚明，谓之性”，谈的也是“性”。可见，在古代中国人看来，天道、人道是贯通的，天命、天性是贯通的，天道、人道、天命、天性是统一且同一的。

“诚之者，人之道也”，“诚之者，择善而固执之者也”，“自明诚，谓之教”，以此可知，教育如果尊崇并遵从天道、人道、天命、天性，便能自然而然地、水到渠成地达到“明”的境界：“诚则明矣；明则诚矣。”

天性、天性资源在人那里表现为潜在的“未发”以及内在的“中”。“发而皆中节，谓之和。”“未发”在展开自己而转化为“发”的过程中，即潜能转化为具体现实，内在转化为外部现实，在这一过程中，如果这一转化过程使天性保全其自然而得以按其本性展开，便是“发而皆中节”，便是“和”。

“中也者，天下之大本也。和也者，天下之达道也。”未发、中是天性、天性资源，是“天下之大本”；“和也者”，即“发而皆中节”，是“天下之达道”。这是主张宇宙、人生、社会、文化、教育都应遵从天性，充分利用天性资源。人生、社会、文化、教育其运作的每一步均应当师法天道，确保“发而皆中节”，这便是“中和”。于是，“致中和，天地位焉，万物育焉”，这就是宇宙、人生的大团圆、大繁荣、大和谐、大统一、大同一，此即谓“中和”。这便是“天人合一”之境。

《中庸》还有一段话是专门表述开创“致中和”这一局面之方法论的：“唯天下至诚为能尽其性。能尽其性，则能尽人之性。能尽人之性，则能尽物之性。能尽物之性，则可以赞天地之化育。可以赞天地之化育，则可以与天地参矣。”这是说，天下万物各得其所，即各得其自然而然，各得其自由自在，这是自然的目的，这是天道；人道应当体现天道，应当担当天命；人自身亦应当“尽人之性”，同时又能“尽物之性”；人能做到这一切，便是对“天地之化育”及其规律的发现、尊崇、遵从与唱颂；“赞天地之化育”会导致这样的局面：人道彻底体现天道，天性完全实现天命，人亦由此而得以提升到天地的代言人这一崇高地位，从而与天地并列为三，“可以与天地参矣”！人由此得以自我实现，宇宙人生均得到大解放、大解脱、大自由。

可见，《中庸》这里谈了教育的自然法；同时又指出，教育的自然法又与一切人文世界的自然法是同一的。这也与卢梭的学说类似。《论科学与艺术》《论人与人之间不平等的起因和基础》和《爱弥儿》在卢梭看来“是同一篇论文”，前两篇谈的是人文世界的自然法则，而《爱弥儿》主要谈的是教育的自然法则。众所周知，《中庸》是先秦作品，而卢梭是“现代人”。先秦《中庸》的思想如此富于先见，屡仆屡起，于今不灭而依然能够大放光芒，古代中国的优秀思想传统之宝贵于此可窥一斑。

在这里我想强调，上述《老子》《孟子》《中庸》均可列入我之所谓童心主义一脉。[①] 中国的童心主义思想可以为教育自然法提供极为丰富的历史资源和思想支援。对此笔者已有详述，此处只做简介。从先秦老子、孟子，经由宋明心学，尤其是到了明代罗汝芳、李贽那里，童心主义成熟起来，而成为具有现代气息的学说。童心主义与西方现代学说多有可以会通之处，例如，童心赤子概念与卢梭的“自然人”概念是相通的，童心主义与卢梭教育学思想是相通的，与马克思主义亦多有可通约之处。“童心”比任何其他概念能更好地体现彻底自然主义和彻底人本主义。彻底自然主义和彻底人本主义的交汇点不可能是别的概念，而只能是中国的“童心”（赤子之心）或卢梭“自然人”、马克思“全面发展的人”，这也是童心主义可与西方思想会通的地方。童心主义主张社会、政治、伦理、教育等领域的建设应当彻底回归人之自然规定性（即人的天性或人自身的自然），童心及其人之天性资源是人文建设的原点和根本。[②]

古代中国具有自然教育学和教育自然法的丰厚思想资源，于此明矣。在中国建设现代教育学时，故意回避乃至敌视卢梭等人的自然教育学学说，是不智的；一味地认为西方教育学在中国必然水土不服，亦是不智的。中国的现代教育学建设应扎根于深厚的中国思想资源，并与西方现代教育学相互支援，相互会通，相互提升。

① 刘晓东．童心哲学史论——古代中国人对儿童的发现［J］．南京师大学报：社会科学版，2015（6）．

② 刘晓东．童心哲学史论——古代中国人对儿童的发现［J］．南京师大学报：社会科学版，2015（6）．

天性为教育立法

人们对教育可以对人的头脑具有影响力的评价越高，人们就越应确信将此能力置于任何一个权威之手是十分危险的。

——哈耶克：《自由宪章》

“教育即自然发展”是杜威对卢梭教育学的总结。在杜威看来，“教育即自然发展”是现代教育学的理论内核，是“明日之学校”的理论基础。[①] 然而，“教育即自然发展”这一观念在中国学术界并未被完全接纳与吸收，甚至依然遭到一些学者的否定与敌视。有的学者不只是反对“教育即自然发展”这一观念，甚至还提出“打破儿童的自然成长，改善儿童的成长，加速儿童的成长”（这里的引文出自两位教授共同署名的一篇论文，下文以“两位作者”来指代这两位教授[②]）以取而代之。其实，“打破儿童的自然成长”这一观念，不仅与“教育即自然发展”正相反对，亦与中国的优秀思想传统扞格难通。“打破儿童的自然成长”，其所打破的是儿童的天性，打破的是现代教育的理论基础。

“打破儿童的自然成长”这类观念，往往作为教育学“常识”而流行于中国学术界，这是中国当前教育改革以及现代教育学理论建设的理论障碍。中国的教育学建设和教育改革应当摒弃那类“打破儿童自然成长”的信条，代之以“教育即自然发展”的观念与立场。

一、“教育”向“天性”看齐

卢梭为什么主张“教育即自然发展”？在卢梭看来，完整的教育分为三部分：“这种（完整的）教育，我们或是受之于自然，或是受之于人，或是受之于

① 杜威．明日之学校［M］//杜威．学校与社会·明日之学校．赵祥麟等，译．北京：人民教育出版社，2005：215.

② 在一篇共同署名的论文中，两位作者反对卢梭的“教育即自然发展”这一观念，取而代之以“打破儿童的自然成长，改善儿童的成长，加速儿童的成长”。在该文的另一处，两位作者将这种主张简述为“打破儿童自然成长，改善和加速儿童成长”。见邝孔秀，张辉蓉．双基教学：摒弃还是发展［J］．教育学报，2013（3）：43、44.

事物。我们的才能和器官的内在的发展，是自然的教育；别人教我们如何利用这种发展，是人的教育；我们对影响我们的事物获得良好的经验，是事物的教育。”① 卢梭又将这三种教育称为三种教师：“我们每一个人都是由三种教师培养起来的。……一个学生，如果在他身上这三种不同的教育是一致的，都趋向同样的目的，他就会自己达到他的目标，而且生活得很有意义。这样的学生，才是受到了良好的教育的。”②

这里需要说明的是，卢梭所谓“自然的教育”中的“自然”，其实是指“天性”。

卢梭将“自然的教育”拟人化为一种教师。这是一种修辞手法，但卢梭的用意是明显的，那就是，他认为“自然的教育”体现“自然的意志”；而“自然的教育”既然是“我们的才能和器官的内在的发展”，那么，“自然的意志”其实就是在“我们的才能和器官的内在的发展”背后起决定作用的自然意志、自然规律；这与中国先秦文献《中庸》开篇之所言“天命之谓性”完全一致。

中国古代哲学非常强调尊崇上天的意志、自然的意志，儒家如此，道家亦如此。与儒家互有批评的墨家也是如此。墨家追求“法天立仪”（《墨子·法仪》），强调“以天志为法”（《墨子·天志（下）》），认为应当“顺天意”（《墨子·天志（上）》）。《墨子》有云：“天之意不可不顺也。”（《墨子·天志（中）》）又云：“天之所欲则为之，天所不欲则止。”（《墨子·法仪》）这与此处的遵循自然法、遵循自然意志可以相互会通。

既然“自然的教育完全是不能由我们决定的”③，要想使“人的教育”与“自然的教育”在教育目标上一致起来，那么，“人的教育”便必须遵循“自然的意志”，必须遵循“人的天性”。

“人的教育”“事物的教育”均应与“自然的教育”一致，亦即教育者应当遵循受教育者所体现的“自然意志”。卢梭“自然的教育”（即“天性的教育”，其实就是“天性”本身）在具体的教育活动中便具有了立法者的地位。“人的教育”“事物的教育”均应与“自然的教育”一致，这便是教育的“自然法”。或

---

① 卢梭．爱弥儿［M］．李平沤，译．北京：商务印书馆，1994：7.
② 卢梭．爱弥儿［M］．李平沤，译．北京：商务印书馆，1994：7.
③ 卢梭．爱弥儿［M］．李平沤，译．北京：商务印书馆，1994：7.

者说，教育的自然法是这样的一种律令：任何教育都应当遵循人的天性。这就意味着，天性即教育的自然法。

那满足人的天性之自我实现的意志（天意、天志），亦是教育的意志。守护与保全人自身的自然（古人称之为“性”，今人称之为“天性”），此乃教育实现其自然意志的自然之道，亦即教育的自然法。一切教育活动应当遵循教育的自然法，应当体现教育的自然法，这本身便是教育自然法的寻求，这本身便是天意、天志的要求。

教育是人的教育，人是教育的主体，教育是由人来承担的。人在多大程度上发现自然法，教育便在多大程度上得以实现其天命、使命，人也就相应地在教育活动中获得多大程度的自由。因而，从事教育活动的人（尤其是教育学学者）应当探索、认识、发现教育的自然法，遵循教育的自然法。

杜威与其女儿伊芙琳共同署名的著作《明日之学校》第一章即讨论卢梭的教育观念，并将卢梭的教育观念概括为“教育即自然发展”。在此书中，杜威详细阐述了这样一种史实：裴斯泰洛齐、福禄培尔、蒙台梭利以及当时美国教育改革运动中的改革者们，无一例外地遵循卢梭的“教育即自然发展”这一观念。在杜威看来，“卢梭所说的和所做的一样，有许多是傻的。但是，他对关于教育根据受教育者能力和根据研究儿童的需要以便发现什么是天赋能力的主张，听起来是现代一切为教育进步所做的努力的基调。他的意思是，教育不是从外部强加给儿童和年轻人某些东西，而是人类天赋能力的生长。从卢梭那时以来教育改革家们所最强调的种种主张，都源于这个概念。”[①] 我想提请读者注意这段话的重心：“教育即自然发展”是“现代一切为教育进步所做的努力的基调”，“从卢梭那时以来教育改革家们所最强调的种种主张，都源于这个概念”。

杜威将“教育即自然发展”作为《明日之学校》第一章的题名，这本身即表明这不只是卢梭的观念，而且也是杜威自己的观念，——众所周知的杜威命题“教育即生长”其实与卢梭的“教育即自然发展”是家族相似性概念，甚至就是“教育即自然发展”的翻版。从“明日之学校”这一书名可推知：在杜威看来，“教育即自然发展”不仅仅是卢梭、裴斯泰洛齐以来的教育改革家们坚持

① 杜威．明日之学校［M］//杜威．学校与社会·明日之学校．赵祥麟等，译．北京：人民教育出版社，2005：221.

的立场，而且还会是未来的教育改革家们共同遵循的基本原则；“教育即自然发展”是现代教育学的理论内核，是“明日之学校”的理论基础。

我曾反复研读、琢磨《爱弥儿》中的相关文本。我相信，不只是我这位普通中国人赞同卢梭的“教育即自然发展”的概念。当我研读卢梭以后的教育思想家裴斯泰洛齐、福禄培尔、杜威、蒙台梭利、皮亚杰等人的思想时，发现这些著名人物的教育立场都是与此一致的；我所了解的现代教育理论体系均是以此为基础的。

“教育即自然发展”意味着，人的天性为教育立法，人自身的自然（或天性）是教育必须遵循的自然律或自然法。儿童教育应当尊重儿童自身的自然，应当尊重和遵循儿童天性所体现的自然意志。这其实是现代教育学——儿童中心或儿童本位教育学——的理论依据。

二、为什么至今依然有中国学者拒斥“教育即自然发展”

卢梭主张“教育即自然发展”，而两位作者主张“打破儿童的自然成长”；卢梭认为“自然的教育完全是不能由我们决定的”，因而人的教育应当与自然的教育保持一致，但两位作者不只是要“打破儿童的自然成长”，还要进一步“改善儿童的成长，加速儿童的成长”；在卢梭看来，人的意志应当尊重和遵循自然意志，而在两位作者那里，人的意志可以凌驾于自然意志之上，甚至改造与奴役自然意志。

仅看两位作者对“教育即自然发展”的批评①，便可看出，他们不会赞同教育的自然法。他们所主张的“打破儿童的自然成长”，其实就是鼓励教育脱离人的天性，乃至打破儿童的天性。

正是由于卢梭主张“教育即自然发展”，所以他主张消极教育，反对积极教育。在《致博蒙书》中，卢梭向他的论敌——攻击《爱弥儿》的巴黎大主教博蒙——自辩道：“但凡主张在适龄以前培养心智，把做人的义务等知识灌输给孩子，我称作积极教育；但凡主张先让作为认知工具的身体器官长成，再传授知识，通过感官训练为理智做准备，我称作消极教育。消极教育并不是放任闲暇，完全不是。……这种教育帮助孩子做好准备，在他有能力领悟真实时引领他通

① 邝孔秀，张辉蓉．双基教学：摒弃还是发展［J］．教育学报，2013（3）：44.

往真实，在他有能力热爱善好时引领他通往善好。”① 而两位作者“打破儿童自然成长，改善和加速儿童成长”的说法，恰恰反对消极教育，而主张积极教育，这与卢梭的主张针锋相对、水火不容。

两位作者不只是不赞同这一观念，而且提出种种理由（包括引用马克思《1844 年经济学—哲学手稿》中的观点）来批评这一观念：“人的本质属性和学校教育的本质特征都决定了人的发展并不等于人的自然成长。”② “‘人的发展’不等于人的自然成长，它具有丰富的社会、文化内涵。”③ 在他们看来，卢梭等人的“教育即自然发展”是否定人及其发展的社会、文化内涵的，显然这是误读、误判、误解；这是将人的自然发展与人的社会、文化属性对立起来的看法、做法，而事实上，马克思、恩格斯是反对这种看法和做法的。

马克思在《1844 年经济学—哲学手稿》中明确指出，“人直接地是自然存在物”④，“社会是人同自然界完成了的、本质的统一，是自然界的真正的复活，是人的实现了的自然主义和自然界的实现了的人本主义”⑤。与此类似，恩格斯则认为，人与自然界具有“一体性”，那种关于人与自然之间相对立的观点是“荒谬的、反自然的观点”⑥。可以看出，两位作者认为“教育即自然发展”是否定人及其发展的社会、文化内涵，这种思想如果以马克思、恩格斯的思想和方法对其进行检视，那么无疑它是“荒谬的、反自然的观点”。

我有一个基本的估计：中国的教育学界会有不少人，支持两位作者对卢梭“教育即自然发展”所做的这种批评。这种批评所体现的思想立场在中国的学术界是有根有底的，——这不只是与对马克思的误解有关，也与中国思想传统存

① 卢梭．致博蒙书［M］．吴雅凌，译．北京：华夏出版社，2014：53—54．这段话被纪晓林译为：“那种试图不成熟地造就思想，以成人的职责去教育孩子的教育，我称之为积极教育。那种想在直接授予知识前让知识工具的器官美化，努力以恰当的感性练习为理性知识开路的教育，我称之为否定式教育。否定式教育不是浪费光阴，无所事事，远远不是……，它是为了让孩子在到达理解真理的年龄时，能够走上引导他向真理进发的道路；在他获得认识和热爱善良的本领时，走上引导他成为善良人的道路。”（伊丽莎白·劳伦斯．现代教育的起源和发展［M］．纪晓林，译．北京：北京语言学院出版社，1992：137．）

② 邝孔秀，张辉蓉．双基教学：摒弃还是发展［J］．教育学报，2013（3）：43．

③ 邝孔秀，张辉蓉．双基教学：摒弃还是发展［J］．教育学报，2013（3）：43．

④ 马克思．1844 年经济学—哲学手稿［M］．刘丕坤，译．北京：人民出版社，1979：120．

⑤ 马克思．1844 年经济学—哲学手稿［M］．刘丕坤，译．北京：人民出版社，1979：75．

⑥ 马克思，恩格斯．马克思恩格斯选集：第 4 卷［M］．北京：人民出版社，1995：384．

在复杂关系。

大家知道，明代晚期思想家李贽提出童心说，这一学说是其复杂的社会、文化、政治、文艺等思想体系的核心和根基。李贽倡导童心本位的文化观念，他将童心作为文化的本原，是对儒家思孟学派“尊德性”而后“道问学”，以及崇尚“赤子之心”思想传统的发展和弘扬，直至提出“不以孔子是非为是非”等思想，对传统儒学做了“哥白尼式革命”或革命性转换。这是一种非常到位的具有现代色彩的自然主义与人本主义。但正因此李贽被视为“非圣无法”，而最终被关入官牢大狱。李贽为免受辱而自戕，标志着他和他的童心主义思想被处于强势地位的教条主义、专制主义的保守儒学所剿灭。

李贽主张，作为“最初一念之心”的“童心”是第一位的，而文化是第二位的。这与卢梭《爱弥儿》开篇即言的教育学立场是一致的。而提出“打破儿童的自然成长”的两位作者的基本立场，则是文化是第一位的，这与李贽的反对者保持一致，而与李贽、卢梭的思想立场相悖。

日本学者岛田虔次将李贽的思想看成是“中国近代思维的一个顶点”①，认为“李卓吾（李贽）的狱死，正是中国近世最终没有形成市民性近代社会之命运的一个确切的象征”②。由此可见，李贽的童心主义思想是中国文化自生的现代思想，它本可以将中国领入现代之门，然而这种现代思想被专制王朝和儒学保守派扑灭了。儒学保守派其实质是“外儒内法”，是以皇权为本位，是人治主义。李贽具有自然主义与人本主义气息的童心说，当然被其视为不共戴天之敌。这恰恰表明他们是童心说的敌人，是自然主义与人本主义思想的敌人，是现代性的敌人。③

儒学保守派的这种观点在当今中国仍有余续，那就是，在处理自然与社会、天性与文化的关系时，将社会、文化放在第一位，以致自然、天性遭到奴役；反映在教育领域就是，教育在某种程度某些地方奴役儿童；他们说他们是为了儿童更好成长，但从其理论实质和必然结果来看，他们奴役儿童自身的自然（即天性），小觑并毁坏童年的天赋资源，从而在一定程度上成为童年的敌人。

---

① 岛田虔次．中国近代思维的挫折［M］．甘万萍，译．南京：江苏人民出版社，2008：112.

② 岛田虔次．中国近代思维的挫折［M］．甘万萍，译．南京：江苏人民出版社，2008：173.

③ 刘晓东．童心哲学史论——古代中国人对儿童的发现［J］．南京师大学报：社会科学版，2015（6）.

而李贽所代表的童心主义思想则主张天性是第一位的，文化是由天性所派生的；这与卢梭《论科学与艺术》《爱弥儿》中的观点与立场是完全一致的，而李贽比卢梭年长185岁，可见李贽童心主义思想之被扑灭是多么令人惋惜，其负面影响是多么惨痛与深远。

“打破儿童自然成长”不只是存在于当前学术界，而且也是我国民间最流行的教育观念。这显然是与童心说这类学说相左相悖的，也是与以人为本的现代观念相左相悖的。这种观念处于强势地位，中国的教育、文化、政治改革的现代方向就会受到强力阻挠与干扰。当然，我也相信，会有愈来愈多的中国学者认同卢梭、杜威、裴斯泰洛齐、福禄培尔、杜威、蒙台梭利、皮亚杰等人所坚守的教育立场。

三、“打破儿童自然成长，改善和加速儿童成长”有悖于中国思想的优秀传统

“儿童的自然成长”易于“打破”而难以“改善”或“加速”。“打破儿童的自然成长，改善儿童的成长，加速儿童的成长”，这种说法与中国的某些思想传统是相悖的。

《孟子》中有这么一段话：

“必有事焉而勿正，心勿忘，勿助长也。无若宋人然。宋人有悯其苗之不长而揠之者；芒芒然归，谓其人曰：‘今日病矣，予助苗长矣。’其子趋而往视之，苗则槁矣。天下之不助苗长者寡矣。以为无益而舍之者，不耘苗者也。助之长者，揠苗者也。非徒无益，而又害之。”（《孟子·公孙丑上》）

这位揠苗助长的宋国人的所作所为，其实就是试图改善和加速庄稼的成长，从而打破其自然成长。这与“打破儿童的自然成长，改善儿童的成长，加速儿童的成长”何其相似乃尔。“必有事焉而勿正”，其实就是主张：用心守护自然本性，要为自然成长提供各种外部条件，但不要试图“改善”和“加速”自然成长。“勿忘勿助”者，是说要守护天性，要遵循自然规律，不要无所事事、无所作为，但又不能揠苗助长。“打破儿童的自然成长，改善儿童的成长，加速儿童的成长”，其实就是教育活动中的“揠苗助长”，其结局当然是“非徒无益，而又害之”。

《孟子》中还有一段话：

“尽其心者，知其性也。知其性，则知天矣。存其心，养其性，所以事天

也。”（《孟子·尽心上》）

朱熹在注解《孟子》相关语句时曾写道：“全其‘天之所付（赋）’，不以‘人为’害之。”这是朱熹读《孟子》的心得。（按，朱熹在《答胡伯逢》中，反对时时守护赤子之心以免失之，认为时时守护太过拘泥。可见当时朱熹对“天之所付”并不以为意。据说朱熹临终前依然在修订《四书集注》，“全其‘天之所付’，不以‘人为’害之”应当为其晚年定论）“打破儿童的自然成长”其实就是反其自然之道而行之，以“人为”害“天之所付”，说穿了就是以“人”害“天”。这与中国“天人合一”的思想传统是相悖的。

在中国哲学里“道”有很高的地位（“道生万物”），然而道是如何运作的呢？“道法自然”，——道是不会“打破儿童的自然成长”的，恰恰相反，它会保护乃至师法“儿童的自然成长”。老子主张“复归婴儿”，孟子主张“不失赤子之心”，宋明理学、心学都主张“复性”，以致明末罗汝芳、李卓吾试图以“赤子之心”或“童心”为原点来建设关于思想、文化、伦理、政治的学说体系，其实都是对人自身的自然（天性）的发现与唱颂，是对童年的生命状态和儿童生命本质的唱颂。“理性打破儿童的自然成长”，究其实质，就是与自然闹别扭，就是与“道法自然”唱对台戏，这是一种反自然的观点或做法。

无论是“打破”还是“改善”“加速”儿童成长，都与儒学“尊德性”的主张相悖，也与道家“道法自然”“常德乃足，复归于朴”“复归于婴儿”的思想相悖，与禅宗“自性不动”“本性清净”“察心观性”“观自在”的信念相悖。这是与“天人之际，合而为一”（董仲舒《春秋繁露》）的思想相悖，是以人害天，以“人为”来压迫、破坏自然。

在“打破”“改善”“加速”儿童成长这种观念里，成人将童年作为改造的对象；这种教育其目的在儿童自身之外，教育对儿童的要求、对儿童评价的标准在儿童自身之外。这与中国古代的优秀思想是相悖的，例如，“君子所性，虽大行不加焉，虽穷居不损焉”（《孟子·尽心上》），“不求于内而求于外，非圣人之学也”（《二程遗书》）。可见，“打破”“改善”“加速”儿童成长这种教育观念，不只是与现代教育观念相悖，亦与中国思想传统扞格难通。

人的发展的根本依据或内在原因存在于人自身。因而，对人的发展的根本依据或内在原因的追寻，应当从外在于人的社会、文化等影响回转到人自身。人的成长是何以可能的？请先回到康德哲学的一个问题：人是何以获得知识的？

康德的回答是：是先天因素为知识提供了可能性。这种解答对于理解“人的成长是何以可能”这个问题有所启示。是人的基因型决定了表现型的可能性范围，但具体的表现是怎样的，或具体个人的现实发展是怎样的，则取决于他的基因型与外部的社会、文化、教育等条件的相互作用，——不是单纯地取决于文化、社会、教育等外部条件，而是取决于外部条件与人成长的生物学前提之间的相互作用。乔姆斯基的语言哲学及其所引申的认识论，对于我们了解这个问题也有重要意义。

值得一再强调的是：内因是第一位的；无论外因的作用有多大，它都必须通过内因才能发挥作用，因而，外因能且只能是第二位的。儿童成长的内部依据（即内因）在于儿童自身，文化、社会、教育等一切外部条件要想有效影响儿童，必须通过儿童自身的内部因素发挥作用。这就从逻辑学和辩证法上给出了证明：教育学的儿童本位或儿童中心原则是正确的，——儿童是教育的太阳(杜威语)①，人必须是教育的中心（苏霍姆林斯基语)②。

人自身的自然（天性）对儿童成长的方向、速率以及需要怎样的外部条件的规定，是儿童实现其成长最根本的内部依据。作为儿童内部的指挥者和协调者，儿童天性的指令总是体现了自然意志与自然规律。它要求儿童的成长遵循其自然目的、自然节律，从而决定了儿童是沿着一条自然发展的“必经途径”(皮亚杰语）而成长的。可见，教育应当遵循并且能体现儿童自然发展的轨迹。先秦文献《中庸》开篇之言“天命之谓性，率性之谓道，修道之谓教”，亦是言此。

人的进化历史的体现者——基因——对人的发展有严格的规定，它规定着发展的路线与范围，越过这个范围，离开这条路线，就会走入歧途、发生歧变。先秦文献《庄子》里就讲了这个道理：“凫胫虽短，续之则忧；鹤胫虽长，断之则悲。故性长非所断，性短非所续。”（《庄子・外篇・骈拇》）这是说，人不能违背生命的本性而按照自己的“善良”意志将其加以改变。揠苗助长的那位宋国人是出于善良意志，然而其结果必然是“非徒无益，而又害之”。“改善”或

① 杜威．学校与社会［M］//杜威．学校与社会・明日之学校．赵祥麟等，译．北京：人民教育出版社，2005：41.

② 吴盘生．苏霍姆林斯基夫人安娜・伊凡诺夫娜访问札记［J］．外国中小学教育，2001（4)：3.

“加速”儿童的成长，这一主张是耶非耶，于此明矣。

《庄子》还讲了这么一则故事：“南海之帝为倏，北海之帝为忽，中央之帝为浑沌。倏与忽时相与遇于浑沌之地，浑沌待之甚善。倏与忽谋报浑沌之德，曰：‘人皆有七窍以视听食息，此独无有，尝试凿之。’日凿一窍，七日而浑沌死。”（《庄子·应帝王》）这一故事告诉我们：违背“天命”，打破天性，其实质是好心办坏事。两位作者主张“打破儿童成长的自然规律”，不就是有意无意间怂恿天下人做南海之帝与北海之帝对中央之帝所做的事情吗？其后果是什么？当然是童年遭到损毁，儿童的天性遭到损毁。

四、“打破儿童的自然成长”其实质是反理性的

“理性地打破儿童的自然成长”①，是通往悬崖绝壁的美丽蛊惑，带儿童走这条教育路线是非常危险的。

人是需要教育的，人只有通过教育才能成为人，但天性是不可教的，教育应当对天性保持敬畏。“打破儿童的自然成长”，脱离天性而对人任意地设计与剪裁，这种教育是反教育的教育。

在天性与教育的关系问题上，天性是第一位的，教育是第二位的。我在一篇文章中曾讨论过这一问题，为了便于读者了解其中的观点，我索性将旧文的几句话抄在这里：

“天性那里存在合规律性合目的性的东西。只要有文化存在，或者说，只要有社会存在，那么这种合规律性合目的性的东西便会生长和发挥作用。人类之所以能走出野蛮洪荒而迈向文明，便是这种合规律性合目的性的东西引导的。生命进化的历史不是由圣人、君王主宰的。生命自己是自己的主宰，人自身是自身的主宰。”“教育若不合规律，不合目的，便会使人反受其乱、反受其害，就会南辕北辙，越走越远。”“教育的目的、教育的蓝图、教育对人的期待，应当符合人的天性。”“文化，归根结底，是天性的外化、天性的客观化，是人的自然化以及自然的人化（马克思）。文化是人的探索、人的情感、人的感受、人的诗性的积淀，哲学、科学、艺术等均是如此。这是人的财富，心灵的创造，心灵财富的外烁。但不幸的是，这里面也有非人的东西、非合目的性的东西，

① 邝孔秀，张辉蓉．双基教学：摒弃还是发展［J］．教育学报，2013（3）：43.

那便是偏差、渣滓。因而文化是需要反思与检视的。文化需要检视，但天性不容检视，天性是一种自然存在，它不能改良——‘自然不可改良’。自然的改良只有通过自然自身的进化才能进行。人对自然的改良具有巨大的危险性。……由于自然自身的改良是通过漫长的时间进行的，但人对自然的‘改良’与进化史意义上的时间相比，是在瞬间完成的，差之毫厘便会谬以千里，从而招致毁灭性的后果。科学家或者政治家甚至哲学家都无资格无权利从类的层面改变人或使人改良。”①

我相信，一定是基于类似的理由，从老子到苏格拉底、柏拉图，从孟子、李贽到洛克、卢梭、马克思，无论是东方还是西方，自然主义或隐或现却从未中断。中国的李贽提出童心本体论，而童心是“最初一念之心”，可见童心主义亦有自然主义这一侧面。而马克思将彻底的自然主义（即彻底的人本主义）视为未来理想社会的根本特征，同时，马克思认为共产主义社会是向着人的本性复归的社会。可见，尊崇自然，尊崇天性，这是人类精神文明的基本成就，也是现代社会、现代政治、现代文化、现代教育的重要标识。

“改善儿童的成长”是可能、可行的吗？再请看看历史上的这些观点：

17 世纪被称为“理性的世纪”，那些倡导理性的哲学家并没有倡导人们用理性“打破”自然界或自然本性。例如，洛克就认为：“一个人不借他人之力，单凭自己正确运用自然天赋的能力，就能通达真理。”② 看得出这是古希腊苏格拉底“产婆术”、柏拉图“知识即回忆”的历史回声。

理性“也就是自然法，教导着有意遵从理性的全人类”③。理性概念是与自然、自由、自主、自治等概念相联系的。对儿童天性的破坏是非理性的，是反理性的。

恩格斯曾告诫世人：“我们不要过分陶醉于我们人类对自然界的胜利。对于每一次这样的胜利，自然界都对我们进行报复。每一次胜利，起初确实取得了我们预期的结果，但是往后和再往后却发生完全不同的、出乎预料的影响，常常把最初的结果又消除了。”恩格斯还说：“我们每走一步都要记住：我们统治自

① 刘晓东．文化、教育与天性［M］//刘晓东．儿童文化与儿童教育．北京：教育科学出版社，2006：226—228.

② 洛克．自然法论文集［M］．刘时工，译．上海：上海三联书店，2012：12.

③ 洛克．政府论（下）［M］．叶启芳，瞿菊农，译．北京：商务印书馆，2005：4.

然界，绝不像征服者统治异族人那样，绝不是像站在自然界之外的人似的，——相反地，我们连同我们的肉、血和头脑都是属于自然界和存在于自然之中的；我们对自然界的全部统治力量，就在于我们比其他一切生物强，能够认识和正确运用自然规律。”① 这与马克思“人是自然”“历史进程是自然进程”的观念是一致的，是与马克思“彻底的自然主义”“完成了的自然主义”的观点是一致的。

“加速儿童的成长”的观点也是错误的。孟子讲过揠苗助长的故事。现代心理学家皮亚杰、菲舍尔等人均指出，加速儿童的成长最终会危害儿童的成长。所以他们均反对人为地加速儿童成长的做法。

“理性地打破儿童的自然成长”是一种“人为主义”主张，而且是极端的“人为主义”主张。1974 年诺贝尔经济学奖得主曾对“人为主义”(Konstruktivismus)② 的“狂妄”做过深刻批评。哈耶克认为，“真正的科学家全都应当承认，对于人类事务的领域他们的能力有限”；针对那些“打着更科学地指导一切人类活动的招牌，认为用‘人类的自觉控制’取代各种自发过程是可取的”等类似观点的各色人物，哈耶克深恶痛绝并猛烈抨击。③ 哈耶克警告说：“人类在改善社会秩序的努力中，如果不想弄巧成拙，他就必须明白，在这件事上，就像以‘本质复杂的有机体’为主的任何领域一样，他不可能获得主宰事务进程的充分知识。因此，他不能像工匠打造器皿那样去模铸产品，而是必须像园丁看护花草那样，利用他所掌握的知识，通过提供适宜的环境，养护花草生长的过程。自然科学的进步，使人类情不自禁地觉得，自己的能力正在无止境地增长，用早期共产主义的特有词汇来说，就是‘被胜利冲昏了头脑’，诱使人不但试图主宰我们的自然环境，甚至想主宰我们的人类环境，这就是危险所在。社会研究者认识到‘自己的知识有不可逾越的障碍’，便应懂得谦卑为怀的道理，不至于再去充当那些极力想控制社会的狂妄之徒的帮凶；这种做法，不但会使

---

① 恩格斯．自然辩证法［M］．中共中央马克思恩格斯列宁斯大林著作编译局，译//马克思恩格斯选集：第 4 卷．北京：人民出版社，1995：384.

② 迄今哈耶克著作的中译者们均将 Konstruktivismus 译为“建构主义”，这未必合适。“建构主义”在中文语境里往往指称皮亚杰等人的方法论哲学，再将 Konstruktivismus 译为“建构主义”可能会使读者产生误读。事实上，就哈耶克的本意来看，Konstruktivismus 是指“自然”与“人为”对立中“人为”那方的哲学观，所以译为“人为主义”更确当。

③ 哈耶克．哈耶克文选［M］．冯克利，译．南京：江苏人民出版社，2007：412.

他成为自己同胞的暴君，并且可以使他成为一种文明——它不是出自哪个头脑的设计，而是通过千千万万个人的自由努力成长起来的——的毁灭者。”① 哈耶克认为“人为主义”理性论是“幼稚而无批判性的理性学说”，是“陈旧而反科学的方法论”②。

儿童的自然成长本身是遵循自然意志和自然规律的。儿童教育应当合乎儿童自身发展所体现的自然意志和自然规律。也就是说，儿童教育应当是合规律、合目的的。这才是理性的儿童教育。

人只有现实的有限理性，而没有理想的无限理性。哈耶克反对“人为主义”者在理性上的专断态度，但其并不反对正确运用理性：“所谓‘正确运用理性’，我是指那种承认自我局限性的理性，进行自我教育的理性，它要正视经济学和生物学所揭示的令人惊奇的事实所包含的意义，即在未经设计的情况下生成的秩序，能够大大超越人们自觉追求的计划。”③ 当“理性”声称要“打破儿童的自然成长”时，就将自己当作了“造物主”，当然不是那种承认自我局限性的理性，进行自我教育的理性，当然不会认识到在未经设计的情况下自生秩序的宝贵价值。《老子》主张：“人法地，地法天，天法道，道法自然。”（第二十五章）在老子看来，自然才是“造物主”，无论通过多少逻辑环节，最终人自身还是要师法自然，而不是“打破”自然。这也是为什么哈耶克曾经引用《老子》的无为思想来论证自己的观点。

康德假定上帝（“造物主”）是最高的理智、最高的智慧。凭借上帝，世界万物好像是按最智慧的意图所创造的。康德写道：“仅仅是为了按照所有可能的同一性原则——其中目的的统一性——来探究自然，直至其最内在的东西，但永远也不飞越自然的界限，……”④ 康德假定上帝是最高的理智、最高的智慧，然而在康德看来，即便是作为最高智慧的上帝，也绝不会越过自然设定的界限。这与老子“道法自然”的主张是可以相互会通的。但是，两位作者却要飞越自然的界限，而欲“理性打破儿童的自然成长”！这是反理性，是盲目盲动。“理性打破儿童的自然成长”折射出的是，人在自然面前、在“造物主”面前、在

① 哈耶克．哈耶克文选［M］．冯克利，译．南京：江苏人民出版社，2007：415.
② 哈耶克．致命的自负［M］．冯克利等，译．北京：中国社会科学出版社，2000：3.
③ 哈耶克．致命的自负［M］．冯克利等，译．北京：中国社会科学出版社，2000：3.
④ 康德．康德著作全集：第3卷［M］．李秋零，主编主译．中国人民大学出版社，2004：454.

儿童的天性面前的狂妄自负。

五、“打破儿童的自然成长”其所打破的是珍贵的童年资源

“打破儿童的自然成长，改善儿童的成长，加速儿童的成长”，持这种观念的人是小觑天性、小觑童年的。可事实上，童年拥有了不起的资源。[①②] 老子主张“复归于婴儿”，孟子主张“不失赤子之心”，宋明心学讴歌“童心”。华兹华斯认识到，儿童是“最好的哲学家”“盲人中间的明眼人”，“孩子呵！如今你位于生命的高峰”，“真理就在你（儿童）心头栖止”[③]。丰子恺认为：“天地间最健全的心眼，只是孩子们的所有物，世间事物的真相，只有孩子们能最明确、最完全地见到”，与儿童相比，成人是“可怜的残废者。”[④] 他将童年称为人生的“黄金时代”[⑤]。毕加索年轻时期的绘画有很好的素描、写实作品，可是后来的绘画为什么越来越像儿童画了呢？晚年的毕加索自言：“学会像一个 6 岁的孩子那样作画，用了我一生的时间。”[⑥] 布约克沃尔德认为，儿童的自发性歌唱“比之于巴赫、舒曼、门德尔松和艾甫斯这些大师们的作品毫不逊色”[⑦]。……可以想见，如果老子、孟子、华兹华斯、丰子恺、毕加索等人知道有人主张“打破儿童的自然成长，改善儿童的成长，加速儿童的成长”，会有多么惊骇！他们甚而至于不止于惊骇！

在“理性地打破儿童的自然成长”的祈使命令里，童年存在的合理性、合法性，童年本身所内蕴的丰饶资源，儿童的尊严和自由，被“打破”了。人之为人的自然规定性和古老根系、童年珍贵的天赋遗产（生物学的和恩格斯“精神胚胎学”的遗产）——人世间最值得珍爱的宝物——被打碎了；教育场景里

---

① 刘晓东．童年资源与儿童本位［J］．教育研究与实验，2013（4）：16－19.

② 刘晓东．童年资源：从贫乏的童年到丰饶的童年［J］．人民教育，2014（4）：21－25.

③ 刘晓东：华兹华斯《颂诗：忆幼年而悟永生》的儿童哲学意蕴［J］．教育学报，2015（4）：25－41.

④ 丰子恺．丰子恺文集：文学卷一［M］．杭州：浙江文艺出版社，1992：114.

⑤ 丰子恺．送阿宝出黄金时代［A］//丰子恺文集·文学卷一［M］．杭州：浙江文艺出版社，1992：446.

⑥ 让-罗尔·布约克沃尔德．本能的缪斯——激活潜在的艺术灵性［M］．王毅，孙小鸿，李明生，译．上海：上海人民出版社，1997：270.

⑦ 让-罗尔·布约克沃尔德．本能的缪斯——激活潜在的艺术灵性［M］．王毅，孙小鸿，李明生，译．上海：上海人民出版社，1997：249.

落满“华丽的”碎片，那是童年被“打破”的一块块碎片，那是童年被“乱砍乱伐”后的狼藉景象！

“理性地打破儿童的自然成长”，——既然儿童的自然成长应当被打破，就意味着儿童的自然成长距离他们所谓“理性”的理想相差甚远。在他们看来，童年原来是这样不完美，儿童是这样需要规整、修理乃至“打破”，在这样的儿童观和教育观里，儿童的尊严和自由荡然无存！卢梭《爱弥儿》开篇就抨击了“强使”人或事物脱离自然本性的世界观和方法论：“出自造物主之手的东西，都是好的，而一到了人的手里，就全变坏了。他要强使一种土地滋生另一种土地上的东西，强使一种树木结出另一种树木的果实；……他不愿意事物天然的那个样子，甚至对人也是如此，必须把人像练马场的马那样加以训练；必须把人像花园中的树木那样，照他喜爱的样子弄得歪歪扭扭。”① 卢梭这里所批评的恰恰是那种类似于“打破儿童的自然成长，改善儿童的成长，加速儿童的成长”的主张。

在两位作者及其同道者那里，儿童的自然成长就不可能是教育的目的，教育的一切都会围绕成人头脑中的那个所谓“理性”（其实是反理性、反自然的，是设计主义、机械主义）成为教育的主宰，儿童天性、童年资源在教育场景里被损毁、浪费，儿童教育变成了捏泥人！

“打破儿童的自然成长，改善儿童的成长，加速儿童的成长”这种做法，将教育奠基于那破坏儿童天性、破坏儿童表现其自然天性的生活之上，无论这种教育给予儿童多少“打破儿童的自然成长，改善儿童的成长，加速儿童的成长”的文化刺激，由于儿童的天性被打破，由此儿童自身缺少康德哲学那种“先验”前提，那么无论教育者抛给儿童多少个“球”，儿童都难以接手；无论教育者怎样“改善和加速儿童的成长”，由于儿童成长的根系已在“改善和加速”中被“打破”，那么，儿童会像被揠苗助长过的庄稼那样，“苗则槁矣”。这种教育破坏儿童的生命活力，破坏儿童成长的机会，破坏儿童生命的主动性，让儿童不断感受挫败感，逐渐失去灵性、创造性，最终被塑造成温驯的泥人、奴仆。这是教育悲剧，这是人间悲剧！

① 卢梭．爱弥儿［M］．李平沤，译．北京：商务印书馆，1994：5.

六、余论：教育学界的“柏拉图问题”和“奥威尔问题”

乔姆斯基说自己一生的工作可用两个问题来表现。第一个是“柏拉图问题”(即，在证据材料如此有限的条件下，为什么我们能知道如此之多)①，第二个是“奥威尔问题”(即，为什么已有这么多的证据，而我们知道的还是如此之少)②。

几乎所有的教育学学者都与现代教育的基础观念邂逅过，然而有人却视而不见。这不就是“奥威尔问题”在中国教育学界的活生生的展现吗？“奥威尔问题”让我联想到，教育学者尽管会接触到中外古今的教育学观念，但是，他自身被旧教育传统所占有，那么他在博览群书中获得共鸣的乃是与旧教育传统相合的那一套立场和观念，无论现代教育观念如何千方百计吸引其注意力，他都会视而不见。

具有讽刺意味的是，中国教育学界之所以尖锐地表现出“奥威尔问题”，恰恰是由于没有注意到“柏拉图问题”。儿童的世界总是比教育所试图给予的要丰富得多。这其实就是“柏拉图问题”在教育学领域的体现。

为什么说儿童的世界总是比教育所试图给予的要丰富得多呢？③④ 除了教育所试图给予的意识层面的世界，儿童还有丰富的本能的与无意识的世界乃至生理层面的（或身体的）世界。“打破儿童自然成长，改善和加速儿童成长”这种观念，看似具有雄心勃勃地“发展”儿童的教育“使命”感，事实上，会破坏了儿童的那个“自然的世界”，会破坏进化历史赋予儿童的种种堪称生命奇迹、值得我们敬畏的天赋，这些天赋自身（尤其是其自身拥有的丰富资源与倔强动力）与外部世界相互作用，从而实现儿童的（自然）成长，而教育只是保障儿童成长的外部环境中的一个因素而不是全部因素，尽管教育因素在文明社会中的儿童成长中是不可或缺的甚至是处于主导作用的文化因素。

我以为，教育学界应当严肃地反思一下，为何那么多人主张、认同、支持“打破儿童自然成长”，以至于其成为一种教育的文化心理定势；应当认真地梳

---

① Noam Chomsky. Knowledge of Language: Its Nature, Origin, and Use [M]. 北京：外语教学与研究出版社，2002：F3.

② 司富珍．乔姆斯基访谈录 [M] //司富珍．语言论题：乔姆斯基生物语言学视角下的语言和语言研究．北京：中国社会科学出版社，2008：183.

③ 刘晓东．童年资源与儿童本位 [J]．教育研究与实验，2013 (4)：16-19.

④ 刘晓东．童年资源：从贫乏的童年到丰饶的童年 [J]．人民教育，2014 (4)：21-25.

理一下，中国教育学中还有哪些与“打破儿童自然成长”的主张相呼应的基础命题。中国教育改革要想成功引领教育现代化，首要的任务便是解决教育学的这一基础问题。而教育改革需要现代教育学作为理论支撑。如果以“打破儿童自然成长”为教育观念的基础，那么，现代教育学就难以在中国扎根。

对教育自然法的寻求

存其心，养其性，所以事天也。

——《孟子·尽心上》

1. 教育既不能放任，亦不能任性。人们应当寻求、尊重、遵循教育的自然法。

自然法亦可称为自然律，是自然的律令，是“天命”。

我对教育自然律之认同，是基于我对儿童精神哲学的研究，是基于我对中国童心主义思想的梳理与体认，以及对童心主义与西方现代教育学——儿童中心或儿童本位教育学——的会通与理解。

不只是教育应当遵循此自然法，扩而充之，社会、文化、伦理乃至政治建设均应遵循此自然法。①

中国的童心主义、西方现代思想内核均寻求和遵循这一自然法。此乃现代性、现代化之本质，亦是现代教育、现代社会寻求的基本特征，也将是未来理想的教育、理想的社会的根本特征。这里面有许多内涵有待挖掘。

2. 卢梭将完整的教育分为三部分，即人的教育、事物的教育和自然的教育，并且指出只有三种教育相互协调一致，而非相互冲突才能达到理想的教育目标。但三者的一致并不是说三者是平等的。这三种教育中，只有自然的教育完全不能人为控制，而人的教育完全由人控制。基于以上诸条件，可以看出，要实现一种理想的教育，人的教育必须主动以自然的教育为标准、为标杆，必须以自然的教育为旗帜、为马首，唯其是瞻。于是，自然的教育便成为整个教育的立法者。

杜威将卢梭的教育概念总结为“教育即自然发展”，并认为卢梭以后一切教育改革家均坚持这一教育概念所体现的立场。这就意味着，后世的一切教育改革家均遵循教育的自然法。

---

① 这是拙文《儿童本位：从现代教育的原则到理想社会的生成》所试图阐释的观念，见刘晓东．儿童本位：从现代教育的原则到理想社会的生成［J］．全球教育展望，2014（5）．

3. “自然的教育”是教育的立法者。

卢梭写道：“我们的才能和器官的内在的发展，是自然的教育；别人教我们如何利用这种发展，是人的教育；我们对影响我们的事物获得良好的经验，是事物的教育。”① “自然的教育”其实就是人的“内在的发展”，而“人的教育”则是利用人的“内在的发展”。人的“内在的发展”其实就是人的天性，“人的教育”应当利用人的天性展开教育。

卢梭又将三种教育称为三种教师，“我们每一个人都是由三种教师培养起来的”②。这就将三种教师拟人化了，其中，“自然的教育”到了蒙台梭利那里变身为“内在教师”。内在教师在蒙台梭利那里具有至高地位。

从“自然的教育”到“内在教师”，其实都是人自身之自然（即天性）的指称。当教育以“自然”为法，即是以人的天性为法，那么，外部的教育者就必须听命于人的内在自然或天性。就儿童教育而言，由于儿童是其自身天性的体现者、“宿主”或“主人”，——当然，我们也可以说儿童的天性是儿童的“主人”。儿童和天性的关系，用中国古代哲学的术语来表述为“天人合一”，是再恰当不过了。

由于天性为教育立法，于是在现代教育学里，儿童成为“教育的太阳”。也就是说，现代教育学是以儿童为中心为本位的。这与教材中心或教师中心的传统教育相比，很显然，“自然的教育”革了“人的教育”的命，现代教育革了传统教育的命；教育的中心发生了哥白尼式的转换，于是，现代教育诞生了。

4. 教育自然法是与“教育即自然发展”“教育即生长”相呼应的家族相似性概念。寻求教育之“自然法”，其实与蒙台梭利之“跟随儿童”几乎是等义的。遵循教育的自然法，这是儿童中心或儿童本位教育学的灵魂。

5. 夸美纽斯是卢梭教育学的先驱之一。夸美纽斯曾用《圣经・马可福音》中的一段话来表述他的教育信念：“上帝的国如同人把种子撒在地上。黑夜睡觉，白日起来，这种子就发芽渐长，那人却不晓得如何这样。地生五谷是出于自然的：先发苗，后长穗，再后穗上结成饱满的子粒。谷既熟了，就用镰刀去割，因为收成的时候到了。”从这里可以看出，《圣经》将“上帝的国”的运作

① 卢梭．爱弥儿［M］．李平沤，译．北京：商务印书馆，1994：7.

② 卢梭．爱弥儿［M］．李平沤，译．北京：商务印书馆，1994：7.

与种植活动相比较，指出“上帝的国”的运作与种植活动遵循相似的自然规律。归根结底，“上帝的国”是师法自然的。卢梭《爱弥儿》中的那篇牧师自白所表述的，就是这一道理。

作为基督教的一个牧师，夸美纽斯不可能不受《圣经》的深刻影响，他显然将理想状态的儿童教育所应遵循的规律与种植活动的规律联系在一起。

夸美纽斯的教育学注重儿童的内在发展。他提出：“在自然的一切作为里面，发展都是内发的。”①于是，夸美纽斯的教育学注重儿童的内在发展，反对一切形式的催逼、强制和灌输。

夸美纽斯教育学最大的原则就是师法自然，因而他说：“教师是自然的仆人，不是自然的主人；他的使命是培植，不是改变，……”② 这里面已有天性为教育立法的意味。

夸美纽斯的“教师是自然的仆人，不是自然的主人”这种观念，在蒙台梭利那里得到呼应——

“我坚持认为，任何教育改革都必须依据人的天性。人自身必须成为教育的中心。……如果我们遵循这些原则，儿童就会以自然奇迹中最伟大和最感人的形象呈现在我们面前，而不会成为我们的一种负担！我们发现自己所面对的不再是一个被看作是不能自立的生命，不再像一个等着用我们的智慧去填塞的容器；而是一个越来越有尊严并被看作是我们自己心灵建构者的人，一个在他的内在教师的引导下按照精确的时间表在愉快和欢乐之中不屈不挠地工作的人，以创造宇宙中最伟大的奇迹——人类。”③

紧接着，蒙台梭利写道：“我们教师只能对这个正在进行工作的儿童提供帮助，就像服侍主人的仆人一样。”④ 这不就是与夸美纽斯的主张遥相呼应吗？这种观念和立场是现代教育学的理论内核，是现代教育学的基本成就。

6. 有人会说，这是西方人的教育学，非中国的教育学，不适我“东土大唐”

---

① 夸美纽斯．大教学论［M］．傅任敢，译．北京：教育科学出版社，1999：82.

② 夸美纽斯．大教学论［M］．傅任敢，译．北京：教育科学出版社，1999：138.

③ 蒙台梭利．有吸收力的心理［M］//蒙台梭利幼儿教育著作精选．单惠中等，编译．上海：华东师范大学出版社，2008：418.

④ 蒙台梭利．有吸收力的心理［M］//蒙台梭利幼儿教育著作精选．单惠中等，编译．上海：华东师范大学出版社，2008：418.

水土。此言非也。请看《传习录》里这一段话：

先生曰：“‘天命之谓性’，命即是性。‘率性之谓道’，性即是道。‘修道之谓教’，道即是教。”问：“如何道即是教？”曰：“道即是良知。良知原是完完全全，是的还他是，非的还他非，是非只依着他，更无有不是处。这良知还是你的明师。”(《知行录》之三，《传习录》下)

王阳明的观点不正可以与西方教育学相会通吗？

——王阳明：“这良知还是你的明师。”

——夸美纽斯：“教师是自然的仆人，不是自然的主人。”

——蒙台梭利：“我们教师只能对这个正在进行工作的儿童提供帮助，就像服侍主人的仆人一样。”

王阳明的教育观不正与夸美纽斯、蒙台梭利相通吗？那相通的教育观，或那教育观中相通的东西，正是现代教育学的秘密。

值得一提的是，王阳明是1472年生人，夸美纽斯是1592年生人，王阳明比夸美纽斯年长120岁。而王阳明此处所阐释的思想来源于先秦《中庸》，可见王阳明的这种教育观其来有自。

许多人认为来源于西方的现代教育学与中国文化传统相异，难以落地生根。殊不知西方现代教育学与中国的优秀文化传统可以相互会通、相互支持、相互支援。现代教育学可以在中国找寻到丰厚的思想文化资源。

7. 人具有自由意志，自由意志是寻求自由的。自由意志只有寻求自然法或天命，主动以自然法或天命为生活准则，才能真正得到自由，否则就会受到“自然意志”的惩罚。“自”由者，便是由“自”而任自然、法自然。故老子云：人法地，地法天，天法道，道法自然。

8. 人有其自然目的、自然意志、自然使命。人是按照自己的自然路线，朝向自然的目标而自我展开的。这是对人自身自然的发现，即对人的天性的发现。对人的天性的发现导致发现儿童。

9. 人的自然规定性，或曰天性，其总和在西方称之为自然人。

在中国，最初一念之心，李贽谓之童心，又曰赤子之心。可见中国之赤子即西方之自然人。

西方之自然人不是我们的野蛮人祖先，而是最后的人，我们正在走向自然人的途中。

而早在先秦时期，古代中国人即主张“复归婴儿”，已经发现“大人者不失其赤子之心者也”。直至明朝晚期，李贽提出的童心本位涵盖文艺、文化、社会、伦理、政治等范畴的理论体系。我称之为童心主义体系。这一体系是中国的自然人学说体系，而比西方的自然人学说更古老更丰富更成熟，遗憾的是被同时期的儒学保守主义者所扼杀。童心主义体系已经是成熟的现代学说，李贽的下狱自戕，标志着中国的现代之门被封死。①

当今中国的现代化事业（而不仅仅是中国的教育学的现代化建设），呼唤童心主义魂兮归来。

童心引领教育，童心引领中国。②

10. 教育只有保障人的自由，教育者才能从自己的教育活动中获得自由。自由的教育将培养自然人。自然人即不失赤子之心的人，或曰自我实现的人，或曰全面发展的人。不失赤子之心的人、自我实现的人、全面发展的人是自由民主富强之中国的建设者，是现代中国的脊梁。这样的脊梁方能撑起现代中国。

---

① 刘晓东．童心哲学史论——古代中国人对儿童的发现［J］．南京师大学报：社会科学版，2015（6）．

② 刘晓东．童心引领中国［A］//蒙蔽与拯救：评儿童读经．南京：江苏教育出版社，2009.

儿童教育学的古今中西问题

东海西海，心理攸同；南学北学，道术未裂。

——钱锺书：《谈艺录·序》

西方儿童教育的现代化过程，其实是儿童中心主义萌生、成长、壮大的过程。中国儿童教育变革的方向只能是现代化。对儿童中心主义是拒斥还是接受，这是我们不得不面对的一个关键问题。儿童教育应当坚持改革开放的大方向，处理好儿童教育的古今中西问题。

一、西方的“儿童中心主义”与中国儿童教育的发展方向

鸦片战争以来，中国面临着几千年未有之变局。这个变局就是：从被周围的“蛮夷”簇拥的“天朝上国”，到被西方列强乃至东洋日本欺凌侮辱。穷则思变。近代以来，戊戌变法是变，慈禧“新政”是变，辛亥革命是变，1949 年中华人民共和国成立是变，1966 年“文化大革命”是变，1978 年以来的改革开放依然是变。近代以来，中国的主旋律都是一个字：“变”。“变”的方向多种多样，但无论如何“变”，正确的方向只能是现代化。与此相应，教育、儿童教育、学前教育也在“变”。教育、儿童教育、学前教育变革的方向只能是现代化。

在西方，现代化是以“人的发现”为前提的。教育的现代化也是以“人的发现”为前提，以“儿童的发现”（或谓“发现儿童”）为诞生标志的。文艺复兴运动（14—16 世纪）不仅唱颂外部自然界，而且唱颂人自身的自然（即天性），因而是一场“人本主义＋自然主义”的运动，它热情讴歌自然、人性，同时追求自然权利。文艺复兴运动使人发现了人的尊严，启动了“人的发现”。

“人的发现”最终必然导致“儿童的发现”。每个成人都有童年，同时，儿童与成人一样都是人数庞大的群体。对童年的意义和儿童的本性视而不见，对成年与童年无法在理论上进行把握和区分，就不能说全面实现了对“人”的“发现”。没有发现“儿童”的“人的发现”，是未完成的“人的发现”。“人的发现”必然会走向“儿童的发现”，“儿童的发现”是“人的发现”的进一步深化。

在“发现儿童”的队伍中，捷克教育思想家夸美纽斯（Johann Amos Comenius，1592—1670）是一位先行者。作为文艺复兴运动最后一位著名的教育思想家，夸美纽斯集文艺复兴运动中人本主义和自然主义教育思想之大成，在欧洲多个国家从事过教育思想的宣传、教育政策的制定等工作。在《大教学论》中，夸美纽斯提出了“种子说”，认为儿童与生俱来地拥有“知识、道德、虔敬的种子”①。他还提出“灯”的比喻，认为儿童的本性自足一切：“万物确乎都已存在人身上；灯、油、火绒，以及一切用具都已具备，只消他善于擦出火星，着上火，点好灯，他便立刻能够看见，能够充分享受上帝的智慧放在他身上和世间的稀有的珍藏……”② 古希腊哲学家柏拉图提出的“回忆说”似乎在夸美纽斯的教育学里还魂再生。夸美纽斯认为儿童是实现自己成长的主人，而教师只是帮助者：“好些人通过自己教育自己，……较之受过导师的令人厌倦的教导的人的进步还要大。”这是一种类似于后人卢梭“否定教育（也译为消极教育）论”的教育思想。③ 夸美纽斯的教育学最大的原则就是师法自然：“教师是自然的仆人，不是自然的主人；他的使命是培植，不是改变，……”④ 面对儿童身心中的“自然”，教师应当像园丁从事种植那样，尊重、遵循儿童身心成长的自然规律。

夸美纽斯的这种学说其实是反对灌输，反对“塑造”，提倡尊重的。这种尊重儿童、信任儿童的教育学立场和教育观念深深影响了后世的教育学家。卢梭、裴斯泰洛齐、福禄培尔、杜威、蒙台梭利等人均持相似的观念和立场。“儿童中心主义”是后人在夸美纽斯身后两三百年提出的概念，然而，在夸美纽斯的教育学中，已经散发出浓重的“儿童中心主义”的气息。

法国启蒙思想家卢梭（Jean - Jacques Rousseau，1712—1778）在其著作《爱弥儿》中，被认为首次“发现”了儿童。卢梭认为儿童期的存在是自然规律：“大自然希望儿童在成人以前就要像儿童的样子。”人们应当尊重儿童，尊重儿童期，“如果我们打乱了这个次序，我们就会造成一些早熟的果实，它们长得既不丰满也不甜美，而且很快就会腐烂：我们将造就一些年纪轻轻的博士和老态龙钟的儿童。”卢梭还认为儿童具有不同于成人的精神生活。“儿童是有他

① 夸美纽斯．大教学论［M］．傅任敢，译．北京：教育科学出版社，1999：24.
② 夸美纽斯．大教学论［M］．傅任敢，译．北京：教育科学出版社，1999：16.
③ 夸美纽斯．大教学论［M］．傅任敢，译．北京：教育科学出版社，1999：24.
④ 夸美纽斯．大教学论［M］．傅任敢，译．北京：教育科学出版社，1999：138.

特有的看法、想法和感情的；如果想用我们的看法、想法和感情去代替他们的看法、想法和感情，那简直是最愚蠢的事情……”① 卢梭认为儿童是真正意义上的人，儿童具有独立的存在价值。他说，年年岁岁，每一生活阶段都会有完善和成熟之处。“他长大为成熟的儿童，他过完了童年的生活，然而他不是牺牲了快乐的时光才达到他这种完满成熟的境地的，恰恰相反，它们是齐头并进的。在获得他那样年纪的理智的同时，也获得了他的体质许可他享有的快乐和自由。”② 从这里我们可以看出，卢梭已经否定了儿童期仅仅是为将来的成人生活做准备这一观念，而指出儿童期亦有独立存在的价值。这一观念在儿童观演变史以及儿童教育史上具有重大的意义。历史发展到卢梭的那个时代，终于认识到儿童独立存在的价值。所以，人们把“儿童的发现”与卢梭联系在一起。

以“儿童的发现”为标志的现代儿童观为基础，卢梭相应地提出了“否定教育论”等教育思想。杜威（John Dewey，1859—1952）对此予以高度评价。杜威将卢梭的教育思想概括为“教育即自然发展”，并这样评价卢梭在教育史上的地位：“卢梭所说的和所做的一样，有许多是傻的。但是，他的关于教育根据受教育者的能力和根据研究儿童的需要以便发现什么是天赋的能力的主张，听起来是现代一切为教育进步所做的努力的基调。”③ 把受教育者的能力视为教育的依据；研究儿童，了解儿童的需要，以便发现儿童天赋的能力，并将此也作为教育的依据。从此处可以发现，卢梭的教育主张明显是儿童中心主义的，同时还可以发现卢梭认为儿童教育研究的首要任务是什么。显而易见，卢梭的教育研究方法论也是儿童中心主义的。

顺便插一句话：这让我想到了蒙台梭利（Maria Montessori，1870—1952）。蒙台梭利不仅主张教师甚至主张全社会应当“follow the child”——这不只是儿童教育中的儿童中心主义，而且是社会和文化的儿童中心主义。蒙台梭利还声称“蒙台梭利教学法的真正教师是孩子本身”④，这就是儿童中心主义的学术方

---

① 卢梭．爱弥儿［M］．李平沤，译．北京：商务印书馆，1994：91.

② 卢梭．爱弥儿［M］．李平沤，译．北京：商务印书馆，1994：209.

③ 杜威．明日之学校［M］．赵祥麟等，译//杜威．学校与社会．明日之学校．北京：人民教育出版社，1981：221.

④ 丽塔·克拉默．玛丽亚·蒙台梭利：第三部蒙台梭利教学法与运动［M］．魏宝贝，译：台北：及幼文化出版股份有限公司，1998：429.

法论了。

杜威紧接着说："他（卢梭）的意思是，教育不是从外部强加给儿童和年轻人某些东西，而是人类天赋能力的生长。从卢梭那时以来教育改革家们所最强调的种种主张，都源于这个概念。"① 杜威自己的儿童中心论教育思想也不例外。杜威承认自己所提倡的"儿童中心"思想是渊源于卢梭的。不只是杜威，中国学者熟悉的蒙台梭利、维果茨基、皮亚杰等人的教育思想，不论是自觉地还是不自觉地，都与卢梭《爱弥儿》中的教育立场是一致的，这一立场其实就是杜威首次表述的"儿童中心论"（也译作"儿童中心主义"）。

杜威是在批判旧教育的过程中提出"儿童中心主义"思想的。在杜威看来，在传统教育那里，"学校的重心在儿童之外，在教师，在教科书以及你所高兴的任何地方，唯独不在儿童自己即时的本能和活动之中"②，教科书"是过去的学问和智慧的主要代表"，而"教师是使学生和教材有效地联系起来的机体，教师是传授知识和技能以及实施行为准则的代言人"③。因而，传统教育的弊病是显而易见的："传统教学的计划实质上是来自上面的和外部的灌输。它把成人的标准、教材和方法强加给只是正在逐渐成长而趋于成熟的儿童。差距是如此之大，所规定的教材、学习和行动的方法，对于儿童的现有能力来说，都是没有关联的。……尽管优秀的教师想运用艺术的技巧来掩饰这种强制性，以减轻那种显然粗暴的性质，它们还是必须灌输给儿童的。"④ 由于传统教育把教育的"重心"放在教师和教科书上面，而不是放在儿童的本能和活动中，于是，儿童只能受到"训练""指导和控制"以及"残暴的专制压制"⑤。

去除这种弊病的出路是使教育实现重心的转移。"我们教育中将引起的改变是重心的转移，这是一种变革，这是一种革命，这是和哥白尼把天文学的中心

---

① 杜威．明日之学校［M］//杜威．学校与社会·明日之学校．赵祥麟等，译．北京：人民教育出版社，1981：221.

② 杜威．学校与社会［M］//杜威教育论著选．赵祥麟等，编译．上海：华东师范大学出版社，1981：31.

③ 杜威．经验与教育［M］//杜威教育论著选．赵祥麟等，编译．上海：华东师范大学出版社，1981：346.

④ 杜威．经验与教育［M］//杜威教育论著选．赵祥麟等，编译．上海：华东师范大学出版社，1981：346.

⑤ 杜威．儿童与课程［M］//杜威教育论著选．赵祥麟等，编译．上海：华东师范大学出版社，1981：119.

从地球转到太阳一样的那种革命。这里，儿童变成了太阳，而教育的一切措施则围绕着他们转动；儿童是中心，教育措施便围绕着他们而组织起来。”[①] 把教育的重心从教师、教材那里转移到儿童身上，这就是杜威倡导的“进步教育”(当时在欧洲，蒙台梭利等人的教育变革往往被称为或自称为“新教育”；而在北美洲，杜威等人的教育主张往往被称为或自称为“进步教育”)，也就是“以儿童为中心”的教育。

杜威认为，不以儿童的生活为出发点，教育便会造成浪费。“我为什么再三申明天然本能的重要？因为有许多教育学者把这个不学而知的本能看得太轻了，……他们总想把儿童期缩短，将成人的知识经验硬装进去。他们以为儿童期是完全白费了的，哪里知道这是真正的教育基础！”[②] 杜威批评的这种看似充分重视儿童期教育的观念与做法实际上是破坏和浪费，所以他说：“儿童被置身于被动的、接受的或吸收的状态中”，“不允许儿童遵循自己本性的法则，结果造成阻力和浪费”；没有以儿童为中心，这是“学校工作中大部分的时间和精力浪费的原因”。[③]

这就是杜威的“儿童中心”的教育思想。可以看出，这种思想所批评的传统教育，在当今中国依然大有市场。甚至一些教育界人士，尤其是设计种种“教育方案”而投放市场的那些“民间教育家”，有意无意中在传统教育立场上做足文章，迎合社会的、文化的、教育的、思想的、心理的误区，误导家长，大赚黑钱，儿童本来应当受其益，然而最终受其祸害。

而教育界人士对于儿童中心论，往往多有误解，不敢自觉地接受这一现代教育立场。然而，中国儿童教育要实现现代化，就必须自觉地接受这一立场。儿童中心论的立场，是儿童教育思想现代化过程中的主线和基本立场，如同自然科学一样是全人类的共同财富，不接受这一立场，中国儿童教育理论研究就无法与人类的儿童教育思想宝库相对接，就无法从这一宝库中获得珍贵的思想资源进行教育的现代化建设。

---

① 杜威．学校与社会［M］//杜威教育论著选．赵祥麟等，编译．上海：华东师范大学出版社，1981：32.

② 杜威．教育哲学［M］//沈益洪，编．杜威谈中国．杭州：浙江文艺出版社，2001：92.

③ 杜威．我的教育信条［M］//杜威．学校与社会·明日之学校．赵祥麟等，译．北京：人民教育出版社，1981：12.

事实上，世纪之交在中国风靡一时并对中国儿童教育尤其是学前教育有广泛影响的瑞吉欧教育模式，便是西方现代教育思想史中新开的花朵。马拉古齐（Loris Malaguzzi，1920—1994）在介绍瑞吉欧的学前教育时说："我们为幼儿所做、所想的一切只能从幼儿身上找到答案"①；在学前教育过程中，"教师跟随着幼儿，而非计划"②。可以看出，马拉古齐的这一思想与杜威的儿童中心论的教育学说是一致的。美国著名学者大卫·霍金斯教授考察瑞吉欧教育后评论说："我很高兴（杜威的儿童中心主义教育学说）这个伟大的哲学现今仍完好无缺地存在于意大利。"③ 可以看出，无论瑞吉欧的教育人士是否愿意承认，从思想史角度看，瑞吉欧的教育经验和教育思想，无疑是属于儿童中心主义范畴的。

这里还要提一下蒙台梭利。不仅蒙台梭利的儿童教育观念是儿童中心主义的，而且她的教育研究方法也是儿童中心主义的。1923 年，蒙台梭利在一次集会上说过这么一段话："无论我听到什么和工作有关的事，总是让我回到最初的开端，也是我们要一起接触的——孩子。"她提醒听众，儿童教育变革的方法十分简单，那就是，孩子是真正的老师，"蒙台梭利教学法的真正教师是孩子本身"④，"而我们许多人却常常是坏学生"⑤。她还曾说过："真正宣传我教学法的人不是我，而是儿童，虽然我是在讲演和著书。是儿童使人们真正信仰我的教学法；在支持和赞成我的教学法方面，儿童才是最不可能引起人们争论的对象。"⑥ 可以看出，儿童是蒙台梭利理论的中心，儿童是蒙台梭利教学法的中心。这位写出《童年的秘密》的作者认为，她所创立的教育理论和教学法的真正秘密恰恰是儿童，儿童是其理论和教学法的"真正教师"和真正来源。

---

① C. 爱德华兹，L. 甘第尼，G. 福尔曼．儿童的一百种语言［M］．罗雅芬等，译．台北：心理出版社，2000：56.

② C. 爱德华兹，L. 甘第尼，G. 福尔曼．儿童的一百种语言［M］．罗雅芬等，译．台北：心理出版社，2000：97.

③ C. 爱德华兹，L. 甘第尼，G. 福尔曼．儿童的一百种语言［M］．罗雅芬等，译．台北：心理出版社，2000：13.

④ 丽塔·克拉默．玛丽亚·蒙台梭利．第三部蒙台梭利教学法与运动［M］．魏宝贝，译．台北：及幼文化出版股份有限公司，1998：429.

⑤ 丽塔·克拉默．玛丽亚·蒙台梭利．第三部蒙台梭利教学法与运动［M］．魏宝贝，译．台北：及幼文化出版股份有限公司，1998：118.

⑥ 蒙台梭利．蒙台梭利幼儿教育科学方法［M］．任代文，主译校．北京：人民教育出版社，1993：9.

不只是资本主义社会的卢梭、杜威、蒙台梭利等人的教育理论是儿童中心的，非资本主义社会最著名的教育家也是儿童中心主义的。

苏霍姆林斯基（B. A. Cyxomjnhcknn，1918—1970）是社会主义苏联的教育家，我认为他其实是一位儿童中心主义者。有人问苏霍姆林斯基的夫人（也是他的同事），苏霍姆林斯基教育思想的核心是什么，苏霍姆林斯基的夫人说："我与丈夫数十年一起生活和共同工作，我这么体会：他思想的精髓是把学生当作人……他认为：教育活动是围绕着儿童开展的，人是其中心。应当人道地对待他的情感世界，人道地对待他的周围环境。教育和教学过程是自始至终充满真情实感的过程。教师应当主动接近孩子，而不是让孩子接近教师。走进每个孩子的心灵，这太重要了！没有这一点，这与面对机器工作有什么两样！"① 可见苏霍姆林斯基的教育思想是不折不扣的儿童中心主义的。

苏霍姆林斯基生活在冷战时期的社会主义国家。但是他并未因为两个意识形态阵营的尖锐对立而放弃甚至反对儿童中心主义的合理内核——儿童中心主义的基本立场和基本观念。儿童中心主义曾经在20世纪后半叶的中国被完全地政治化、意识形态化，直到今天还没有被官方正名，这是值得中国人反省的，尤其是值得中国的教育学者反思的。

儿童中心论是全人类的共同财富，它身上被涂抹的政治油彩应当被清除。

综上所述，可以看出，儿童中心论是现代教育思想的内核。从卢梭发现了儿童，从而提出否定教育论，到杜威提出传统儿童教育应当实现哥白尼式的中心转化，即以儿童为中心，到蒙台梭利"儿童是蒙台梭利教学法的全部秘密"，到社会主义教育家苏霍姆林斯基"人是中心""把学生当作人""走进每个孩子的心灵"，再到瑞吉欧教育的领导者马拉古奇"我们为幼儿所做、所想的一切只能从幼儿身上找到答案""教师跟随着幼儿，而非计划"……这一切，不都是儿童中心主义的教育思想的体现吗？任何一位教育思想家提出的儿童中心主义的教育思想文本，可能都存在值得商榷的地方，但是，作为现代教育基本立场、基本原则与理论内核的儿童中心主义，却是难以撼动的。后来的教育思想家、改革家如果欲图大业，其努力的方向不应当是摧毁儿童中心主义，而恰恰是围绕

---

① 吴盘生．苏霍姆林斯基夫人安娜·伊凡诺夫娜访问札记［J］．外国中小学教育，2001（4）：3.

儿童中心主义这一理论内核、这面大旗，继续高举这一大旗，继续建设这一内核，并以此为基础，来解决儿童教育的种种难题。

在试图进行现代化建设的中国，儿童教育界尤其应当体认卢梭、杜威、蒙台梭利、苏霍姆林斯基、马拉古奇等人已经提出并坚守的现代教育立场。然而，中国儿童教育界、学前教育界对于儿童中心论依然疑虑重重，甚至反对者大有人在。面对上述意见，有人可能会提出学前教育的文化适应性问题；更强烈的反应可能是，认为提倡“儿童中心”这些来源于西方的东西是迎合帝国主义的文化殖民。有人提出建设中国传统文化本位的儿童教育，等等。这些反应，将儿童教育中的古今中西问题凸显在当前中国教育理论界面前。

二、儿童教育学的中西问题

中西问题，其实就是中国与西方、中国文化与西方文化的问题。从鸦片战争开始，中西问题对于中国人来说变得严峻起来。为了救亡图存，思想界展开了长期的“体用之争”，试图在中体与西体、中用与西用之间理出头绪，以便选择正确的出路。一句“体用不二”，似乎可以消解“体用之争”，但是问题并没有那么简单。“体用之争”中往往有对文化的设计深藏其中。问题的关键在于，拒绝西方文化、闭关锁国的保守主义没有出路，那种“全盘西化”说看起来十分简单，照搬西方便万事大吉，但是地球上没有人能够让中国全盘西化。中国有自己悠久的历史传统，有自己的文化图式，西方的东西传入中国后，只要不是生吞活剥，就会被中国文化同化和吸收。当然，中国文化有时也会顺应西方文化，从而调整自己的文化结构。对西方文化的同化使中国文化获得了滋养，对西方文化的顺应则促使中国文化实现进步。

极端的保守主义往往至今还在做天朝上国的迷梦，这显然是迂腐与不智的。而激进的反传统主义认为中国的传统文化是一团糟，也并不符合历史事实。

近年来学前教育学术界提出学前教育的文化适应性问题，说明中西之争已经进入学前教育学术界的视野。[①] 我们不能因为西方现代教育观念与国人头脑中的许多教育观念有所抵牾，就认为这些源于西方文化的思想不适合中国的“特

---

① 张文洁．中国幼儿教育价值取向的历史演变及其启示［J］．教育导刊（下半月），2010（5）：13—16.

殊国情”，不适合中国本土文化，不适合于指导中国儿童教育，从而拒绝学习西方现代教育观念。其实，中国人学习西方的观念，一旦形成自己的观念，就已经是中国式的了，就是中国的观念了。这种新观念也许与中国本土的、传统的某些观念有所抵触，对此我们不应惊恐，不应闭关锁国，而是要继续反思自己所学的东西，同时还要考虑自己本土文化的特点，想一想是不是应当改造本土文化、传统文化。我相信，许多情况下，西方思想往往能在中国传统文化中找到支持的资源，只不过这些资源在中国不那么得势，有时还可能被视为异端。

人们不宜把文化的不适应性单独归罪于向西方开放和学习。其实向西方开放和学习，就是为了吸取异域的思想资源以改造中国的文化，让民族文化绝处逢生，焕发生机。

儿童本位的教育学是从西方传入的，由于历史上西方的观念曾经伴随西方坚船利炮的侵略，从而很容易被认为是帝国主义的“文化殖民”，令人产生厌恶感。事实上，由西方人强力推行的观念，与民族自主的探寻和选择（如鲁迅主张的“拿来主义”）是不可同日而语的。

古希腊先哲说：吾爱吾师，吾更爱真理。我们说：我们爱我们的民族，爱我们的祖宗，但我们也爱真理；选择热爱真理，是民族的出路。我们既要对民族的过去负责，更要对民族的未来负责。

早在春秋时期，孔夫子就说过：三人行，必有我师焉。孔夫子未必就反对学习异域文化。孔子还说：“有朋自远方来，不亦乐乎！”（《论语·学而》）“四海之内皆兄弟也。”（《论语·颜渊》）可以说，孔子是主张全球化的先驱之一。2008 年北京第 29 届奥林匹克运动会的口号是“同一个世界，同一个梦想”，它的主题歌《我和你》唱道：“我和你，心连心，同住地球村……来吧！朋友，伸出你的手。我和你，心连心，永远一家人。”这是古代中国人的胸怀，他们的后人依然拥有这种胸怀。

科学家是有国界的，但是科学没有国界，真理没有国界。古代中国人就明白这个道理。北宋司马光云：“苟为圣人矣，则推而放诸南海而准，推而放诸北海而准，乌有可行于西方不可行于中国哉？苟非圣人矣，则泥于中国，独不泥于西方耶？”[①] 这是说中国文化与外国文化是可以沟通的，中国人和外国人的真

① 邵博．邵氏闻见后录：卷四［C］．北京：中华书局，1983：32.

理标准只有一个。南宋陆九渊云："千万世之前，有圣人出焉，同此心同此理也。千万世之后，有圣人出焉，同此心同此理也。东南西北海有圣人出焉，同此心同此理也。"① 这是说，中外古今只有一个真理的标尺。古代中国人的这些说法，对于认识儿童教育的古今中西问题当会有所启发。

我们不能因为牛顿力学、爱因斯坦相对论源于西方而拒绝它们。同样，卢梭、杜威、蒙台梭利等人的教育理论共同体现的儿童本位、儿童中心的思想原则，我们不能因为它们在中国文化土壤中会出现水土不服，就否定它们的真理性，就拒绝学习它们。我们恰恰需要在本民族的文化中发掘可以与其对接的文化资源。中国的改革开放，就是在"变"上做文章，就是要学习西方文化，整理自己的文化传统，改造民族文化，建设现代文化。中国儿童教育现代化，离不开教育理论的现代化，而理论的、观念的、立场的现代化，我们就必须以卢梭、杜威、蒙台梭利等人为师。当然，这并不是说，卢梭、杜威、蒙台梭利等人的所有言论都应当作神圣的"语录"。我们也不要忘记，我们的传统文化中是有丰富的思想资源来接引、支援儿童教育的现代观念和立场的。

三、儿童教育学的古今问题

中国今天的儿童教育是由中国过去的儿童教育发展而来的。我们要认识中国过去的儿童教育，才能更好地理解当前的儿童教育。我们要认识过去的儿童教育的利弊得失，才能更好地理解当前儿童教育某些问题的根源。所以认识"古"有利于认识"今"。为了实现儿童教育的现代化，我们首先要了解自己的家底，了解中国儿童教育的传统。

众所周知，儿童本位、儿童中心主义是从西方传来的，但是我们也要认识到，在中国文化传统里，也有可资建设儿童本位、儿童中心主义的思想资源。例如，先秦《学记》是儒家学派《礼记》中的一篇。《学记》有云："禁于未发之谓豫，当其可之谓时，不凌节而施之谓孙，相观而善之谓摩。此四者，教之所由兴也。"从这里一点也看不出后世强制灌输的影子。值得注意的是，《学记》中"禁于未发之谓豫"，过去往往理解为"学生不良行为发生之前就注意预防叫做防范"。这种理解是错误的。事实上，其本义是："教师不应当让年幼儿童接

① 陆九渊．陆九渊集［C］．北京：中华书局，1980：273.

触难度较大的义理之学，这一原则称为豫。”所谓“豫”有丰富的意义，即：要让年幼儿童悠闲舒适，从容成长，让儿童享受当下的生活，避免有损于儿童成长的行为。①《学记》还强调“可”“时”“节”“孙”，其实就是要求教师尊重儿童的成长水平。用现在话语系统来说，这些都可谓是儿童本位的。这与独尊儒术以后中国主流的儒家教育学思想有天壤之别。

在中国，还有可以被作为建设现代儿童教育理论的文化资源。例如，道家主张“道法自然”，主张“无为”，对婴孩状态相当崇拜，等等，在一定意义上可以支援儿童本位、儿童中心主义的观念。用道家的这些地道的中国思想支援现代儿童教育理论，很容易为国人在情感上所接受。

中国文化传统有多种源流，但大的资源是儒道释。上面提到儒道，下面说说释。释，就是佛学、佛教。释在中国发展为地道的中国禅宗。中国禅宗强调“不立文字”“以心传心”，强调人心是佛，人人是佛，强调对自性的发现，反对偶像崇拜，反对知识与观念的强制灌输。这些思想与现代教育理论尊重儿童、反对灌输等思想也有相互支援的地方。

中国文化还有许多文化资源可以支援现代儿童教育理论，不过，这些资源与20世纪90年代以来的儿童读经运动的教育路线恰恰相反。儿童读经运动试图通过儿童（包括托儿所、幼儿园中的儿童，蒋庆甚至主张“胎教诵读”）死记硬背弘扬传统文化，其实，古代经典是良莠并存的，不能说里面没有好东西，但从教育学角度来看，儿童读经运动所宣传的“记忆”理论和“填牛”理论，弘扬的只是传统教育学中的糟粕。儿童读经运动将儿童单纯看作文化传递或文化传宗接代的工具，因而儿童成了传统文化祭坛上的牺牲品。儿童读经运动与中国现代化的方向是相左的，与儿童教育的现代观念和基本立场也是相左的。

儿童教育学只有处理好古今中西问题，才能为教育改革提供文化方向的正确引领。

---

① 刘晓东．先秦《学记》“禁于未发”章新诠［J］．南京师大学报：社会科学版，2008（2）：74—80.

反对反自然的无儿童的教育学

予岂好辩哉？予不得已也！

——《孟子·滕文公下》

针对我发表于《全球教育展望》上的两篇论文（《摒弃“双基”理论，树立儿童本位的课程观》[①]《“双基”理论有悖于教育学的现代观念》[②]），邝孔秀和张辉蓉两位教授在《教育学报》发表了共同署名论文《双基教学：摒弃还是发展》（下面简称《双基教学》）予以批评。感谢两位作者对拙文的关注。不过，两位作者所持教育学的基本观念和根本立场是值得商榷的。所以在这里做几点必要的回复。

《双基教学》一文批评我时所体现的基本观念和根本立场是值得商榷的。将“人的发展”与“人的自然发展”对立起来，将“自然人”与“社会人”及“现代人”对立起来，这样的观点与做法是错误的。仅以知识论来讨论“人的发展”问题有失偏狭。知识和知识教学之所以在学校教育中居于独大地位，是因为这类学校教育是由那种目无儿童的教育学支撑的，这类学校教育难以避免对童年的奴役与破坏。知识、知识教学在现代教育学中自有其重要地位，但其重要地位的显现不是建立在知识独尊的僭妄之上，而是建立在“教育即自然发展”所体现的儿童本位这一根本立场之下。

一、《双基教学》反对“教育即自然发展”，而主张“打破儿童的自然成长”，其体现的教育学立场是错误的

两位作者一方面反对“教育即自然发展”[③]，另一方面主张“打破儿童的自然成长”[④]。既然反对“教育即自然发展”，那么，提出“打破儿童的自然成长”这样的主张也就不难理解了。

---

① 刘晓东．摒弃“双基”理论，树立儿童本位的课程观［J］．全球教育展望，2010（6）：18—24.

② 刘晓东．“双基”理论有悖于教育学的现代观念［J］．全球教育展望，2010（11）：19—25.

③ 邝孔秀，张辉蓉．双基教学：摒弃还是发展［J］．教育学报，2013（3）：43.

④ 邝孔秀，张辉蓉．双基教学：摒弃还是发展［J］．教育学报，2013（3）：43—44.

而“教育即自然发展”是现代教育思想史上著名的命题。它是杜威对卢梭教育思想的高度概括。在杜威看来，卢梭以后的裴斯泰洛齐、福禄培尔等著名教育学家均遵循“教育即自然发展”。杜威认为，“从卢梭那时以来教育改革家们所最强调的种种主张，都源于这个概念”，“教育即自然发展”是“现代一切为教育进步所做的努力的基调”。[①] 杜威本人的“教育即生长”其实质依然是“教育即自然发展”。

其实，“教育即自然发展”在卢梭以前的夸美纽斯教育学中，已经出现其雏形。夸美纽斯认为儿童先天拥有“学问、德性与虔敬”这三者的种子，主张教育应当遵循儿童自身的自然，因而他说：“教师是自然的仆人，不是自然的主人；他的使命是培植，不是改变，……”[②] 由此可见，夸美纽斯教育学是卢梭教育学的先驱之一。

如果将先秦老子的“无为”思想演绎为一种教育哲学，那么，这种教育哲学当然与“教育即自然发展”能够相互会通。先秦儒家文献《中庸》开篇即云“天命之谓性，率性之谓道，修道之谓教”，这种主张“率性”（遵循天性）的教育观也与“教育即自然发展”是一致的。这就意味着，即便在中国，“教育即自然发展”亦能找到思想土壤、文化根基，能够得到中国思想与文化传统的支持与支援。

“教育即自然发展”以最为简洁的语言体现了现代教育学的内核，体现了儿童教育的现代立场和现代观念。我当然支持“教育即自然发展”。

但两位作者反对“教育即自然发展”，认为“以此来否定双基教学是值得商榷的”[③]。这不正说明，“双基教学”是与现代教育学的内核相牴牾、与儿童教育的现代立场和现代观念相排斥吗？

两位作者用下面几句话来表述我的观点：“人的发展是儿童无意识和意识的形成和发展，归根结底是本能与无意识的发展；人的发展凭借的是儿童的本能和无意识；人的发展的方式是儿童的自然成长，并且‘教育即（儿童的）自然发展’。”接着评论道：“我们认为，这种对人的发展的理解是偏颇的，以此来否

---

① 杜威．明日之学校［M］//杜威．学校与社会・明日之学校．赵祥麟等，译．北京：人民教育出版社，1981：221.

② 夸美纽斯．大教学论［M］．傅任敢，译．北京：教育科学出版社，1999：138.

③ 邝孔秀，张辉蓉．双基教学：摒弃还是发展［J］．教育学报，2013（3）：43.

定双基教学是值得商榷的。”① 这段话的某些概念确是我使用的，但总起来看，在两位作者笔下，这些概念之间的逻辑联系，尤其是命题与命题之间的逻辑联系，以及这些概念和命题联结后形成的观念，并非我能理解。也就是说，这些说法并非我的观念。但从其行文可推知，他们这是试图批评我所做的儿童精神发生学研究。

暂不谈我的说法，先看看皮亚杰是怎么说的。皮亚杰告诉我们：“每一个（认识的或心理的）结构都是心理发生的结果，而心理发生就是从一个较初级的结构过渡到一个不那么初级的（或较复杂的）结构。”② “从研究起源引出来的重要教训是：从来就没有什么绝对的开端。”③ 这些话是谈论心理发生或精神发生的，但是对于思考教育学问题具有重要意义。

传统教育的误区恰恰可以归因在：没有认识到儿童的精神发生现象和发生规律，没有认识到成人的精神世界与儿童的精神世界存在结构性差异，没有认识到成人的精神世界是要经过儿童的精神世界的数次结构性转换才能达成，没有认识到儿童的世界、儿童的生活、儿童的心灵是按发展阶段的严格顺序（自然顺序）发生数次结构性转变的，每次结构性转变，儿童的世界和儿童的需要以及儿童成长的任务都将发生相应转换。传统教育将成人自以为有价值的成人世界的东西填输给儿童，过分强调教育的“塑造”功能，揠苗助长地进行教育，归根结底，就是因为对儿童精神发生现象是无知的。这种无知是成人本位的儿童教育之所以能够大行其道的根源之一。④

两位作者之所以在《双基教学》中一而再再而三地主张“理性地打破儿童的自然成长，改善儿童的成长，加速儿童的成长”，不正是由于不了解儿童精神发生现象的基础知识吗？

两位作者将这段话（“人的发展是儿童无意识和意识的形成和发展，归根结底是本能与无意识的发展；人的发展凭借的是儿童的本能和无意识；……”）作为我的观点，这是对我的误读。我并不赞同“人的发展凭借的是儿童的本能和

---

① 邝孔秀，张辉蓉．双基教学：摒弃还是发展［J］．教育学报，2013（3）：43.

② 皮亚杰．发生认识论原理［M］．王宪钿等，译．北京：商务印书馆，1995：15.

③ 皮亚杰．发生认识论原理［M］．王宪钿等，译．北京：商务印书馆，1995：17.

④ 刘晓东．儿童精神发生学对儿童教育研究和儿童文学创作的影响［J］．上海师范大学学报：社会科学版，2008（1）：126－132.

无意识”，亦不赞同人的发展“归根结底是本能与无意识的发展”。在我看来，儿童精神发展并非单凭“本能与无意识的发展”。其实，儿童精神发展还有更深的根系。

我有过这样一种观点，现在依然坚持这一观点：儿童拥有三重生命，即肉身的或生理层面的生命、本能的与无意识的生命和人独有的精神生命。这三重生命是按照进化史顺序一层层整合或积淀于儿童生命中的。（在拙著《儿童精神哲学》中，我先后提出认识层论、道德层论、审美层论，最后总括起来，将它们整合在“精神层论”之中。①）我试图揭示：在进化上最先出现的是较后出现的基础和条件，较后出现的则是较前出现的“花朵”“果实”和目的（即康德的“自然目的”）。对于幼小儿童来说，他成长的最主要的任务是生理层面、本能与无意识层面的成长；对于幼小儿童来说，人所特有的意识成长还处于萌芽时期，而且它的萌芽的根系在于生理层面、本能与无意识层面；意识生活能否拥有深而密的根系，是以生理层面、本能与无意识层面的成长为基础的，同时也需要适宜的社会文化环境的刺激。

在两位作者看来，支持“教育即自然发展”便是轻视社会文化环境在儿童成长中的作用。② 我想强调的是，我从未轻视社会文化环境在儿童成长中的重要作用。没有社会文化环境，就不可能有现实的儿童成长。我甚至认为，人作为最高级的动物，其身体发育也是离不开文化环境的，即，文化环境是人的肉身发育为人的身体的必要条件。没有文化环境的支持，人的直立行走、语言与智慧所需要的身体素质将无法自动发生。③

论述至此，我想强调，对儿童精神成长的这种认识，自然而然会影响我对教育的理解。传统的教育主要是针对儿童独有的精神生命并在意识层面的文化历史财富层面展开的，但它抑制或忽视了儿童的生理层面、本能与无意识层面生命的充分展开展现。然而，儿童的精神生活的充分展开展现却依赖于儿童的植物性生命和动物性生命的充分展开展现。而儿童的精神生活的充分展开展现，又为儿童的生理层面、本能与无意识层面的生命赋予了属人的精神品质。人所

---

① 刘晓东．儿童精神哲学［M］．南京：南京师范大学出版社，1999：375.
② 邝孔秀，张辉蓉．双基教学：摒弃还是发展［J］．教育学报，2013（3）：43.
③ 刘晓东．文化与儿童身体的发育［J］．教育理论与实践，1997（1）：1—3.

具有的三重生命的协同协调才能为人带来幸福的精彩的创造的人生，才有助于人的自我实现，才有助于实现尊天命、循天性、“天人合一”的人生使命。

我的这些观点是针对传统儿童观、教育观而发的，也与我 2010 年发表于《全球教育展望》的两篇论文中的观点是一脉相承的。

两位作者批评我时所展现的那种教育学的“深层语法”（即基础观念和根本立场），往往作为教育学“常识”而流行于学术界。许多人的教育智慧乃至学术灵感，就是这一“当然正确”的话语系统开出的花结出的果。民间的不少“教育家”也利用这一话语系统开发各种教育方案，这些教育方案除了占据市场获取利润的经济学目的外，其教育学目的往往可借用两位作者的话来说，那就是：“理性地打破儿童的自然成长，改善儿童的成长，加速儿童的成长。”这些民间“教育家”深谙众多家长谋求子女“成龙成凤”的文化心理，于是投其所好，类似于“理性地打破儿童的自然成长，改善儿童的成长，加速儿童的成长”的说法正中一大批家长下怀。

“理性地打破儿童的自然成长，改善儿童的成长，加速儿童的成长”这类观念在中国教育学界颇为流行，成为中国“应试教育”的理论基础之一。在我看来，两位学者批评我时所表达的观点和立场与其说是他们自己的，不如说是他们的头脑被这种观点和立场占有和盘踞。因而我这里对两位学者的回应也是对中国教育学界所存在的这一观念和立场的应对。

“理性地打破儿童的自然成长，改善儿童的成长，加速儿童的成长”这种观念，不只是与“教育即自然发展”这一现代教育的内核相悖，而且还与道家的尊自然、尚无为的中国哲学以及儒家尊天命、循天性的中国思想相抵牾，然而，却是两位作者之《双基教学》的“深层语法”。在我看来，这一观念对儿童的成长是有害的，这一观念也是中国教育现代化的路障之一。

二、将“人的发展”与“人的自然发展”对立起来是恩格斯所批评的那类“荒谬的、反自然的观点”

两位作者提出：“人的本质属性和学校教育的本质特征都决定了人的发展并不等于人的自然成长”[①]。为了证明自己的观点并表明我的观点是背离马克思观

---

① 邝孔秀，张辉蓉．双基教学：摒弃还是发展［J］．教育学报，2013（3）：43.

点的，两位作者引述了马克思《1844 年经济学—哲学手稿》中的一些观点。遗憾的是，两位作者误读乃至肢解了马克思的观念。何以见得?

马克思在这部手稿中明确指出，“人直接地是自然存在物”[1]，“说人的肉体生活和精神生活同自然界不可分离，这就等于说，自然界自己本身不可分离，因为人是自然的一部分”[2]。该手稿中类似的论述还有很多，例如，“社会是人同自然界完成了的、本质的统一，是自然界的真正的复活，是人的实现了的自然主义和自然界的实现了的人本主义”[3]。

马克思甚至认为，“工业的历史和工业已经产生的对象性存在，是一本打开了的关于人的本质力量的书本，是感性地摆在我们面前的、人的心理学”[4]。与此同时，马克思又认为“工业是自然界”[5]。在这里，工业作为逻辑中项，将人的本质力量与自然界打通了。工业作为工业化时代文化的代表与表征，当它与自然界会通，便意味着文化与自然界实现了会通。

马克思又说，“历史是人的真正的自然史”[6]，“历史本身是自然史的一个现实的部分，是自然界生成为人这一过程的一个现实的部分”[7]，“只有自然主义能够理解世界历史的活动”[8]，等等。也就是说，在马克思的视野中，人、历史、社会和文化都是自然界的一部分或自然界本身。这是一种彻底的自然主义的主张。

正是基于这种认识，马克思认为：“正像关于人的科学将包括自然科学一样，自然科学往后也将包括关于人的科学：这将是一门科学。”[9]在马克思看来，共产主义是完成了的自然主义和完成了的人本主义，而完成了的自然主义等于人本主义，完成了的人本主义等于自然主义；而这种完成了的自然主义和完成了的人本主义是“人和自然界之间、人和人之间的矛盾的真正解决”[10]。在马克

① 马克思.1844 年经济学—哲学手稿［M］. 刘丕坤，译. 北京：人民出版社，1979：120.
② 马克思.1844 年经济学—哲学手稿［M］. 刘丕坤，译. 北京：人民出版社，1979：49.
③ 马克思.1844 年经济学—哲学手稿［M］. 刘丕坤，译. 北京：人民出版社，1979：75.
④ 马克思.1844 年经济学—哲学手稿［M］. 刘丕坤，译. 北京：人民出版社，1979：80.
⑤ 马克思.1844 年经济学—哲学手稿［M］. 刘丕坤，译. 北京：人民出版社，1979：81.
⑥ 马克思.1844 年经济学—哲学手稿［M］. 刘丕坤，译. 北京：人民出版社，1979：122.
⑦ 马克思.1844 年经济学—哲学手稿［M］. 刘丕坤，译. 北京：人民出版社，1979：82.
⑧ 马克思.1844 年经济学—哲学手稿［M］. 刘丕坤，译. 北京：人民出版社，1979：82.
⑨ 马克思.1844 年经济学—哲学手稿［M］. 刘丕坤，译. 北京：人民出版社，1979：82.
⑩ 马克思.1844 年经济学—哲学手稿［M］. 刘丕坤，译. 北京：人民出版社，1979：73.

思看来，包括“人和自然界之间”的矛盾等问题若未得到解决的社会，将难以称之为共产主义社会，或者说，如果缺少“完成了的自然主义和完成了的人本主义”作为理论基础，共产主义就难以实现。

可是，《双基教学》一文认为“人的本质属性和学校教育的本质特征都决定了人的发展并不等于人的自然成长”①。“‘人的发展’不等于人的自然成长，它具有丰富的社会、文化内涵”②，也就是说，由于人的发展具有丰富的社会、文化内涵，因而“人的发展”不等于人的自然成长，——这就将社会、文化与自然对立起来，将“人的发展”（当然包括社会的、文化的发展）与“人的自然成长”对立起来。此观点显然同马克思《1844年经济学—哲学手稿》中的立场完全相悖，同时将马克思通过“完成了的自然主义和完成了的人本主义”而“真正解决”了的“人和自然界之间”的矛盾再度激化。

同马克思的相关思想相一致，恩格斯也反对将人和自然对立起来的观点。恩格斯在《自然辩证法》中写道：“我们一天天地学会更正确地理解自然规律，……人们就越是不仅再次地感觉到，而且也认识到自身和自然界的一体性，而那种关于精神和物质、人类和自然、灵魂和肉体之间是对立的荒谬的、反自然的观点，也就越不可能成立了……”③ 显然，恩格斯认为，人与自然界具有“一体性”，那种关于人与自然之间相对立的观点是“荒谬的、反自然的观点”；随着人的认识的深化，这类观点越来越难以成立。恩格斯的预言是准确的，随着自然哲学和生态哲学的推进，将人与自然对立起来的观点抛到九霄云外的人愈来愈多了。

遗憾的是，《双基教学》一文试图以马克思的观点作为其论说基础，却忘记了马克思是主张“人的科学将包括自然科学”“自然科学往后也将包括关于人的科学”，忘记了马克思是主张“最彻底的自然主义”和“最彻底的人本主义”的。而两位作者对人的理解局限于人的“意识性、社会性、文化性”，并将“人的自然发展”与“他的意识性、社会性、文化性”对立起来，试图以人的“意识性、社会性、文化性”来克服“人的自然发展”，而忘记了人的“意识性、社

① 邝孔秀，张辉蓉．双基教学：摒弃还是发展［J］．教育学报，2013（3）：43.

② 邝孔秀，张辉蓉．双基教学：摒弃还是发展［J］．教育学报，2013（3）：45.

③ 马克思恩格斯选集：第4卷［M］．中共中央马克思恩格斯列宁斯大林著作编译局，译．北京：人民出版社，1997：384.

会性、文化性”与人自身的“自然性”是辩证地统一、同一的。

可以看出，两位作者论说的基础恰恰是马克思、恩格斯所反对的，也是当下的自然哲学、生态哲学所否定的那类“荒谬的、反自然的观点”。遗憾的是，“荒谬的、反自然的观点”、反自然的教育观念在中国教育学界依然大行其道。

三、不宜说人的发展是“由‘自然人’向‘社会人’‘现代人’的发展”

两位作者说：“人的发展自然不是‘自然人’的自然成长，而是经由人类已有文化的哺育，在社会实践中由‘自然人’向‘社会人’‘现代人’的发展。”①显而易见，两位作者主张，教育应当让儿童从自然人走向社会人。两位作者在此处借用卢梭的“自然人”概念，却误读误用了这一概念；两位作者以此表述的教育观恰恰与卢梭的教育观相悖。

卢梭最早的重要论文《论科学与艺术》预示了其整个思想体系的雏形。他的这篇论文已发现社会、文化对人自身之自然的奴役和破坏。他写道：“我们的风尚流行着一种邪恶而虚伪的一致性，每个人的精神都是在同一个模子里铸出来的，礼节不断地在强迫着我们，风气又不断地命令着我们；我们不断地遵循着这些习俗，而永远不能遵循自己的天性。我们再不敢表现真正的自己；……”②风尚、习俗等文化将人的天性抑制和奴役，真正自然的人被扭曲。于是，“再也没有诚恳的友情，再也没有真诚的尊敬，再也没有深厚的信心了！怀疑、猜忌、恐惧、冷酷、戒备、仇恨与背叛永远会隐藏在礼仪那种虚伪一致的面目下边，隐藏在被我们夸耀为我们时代文明的依据的那种文雅的背后。”③正因为有这样的认识，卢梭后来的《爱弥儿》才主张培养“自然人”，才有了“人的教育”“事物的教育”都必须遵循“自然的教育”的教育理论。

卢梭为什么有这种主张？这是由其整个思想体系的原点决定的。这个原点就是“自然”和“人为”的矛盾及其克服；卢梭解决这一矛盾的办法就是，让“人为”尊重“自然”，让“人为”与“自然”一致从而体现“自然”。这一原点在其《论科学和艺术》《论人与人之间不平等的起因和基础》和《爱弥儿》三部

① 邝孔秀，张辉蓉．双基教学：摒弃还是发展［J］．教育学报，2013（3）：43.
② 卢梭．论科学和艺术［M］．何兆武，译．北京：商务印书馆，1997：9—10.
③ 卢梭．论科学和艺术［M］．何兆武，译．北京：商务印书馆，1997：103.

作品中得到了淋漓尽致的表达。值得一提的是，马克思在《1844年经济学—哲学手稿》中所倡导的彻底的自然主义与彻底的人本主义是辩证一致的这种观点，我以为是对卢梭这种思想的继承和发展。

卢梭在《致博蒙书》中总结《爱弥儿》的教育思想："我把消极教育当作最好的或唯一好的教育方式；我揭示了，各种积极教育一经执行，如何走上与目的相悖的道路。"① 消极教育其要旨就是为了防止文化对儿童天性的压制和扭曲，它培养的是自然人；而积极教育则贬低儿童的天性，以风尚、习俗、历史、文化将人的天性抑制和奴役，塑造出人的天性被扭曲、异化了的所谓"社会人"。显而易见，消极教育尊崇"天性"，而积极教育崇尚"人为"。

两位作者以培养社会人之名而"打破儿童的自然成长"，"改善"人自身的自然，"加速"儿童的发展，这种教育——也就是他们所支持的"双基教学"——其实就是积极教育的中国版。显然，两位作者就是卢梭所反对的积极教育的拥趸。积极教育在中国的拥趸何其多也，这也是教育改革在中国何其困难的根本原因之一。

我还想让读者留意一下，卢梭对所谓社会人是充满警惕的。卢梭认为，所谓社会人一直活在自身之外，唯别人的意见是从；他只有通过这种辗转间接的方式，才能拼凑出自身存在的意识。② 也正因为如此，他主张培养自然人。事实上，卢梭的教育学、政治学的最终目的就是自然人的圆满完成，"自然人不是我们最早的野蛮祖先，而是最后的人，我们正走在成为这最后的人的旅途中"③。

在我看来，卢梭的自然人本身也是一种文化概念，体现了卢梭的一种"人为"。但可贵的是，这种文化和"人为"是崇尚并遵循自然和天性的，因而将人及其天性从文化和"人为"可能的奴役中解放了出来。也就是说，自然人和文化人是可以辩证地达成统一、同一的。如果要达成这种统一、同一关系，那么，儿童在成为社会人的过程中，其自然人身份就不得也不应受到损毁，从而在成为社会人的同时他依然是自然人。当社会人依然是得以保全其天性的自然人时，人就避免了异化，人就是整体的全面的发展的人，——这样的人构成的社会共

① 卢梭．致博蒙书［M］．吴雅凌，译．北京：华夏出版社，2014：53.
② 卡西勒．卢梭问题［M］．王春华，译．南京：译林出版社，2009：40.
③ E. H. Wright. The Meaning of Rousseau［M］. London：Oxford University Press，1929：164.

同体，该是多么完美的理想社会。马克思在《1844 年经济学—哲学手稿》中所描绘的理想社会，就是这种“完成了的自然主义”与“完成了的人本主义”的社会，是“最彻底的自然主义”也是“最彻底的自然主义”的社会；这一社会的人是向“合乎人的本性的人的自身的复归”①。这里也提一下，我以为，马克思“全面发展的人”这一概念与卢梭的自然人概念也有一定的继承关系。

而两位作者却将自然人和社会人对立起来，没有发现和理解二者间的辩证关系。当两位作者将自然人和社会人对立起来，自然人就成了脱离社会的人，社会人就成了否定自然人的人；这是对“自然人”概念的误解、贬损和破坏。

两位作者还提出让“自然人”发展为“现代人”，从而又将“自然人”与“现代人”对立起来，这也是错误的。现代人恰恰试图保全和体现文艺复兴运动以来被讴歌的人自身的自然（天性），恰恰试图摆脱中世纪的政治、宗教、文化对人天性的压迫和奴役，因而在这种意义上，现代人恰恰就是试图成为“自然人”的人，恰恰是走向“自然人”之完成的人。

卢梭的消极教育学恰恰就是保护人的天性，让文化回归自然，让社会、文化和教育保障儿童自身的自然并使其在成长过程中表达出来，从而在成为社会人的同时依然是自然人。卢梭的消极教育学就是要求教育从旧的“社会—文化—成人”本位走向新的“自然—天性—儿童”本位，从而使旧教育学转向新教育学，使传统教育学转向现代教育学。而两位作者的教育思维、教育观念、教育立场体现的正是旧的、传统的、“社会—文化—成人”本位的教育学，这种思维、观念、立场是当前中国的政治、社会、教育、文化等领域现代化变革的障碍。

四、仅以知识论来讨论“人的发展”有失偏狭

两位作者在展开讨论前，向读者交代了自己的讨论视角和理论基础。两位作者写道：“由于‘人的发展’是教育的基本内涵和根本目的，因此，课程与教学理论需要解释以下三个问题：‘人的发展’发展什么？‘人的发展’凭借什么？‘人的发展’如何发展？为此，我们从这三个方面来考察双基教学。”② 这些话说

---

① 马克思．1844 年经济学—哲学手稿［M］．刘丕坤，译．北京：人民出版社，1979：73.

② 邝孔秀，张辉蓉．双基教学：摒弃还是发展［J］．教育学报，2013（3）：42.

得都有道理。但两位作者紧接着所说的话令人惊诧:"首先说明的是，因为'"知识"是"双基"中的核心，"技能"居从属地位'，基本技能'受基础知识的制约并以其为存在的基础'，因此，我们主要以知识为例加以讨论。"① 两位作者竟然仅以知识论作为基础来讨论上述"人的发展"三大问题，其学术视角过于偏狭，根本难以全面把握人的发展问题。知识论所能看到的人的发展会是怎样的面貌呢？知识论以外的广阔区域被两位作者舍弃了。知识论只能大致考查人的发展的知识论向度。这就决定了两位作者谈"人的发展"无异于盲人摸象。

即便是知识论，到了康德那里，其视野也已扩展至"先验"论域。但两位作者的知识论视角大大小于康德的知识论视野。从其后面的论证来看，他们要"打破儿童的自然发展"，于是，对待"先验"论域会持什么态度可想而知；他们将知识论局限于"意识性、社会性、文化性"层面，以此为尺度和范围，他们将我不合于此尺度、超出此论域的相关观点皆作为否决对象；他们完全将人或儿童的身体的、本能的与无意识的世界舍弃了，从而抛却了人或儿童意识世界的根系；他们甚至连人或儿童的意识世界都不做全面观照，而只是取其一隅——知识；即便是知识，两位作者对其把握得也不全面，他们的"知识"其实是"双基教学"理论中具体学科的基础知识，于是，学科基础知识以外更为广阔的知识领域又被舍弃了。

恕我直言，单纯以知识论视角来讨论具有高度复杂性的"人的发展"问题和具有高度复杂性的教育学问题，两位作者楔入论题的方法论显然是先天不足的。更何况将"知识"局限于"双基教学"理论中具体学科的"基础知识"呢？

这恰恰暴露了"双基教学"理论目中无"人"，目无"儿童"，是知识独大的，是学科基础知识独大的；知识成为"双基教学"理论的目标，成为学校中的一切，一切都围绕学科基础知识来展开，甚至为了实现"双基教学"的目标而不惜"打破儿童的自然发展"。两位学者讨论"人的发展"的知识论视角和偏狭的"知识"概念，在逻辑上预先决定了最后的结论，也就是说，不用看他们的论证过程，就可以预知他们的结论。果不其然，他们通过论证而得出的结论，当然就是知识在学校生活中的独大:"在学校教育的历史长河中，知识作为人类在实践中积累起来的认识和应对自然、社会的经验与智慧，一直是其基本内容，

① 邝孔秀，张辉蓉．双基教学：摒弃还是发展［J］．教育学报，2013（3）：42—43.

成为促进人的发展的基本力量。”[①]“知识教学是学校教育打破儿童自然成长，改善和加速儿童成长的基本需要和途径，知识教学是学校教育干预和促进‘人的发展’的必要和有效途径。”[②]“不难看出，知识的本质和价值一致地表明，知识是个体由‘自然人’向‘社会人’‘现代人’发展的重要力量。事实上，这也表明，知识的缺位是儿童自然发展论的重要缺陷。”[③]

两位作者所刻画的学校只有知识学习，只有考评知识学习的分数。分，分，学生的命根，——考分的阴影遮蔽了学校里的儿童，儿童的“自然成长”被“打破”了，分数甚至成为显示童年价值的唯一标志，分数排名成为学校所体现的“意识性、社会性、文化性”，儿童就被这样的“意识性、社会性、文化性”所驱使所压迫所异化。童年，以及本来格外丰富的“童年资源”[④⑤]，在分数竞争中毁灭了，消逝了！

值得注意的是，两位作者将我的相关观念标记为“儿童自然发展论”，并认为“知识的缺位是儿童自然发展论的重要缺陷”。[⑥] 对此我想辩白：我从未试图将“知识”赶出课程体系。例如，在倡导学前教育从学习取向到成长取向变革时，我特别提到，“这并不是说学前儿童不能够或不可以学习，学前儿童可以学习，也应当学习”，学习本身是实现学前儿童成长的重要手段。[⑦] 这里的“学习”当然就包括知识（按，还包括技能、道德等）的学习。我既然主张“学前儿童可以学习，也应当学习”，那么，我怎么可能反对年龄长于学龄前儿童的中小学生的知识学习呢?！由此观之，“知识的缺位”一说又何以成立，何以见得?

需要再次强调的是，我并不反对中小学生学习各门学科的基础知识、基本技能，但我反对的是“双基教学”理论目无儿童；“双基教学”理论目无儿童，所以我反对“双基教学”理论。《大学》有云：“物有本末，事有终始，知所先后，则近道矣。”“双基教学”理论在处理儿童的成长与儿童对“双基”学习的关系上可谓“本末”倒置、“终始”颠倒、“先后”错位。其中的道理我已在

---

① 邝孔秀，张辉蓉．双基教学：摒弃还是发展［J］．教育学报，2013（3）：43.
② 邝孔秀，张辉蓉．双基教学：摒弃还是发展［J］．教育学报，2013（3）：44.
③ 邝孔秀，张辉蓉．双基教学：摒弃还是发展［J］．教育学报，2013（3）：44.
④ 刘晓东．童年资源与儿童本位［J］．教育研究与实验，2013（4）：16—19.
⑤ 刘晓东．童年资源：从贫乏的童年到丰饶的童年［J］．人民教育，2014（4）：21—25.
⑥ 邝孔秀，张辉蓉．双基教学：摒弃还是发展［J］．教育学报，2013（3）：44.
⑦ 刘晓东．儿童文化与儿童教育［M］．北京：教育科学出版社，2006：275.

2010年发表于《全球教育展望》上的两篇论文中做了探讨。而两位作者正是针对这两篇论文来展开批评的。

五、知识独大的教育是片面的教育，而非全面发展的教育

两位作者在其论文的第二部分（即“双基教学是否必要和合理”这部分），通过探讨“人的发展”的“内涵”“凭借”和“途径”，将人的发展逐步还原为知识的发展，最后，将“双基教学”还原为知识教学。两位作者写道：“综上不难得出结论：‘人的发展’不等于人的自然成长，它具有丰富的社会、文化内涵；知识作为人类积累的认识和应对世界的思想图式，是儿童由‘自然人’向‘社会人’‘现代人’发展的基本需要，知识教学是学校教育干预和促进‘人的发展’的必要和有效途径；离开双基教学谈人的发展，不仅与学校教育的属性相左，而且在很大程度上将虚化人的发展，因此，双基教学是必要和合理的。”①

从这段话可以看出两位作者对知识、知识教学以及学校教育属性的认识，进而强调“双基教学是必要和合理的”。在两位作者心目中，知识和知识教学在学校教育中具有独大之坚固地位。这种观念是正确的吗？对这一问题的探讨，涉及教育是应当坚守儿童本位还是坚守知识本位这一重大问题。

知识和知识教学在学校教育中具有独大之坚固地位，这种观念与人类思想史中的许多伟大观念是相悖的。例如，孔子云：“吾有知乎哉？无知也。”（《论语·子罕》）王阳明将这句话做了这样的引申：“良知之外，别无知矣；故‘致良知’是学问大头脑，是圣人教人第一义；今云专求之见闻之末，则是先却头脑，而已落在第二义矣。”（《传习录》卷中，《答欧阳崇一》）孔子认为自己无知，这很容易让我们想到苏格拉底。苏格拉底也认为自己无知，却相信年轻人自身有大学问，所以才有了苏格拉底“产婆术”的教学法。对“无知”进行唱颂的，还有卢梭、哈耶克等人，限于篇幅，这里不做赘述。

王阳明赞赏孔子认为自己“无知”这样一种伟大的见识，他将外部知识的本原归之于个人本有的“良知”，并认为“致良知”是圣人教人第一义。这与两位作者仅仅将知识视为“人类积累的认识和应对世界的思想图式”是不同的。用王阳明的观点来检讨两位作者的“知识”，顶多属于“教人第二义”的东西。

---

① 邝孔秀，张辉蓉．双基教学：摒弃还是发展［J］．教育学报，2013（3）：45.

两位作者以他们的知识论来支持“双基教学”，不是在暴露“双基教学”的理论缺陷吗？

再说王阳明。有人问：“知识不长进如何？”王阳明作答：“为学须有本原，须从本原上用力，渐渐盈科而进。”他取譬婴儿来说明学与教都应当立足于本原：婴儿“出胎后方始能啼，既而后能笑，又既而后能认识其父母兄弟，又既而后能立能行、能持能负，卒乃天下之事无不可能，皆是精气日足，则筋力日强，聪明日开，不是出胎日便讲求推寻得来。故须有个本原。圣人到位天地，育万物，也只从喜怒哀乐未发之中上养来。”（《传习录》卷上，第三十条）在王阳明看来，教育应当立足于本原。从王阳明的言论来看，用现在的话说，就是立足于人的天性；学与教“只从喜怒哀乐未发之中上养来”，让“未发”的自然天性按其自身的天命而表达出来，让潜存的“未发”转变为现实的“已发”。王阳明这里的一个“养”字，与两位作者“知识教学是学校教育干预和促进‘人的发展’的必要和有效途径”“打破儿童的自然成长，改善儿童的成长，加速儿童的成长”等观念，相距何止千万里耶？

王阳明曾坐在水塘边与弟子、友人论学。《传习录》有这样一段记载：“‘与其为数顷无源之塘水，不若为数尺有源之井水，生意不穷。’时先生在塘边坐。傍有井，故以之喻学云。”（《传习录》卷上，第六十八条）这里谈的依然是，学与教应当以人为本，以儿童为本，内得心源为先，外师造化为其次。《中庸》有“君子尊德性而道问学”的说法，不就是说以“尊德性”为先，以此为前提而“道问学”吗？“尊德性而道问学”不正是王阳明以上几段话的意思吗？

这里特别值得注意的是，王阳明“与其为数顷无源之塘水，不若为数尺有源之井水，生意不穷”这句中的“生意不穷”。此“生意”不就是指人的生命力、创造力和儿童茁壮成长中所体现的自然意志（中国古代哲学中有“天志”“生生”“春意”“自化”等类似概念）与蓬勃朝气吗？

陶行知有句名言：“千教万教教人求真，千学万学学做真人。”第一句教人求真，求真的主体是学生；于是，学生能否求真，取决于学生是否真人；因而，最终教育的任务还是要教学生做真人。然而用两位作者观念中的“教”和“学”是难以表达现代教育观念中的“教”和“学”的。王阳明的那个“养”字的意蕴什么时候能融入中国当前的“教”“学”概念和教育学体系，中国教育学的现代化之门便大开了。现代教育学不只是西方的发明，在中国也有现代教育学的先声。像下面这句话就是现代教育学的核心原则："此圣人之学所以至易至简，易知易从，学易能而才易成者，正以大端唯在复心体之同然，而知识技能非所与论也。"（《传习录》卷中，《答顾东桥书》）如果将西方的现代教育学与这句话有所会通，便可说，这句话正是属于西方现代教育学深层语法的内容。而这句话从根本上否定了两位作者所支持的"双基教学"的理论基础。

知识、知识教学在现代教育学中自有其重要地位，但其重要地位的显现不是建立在知识独尊的僭妄之上，而是建立在"教育即自然发展"所体现的儿童本位这一根本立场之下。

六、是否要"与现代课程理论接轨"

针对我"与现代课程理论接轨"的主张，两位作者明确予以反对。他们写道："我国的课程理论建设也不应以与西方课程理论接轨（所谓的'与现代课程理论接轨'）为标杆。"①

上述括号中的引文确是我的观点，两位作者也做了脚注以示为我文章所出。但有趣的是，他们将我"与现代课程理论接轨"的主张，完全等同于"与西方课程理论接轨"。其实，我之"与现代课程理论接轨"，包括吸收中西方课程理论、教育理论的现代成分，即，会通中西，为我所用。既然要实现教育现代化，让教育理论与现代教育理论接轨不是理所当然吗？邓小平提出"教育要面向现代化，面向世界，面向未来"，不正是为了让中国教育从"现代"之外走向"现代"从而与"现代"接轨吗？

我读这句话还是颇受刺激的。我知道这种刺激来自"西方"和"现代"两个扯不断理还乱的概念。

我本人并不崇洋媚外。前几年，我曾经在纽约访学 12 个月，就我刻骨铭心的感受看，每当我走在百老汇街上，我发自肺腑地想念中国人无意识中浸润的孔孟之道，尽管我当时刚刚出版了一部批评儿童读经的著作《蒙蔽与拯救：评儿童读经》(江苏教育出版社 2009 年版)，尽管那时和现在我对孔子、孟子两人心存敬意，但对经过后世涂抹过乃至歪曲了的孔孟之道心存芥蒂。我跟崇洋媚外根本沾不上边。

---

① 邝孔秀，张辉蓉．双基教学：摒弃还是发展 [J]．教育学报，2013 (3)：47.

如何看待和处理学术中的中西之争呢？王国维有所谓“学有中西”“学无中西”的高见。钱锺书总结古代中国人陆九渊等人的相关思想，而写出“东海西海，心理攸同；南学北学，道术未裂”之佳句。费孝通走东闯西而倡言“美人之美，美己之美；美美与共，世界大同”。这都是说，世界各国的文明成就均是全人类的共同财富。

改革开放后，中国从西方引入现代经济学理论和现代市场概念，这对中国的经济腾飞也发挥了重要作用。中国还选派大量学子赴西方留学，鼓励这些学子师法西方，用所学报效祖国的建设事业。可以说，近代以来，中国的每一步发展都与西方相关联；没有对内改革，对外开放，就不会有改革开放的巨大成就。

在复杂的社会背景下，“西方”这个敏感的概念在不少人心里具有某种魔性或法力。不过，我依然认为，挖掘自己民族的优秀文化传统，主动学习卢梭、杜威等人的现代教育学思想，“古为今用”“洋为中用”，是改革开放政策所鼓励的。

我曾看到这样一则趣闻。时任美国总统的里根于1983年元旦发表的国情咨文，引用了老子“治大国若烹小鲜”这句话。第二天，美国有报纸报道：不满一天时间，《老子》英译本因此而售出好几万册。美国总统治理国家可以采用中国先秦老子的智慧，中国的教育学就不能学习卢梭、杜威的现代教育观念吗？就不能会通中西古今的学术资源而在中国建设现代教育理论吗？中国自身具有丰富的古代思想资源可与西方现代教育学相互会通、相互支援，[①] 而这些思想资源与两位作者的主张是相互扞格的。

既然我们有志于实现中国教育的现代化，那么中国的教育学就必须与现代教育学接轨，这是逻辑使然，两位作者何以反对呢？

① 刘晓东．童心哲学史论——古代中国人对儿童的发现［J］．南京师大学报：社会科学版，2015（6）：82—93.

儿童教育的现代立场和现代观念

教师是自然的仆人，不是自然的主人；他的使命是培植，不是改变，……

——夸美纽斯：《大教学论》

我坚持任何教育改革必须依据人的天性。人本身必须成为教育的中心。……如果我们遵循这些原则，……我们会发现自己所面对的将不再是一个被看作幼弱无依的生命，像一个需要我们的智慧去填充的容器；而是一个具有崇高的尊严而被看作是我们自己的心灵塑造者的人，一个自我引导按照精确的时间表在愉快与欢乐中孜孜不倦地从事着创造宇宙中最伟大的奇迹——人——的工作的人。我们教师只能像仆人侍奉主人那样地帮助儿童进行工作。然后我们会变成人类灵魂发展的见证人。

——蒙台梭利：《有吸收性的心理》

儿童教育的现代立场和现代观念是现代儿童教育学的内核。

学前教育小学化以及中小学生课业负担过重，中小学乃至学前教育的最终目标往往就是在高考中取胜，这些现象是中国的教育之痛，也是中国的教育之病。病根在哪里？在于不了解儿童教育的现代立场和现代观念，在于违背儿童教育的现代立场和现代观念而不自知。

国内一些教育现代化研究的学术文献，往往忽略教育现代化最为本质的特征，那就是教育观念必须率先现代化。

不能体现儿童教育的现代立场和现代观念的教育不可能是现代教育。那些与儿童教育的现代立场和现代观念背道而驰的教育，是南辕北辙的教育。无论其教师的学历、学位有多高，无论其校园校舍等硬件设施多么富贵华丽，如果在教育学的方向上是南辕北辙的，那么，无论付出多少努力，均可能是穷折腾，都不可能建成现代教育。

这里试图结合中国教育现代化面临的问题，对儿童教育的现代立场和现代观念做简要说明。

一、儿童教育的现代立场和现代观念是什么

儿童教育的现代立场尊崇儿童的天性，遵循儿童发展的自然规律，尊重儿童的生活和世界。这种现代观念是：教育即自然发展，或教育即生长，是卢梭所说的消极教育，而不是当前普遍存在的急匆匆急吼吼的揠苗助长式的教育。

儿童教育的现代立场和现代观念是在欧洲文艺复兴、宗教改革、启蒙运动的背景和民主进步的进程中产生的。文艺复兴讴歌自然，尊崇天性，以人为本的时代精神逐步体现在教育观念的变革之中，从而导致了以“儿童本位”为旗帜的教育学理论体系在欧洲启蒙时代萌生。近代儿童心理学、发育生物学等自然科学的成就，为现代儿童教育学的发展和成熟提供了学术资源，并做出了重要贡献。

在儿童教育的现代立场和现代观念产生的过程中，先后做出杰出贡献的代表人物有：捷克的夸美纽斯、法国的卢梭、瑞士的裴斯泰洛齐、德国的福禄培尔、美国的杜威、意大利的蒙台梭利、瑞士的皮亚杰及苏联的苏霍姆林斯基等等。在20世纪上半叶的中国，传播儿童教育的现代立场和现代观念并加以本土化调适的主要有蔡元培、陶行知和陈鹤琴等人。

二、儿童教育的现代立场和现代观念在中国的缺席

儿童教育的现代立场和现代观念是目前西方发达国家教育理论的核心，表现在课程设计和教育制度上就是：反对传统的教材中心，将教育的重心从教材或知识转移到儿童的生活与儿童的世界；强调教育适应儿童成长的自然节奏和速度，尊重儿童的天性、本能、兴趣和需要，课程设计和教学内容主要是为了儿童天性的自我表现和潜能表达，尽可能满足儿童成长过程中的本能、兴趣和需要，强调儿童的发展是教育的最终目的，但同时将教育作为社会改造和国际竞争最有效的工具。

由于缺少对儿童世界的深入研究和科学认识，中国的教育概念还停留在“教”知识、道德、技能的层次上，基本上是将儿童作为改造对象而从外部向儿童的脑或心填输大量信息。这其实也是西方传统教育的原貌。但在西方，随着现代社会的生成，随着现代化和民主化进程的推进，儿童教育的现代立场和现代观念相应地生成和成熟，并促使传统教育实现了现代转型，从而反过来对西方社会的发展提供了有力的反哺：为西方社会提供富有创新精神的现代人才，

并将儿童培育为现代公民。从这一角度来看，说教育就是生产力，毫不夸张，完全正确。

三、儿童教育的现代立场和现代观念好在哪里

儿童教育的现代立场和现代观念的迷人魅力在于，它最大限度地尊重儿童的天性并帮助其充分表达，最大限度地保护了“天之予人者”——即人与生俱来的最为珍贵的天性资源，最大限度地保护了个体的创新精神。所以，一旦儿童教育的现代立场和现代观念成为某个国家的教育理论核心和教育制度基础，这个国家就能最大限度地保护并因而拥有国内各民族每个个体的最珍贵的天赋资源，每个个体就能相应得到比较充分的发展，从而这个国家就可以将自己的子弟培养成现代人才和现代公民。杜威在《我的教育信条》中也认为，教育是最有效也是最重要的实现社会变革的工具。此之谓也。

四、传统教育与现代教育之间的斗争从未停止

传统教育是教材本位的，想方设法通过教材将大量信息灌输给儿童，因而儿童显得知识广博。但它牺牲的是儿童的自然成长，儿童在其表现天性的生活中才能真正实现的成长。也就是说，传统教育会以获取外部知识而牺牲儿童内部成长，这显然是本末倒置、舍本逐末的。

不过，传统教育让儿童显得基础知识扎实的表象，一直也在诱惑着现代社会和现代教育。

苏联卫星上天后，美国人就有批评杜威教育学、加强中小学学业的呼吁。到了克林顿做总统的时期，国会又对类似问题进行了辩论。后来奥巴马政府里也有类似的声音，家长们也不得不为了“让孩子赢在起跑线上”而努力。但这样“努力”的教育真的有益于孩子的成长吗？科研结果再次证明抢跑式早期教育害人不浅。①

每当看到有些美国人艳羡中国的基础教育如此“扎实”并为此挣扎而发起辩论的时候，许多中国人便对自己的基础教育倍增信心，因而中国的教育改革

---

① 新华社记者王鑫方．美国幼儿园也成了“预备一年级”：“快乐教育”失守，科研结果却证明抢跑式早教害人不浅［N］．新华每日电讯，2016－02－02（14）．

便相应多了一份阻力。

但是，美国国会或美国社会无论怎么辩论，怎样挣扎，怎样摇摆，最终都还是回归到以儿童为本位为中心的教育路线上。无论如何，知道1+1=2后，是不会再回到1+1=x（x≠2）的。

美欧对儿童的研究是很丰富很深刻的，这为儿童本位的教育理论提供了坚实的理论基础和学术资源。杜威在世时周围就有人攻击杜威教育学忽视了基础知识的传授，甚至还不乏著名的学者。然而有趣的是，攻击杜威的人后来往往都反悔了。可见儿童教育的现代立场和现代观念是拧不折、摧不垮的。

五、儿童教育的现代立场和现代观念有可能在中国扎根吗①

在中国社会、中国文化的主流背后，暗藏着些许具有“现代”气息的教育观念，从古到今都是如此。譬如，先秦时期的《学记》中有“禁于未发”的观点，根据我的考据，其实是说儿童的发展尚未到位时，相应的教育是不能登场的。这是相当“现代”的教育观念，是一种主张等待的消极教育主张，是教育尊重儿童发展并以儿童发展为教育前提的观念。

中国的民间也有很“现代”的教育观念。我童年的时候，在徐州乡下听到过目不识丁的老太太谈论孙辈什么年龄入学的问题。她们会痛惜而爱恋地用当地方言说：让他“老傍老傍”，让他晚个年把再上学吧，别累着他（或她），别努着了他（或她）。老傍（lǎo bàng），徐州等地方言，就是再等等它以便它再长长，让其悠然自在地再生长一段时间，直到充分成熟，多用于瓜果、庄稼的成长。努（nǒng），徐州等地方言，因过度出力而使身体受到难以复元的伤害。

我觉得这些老太太的观点很了不起。她们的教育观点可能并不自觉，并不系统，却暗合了卢梭的消极教育思想，暗合了先秦时期的《学记》中有“禁于未发”的观点，② 暗合了古代中国人的童心主义思想。③ 这种思想就是目前整个

① 古代中国人对儿童的发现是现代儿童教育学建设与进步的宝贵资源，也是中国当前儿童教育改革可以扎根的理论基础之一。参见刘晓东．童心哲学史论——古代中国人对儿童的发现［J］．南京师大学报：社会科学版，2015（6）：82—93．

② 刘晓东．先秦《学记》“禁于未发”章新诠［J］．南京师大学报：社会科学版，2008（2）：74—80．

③ 刘晓东．童心哲学史论——古代中国人对儿童的发现［J］．南京师大学报：社会科学版，2015（6）．

西方发达国家处于主导地位的“儿童本位”或儿童中心主义的教育观念。我认为这是中国传统的女性主义教育观念，——充满了怜惜的情怀和等待的意味。而那种急匆匆的“揠苗助长”、侵略而暴力的“棍棒底下出孝子”、对人性持轻侮态度的“三天不打上房揭瓦”的教育观念，是中国传统社会处于主导地位的教育观念，这种观念与“君为臣纲，父为子纲，夫为妻纲”的“三纲”一道，与专制主义、蒙昧主义、男权主义气味相合。

我们现在就是要发掘类似《学记》中“禁于未发”这类观念，发掘古代中国人的童心主义思想，发掘徐州乡下老太太的那类观念，使之与发源于西方的现代教育观念对接、融会起来。这样中国的教育改革就能在自己的文化传统和民间社会找寻到教育变革的社会支援和学术资源。老太太们会认为本来就如此，当然可以无缝对接。于是，现代教育观念就不再被视为纯粹来源于西方。

本来“见贤思齐焉，见不贤而内自省也”是儒家社会的美德，但是现在某些中国人依然觉得直接学习西方很伤文化自尊而影响文化自信。其实，正因为他们没有文化自信，所以才这么脆弱、保守和封闭。所以我在此有必要强调，西方现代教育观念并非在中国文化土壤中找不到资源和支援。这至少可以让这部分中国人得以释怀，而不至于阻碍中国教育的现代转型。

六、能否成功树立儿童教育的现代立场和现代观念是中国能否实现教育现代化的关键

教育现代化的核心是儿童教育的现代立场和现代观念的建设问题，或者说，是教育学的现代体系的建设问题。能否接受儿童教育的现代立场和现代观念是中国能否实现教育现代化的关键。

“教育”现代化研究一旦忽视“教育观”的现代化问题，便谈不上儿童观的现代化问题。而卢梭《爱弥儿》对儿童的“发现”是现代教育学体系诞生的标志性事件。

其实，从文艺复兴以来，人类为追求教育现代化做了不懈的努力，做了深厚的理论铺垫，也取得了伟大成就。夸美纽斯、卢梭、裴斯泰洛齐、福禄培尔、杜威、蒙台梭利等人的教育学都可谓是教育现代化进程中的一座座丰碑。

请看杜威是如何看待新旧教育的差异的：

“为了说清楚旧教育的几个主要特点，我也许要说得夸张些：消极地对待儿童，机械地使儿童集合在一起，课程和教学法的划一。概括地说，重心是在儿童之外。重心在教师，在教科书以及在你所喜欢的任何地方和一切地方，唯独不在儿童自己的直接的本能和活动。……现在，我们教育中正在发生的一种变革是重心的转移。这是一种变革，一场革命，一场和哥白尼把天体的中心从地球转到太阳那样的革命。在这种情况下，儿童变成了太阳，教育的各种措施围绕着这个中心旋转，儿童是中心，教育的各种措施围绕着他们而组织起来。”①杜威在这段话中清晰地比较了传统教育和现代教育的差别，当然也招致了许多的误解和批评。但杜威将儿童视为现代教育的太阳的说法是准确的。从卢梭到杜威，从杜威到蒙台梭利再到今天，世界上最重要的那些教育思想家坚守的都是这一立场和观念。

七、我们在理论上为实现教育现代化做好准备了吗

只要中国教育未能克服传统教育将儿童作为单纯工具的痼疾，只要中国不能牢固确立儿童在教育中的作为“目的”的地位，只要中国教育不能克服传统教育对儿童的奴役，那么，中国就不可能实现教育现代化。

只要幼儿园还将幼儿当成小学生，只要小学生放学后还要写作业到深夜，只要学生对教师和学校充满恐惧，那么，中国就没有实现教育现代化。

只要童年所内蕴的极为丰富的人性资源没有被发现和珍视，只要儿童因比成人忙碌而难享童年，那么，中国就没有实现教育现代化。

只要儿童未成为教育的中心，只要教育政策还没有体现儿童教育的现代立场和现代观念，那么，中国就没有实现教育现代化。

只要中国没能解决教育学现代理论体系的建设问题，就不可能拥有指导现代教育实践的现代理论，那么，中国就不可能实现教育现代化。

一方面，教育现代化是一个社会实现现代化的最突出标志；另一方面，教

---

① 杜威．学校与社会［M］//杜威．学校与社会·明日之学校．赵祥麟等，译．北京：人民教育出版社，1994：43—44.

育现代化是一个社会实现现代化的最根本保障。

中国作为大国，实现教育现代化是其对世界教育发展的伟大贡献。显然，中国下定决心要实现教育现代化。实现现代化，教育必须先行；而实现教育现代化，教育观念必须先行。试问，我们在观念上、理论上做好准备了吗？

第二章

儿童教育的困局与出路

别在儿童教育的路上南辕北辙[1]

今者臣来，见人于大行，方北面而持其驾，告臣曰：“我欲之楚。”臣曰：“君之楚，将奚为北面?”曰：“吾马良。”臣曰：“马虽良，此非楚之路也。”曰：“吾用多。”臣曰：“用虽多，此非楚之路也。”曰：“吾御者善。”此数者愈善，而离楚愈远耳。此所谓南其辕而北其辙也。

——刘向：《战国策·魏策四》

学前教育界观点混乱，误区重重。许多教师、家长对学前教育中的问题充满困惑。近日，本报记者就此对南京师范大学刘晓东教授进行了专访。

问：现在各地兴起了幼儿学习国学热，各种幼儿国学培训班的招生广告随处可见。国学培训者、四海孔子书院院长冯哲认为，儿童不需要理解，只需要记忆，虽然孩子现在还理解不了，但是孩子这时记忆力好，先记下来。您对此有何评论?

答：儿童读经运动的倡导者都赞同“反刍”理论，从而将传统儿童教育中的“填鸭”理论“进化”到“填牛”理论。所以确切地说，冯哲的观点没有什么新鲜的地方。儿童读经运动的倡导者简单地将儿童比作“牛”，将经书填输给他们，说什么让儿童自己去“反刍”和理解。果真如此的话，倒是不小的发现。我听说朱学勤等一批古文字学者正在试图解读战国时期的“清华简”，不知可否请这些倡导者们先将“清华简”死记下来进行“反刍”，看看他们能否在“反刍”中解决“清华简”的理解问题。我觉得“反刍”理论十分搞笑，但对儿童读经班里正在进行“反刍”的孩子来说就不是搞笑了，这些孩子正遭受损害。

幼儿国学培训班无非是形形色色儿童读经班的一种形式。儿童读经运动名义上是弘扬国学，其实背后有复杂的原因。一些人以“尊孔”的名义，冠冕堂

① 记者苏令．别在儿童教育的道路上南辕北辙（刘晓东访谈录）［J］．中国教育报，2010－05－07（4）．

皇招生和收费。其实“尊孔”是假，崇拜“孔方兄”是真。招生广告比狼外婆还会甜言蜜语，但是一旦听信，小孩子的活泼天性便会葬送“狼外婆”腹中。家长们受到“忽悠”还替骗子数钱，这是早期教育市场上不断上演着的“戏剧小品”。

问：2010年春晚，一个小女孩背诵《百家姓》的镜头给很多人留下了很深印象，也引起各方争论。有人认为，这么小就读诗诵经是一种误导，也有人认为这是开发孩子智力的一种方式，您对此如何看待？

答：《三字经》《百家姓》《千字文》并称“三百千”，是中国古代幼儿的启蒙读物。《百家姓》读来顺口，所以被认为易学好记。然而关键问题是，为什么要让小孩子记诵《百家姓》？小孩子记住其中五百多个姓氏有什么意义呢？背诵这些东西小孩子要付出多少时间，受多少辛苦，挤占多少他们从容生长、快乐游戏的时间？小孩子有比单纯背诵“三百千”更重要的成长任务需要他完成。

看央视春晚已是许多中国人过春节的重要环节，艺术家的创作应当注意社会责任和文化使命的担当，应当对其中潜藏的文化信息有所自觉，避免误导公众。

问：当前，各类双语幼儿园也雨后初笋般涌现，幼儿学外语成了一种风尚。外语学习越早越好吗？

答：只要有正常的语言环境，儿童的语言就能正常发展出来，如同胎儿能正常地长胳膊长腿一样。这是乔姆斯基的观点。这里所说的语言是作为母语的语言。母语是在自然的语言背景中自然生成的，它有一个发展的关键期。而对中国人来说，英语学习是一种人为的学习过程，不是一个自然的生成过程，所以，它不存在一个发展的关键期。

一种语言作为母语，它会自然生成，而一旦作为外语，它的习得就要靠教和学，并要以学习者一定的智慧水平为前提。所以说，学外语对幼儿来说是相当艰难的。

这里需要指出，许多幼儿园打出“双语幼儿园”的招牌吸引生源。这个招牌本身便值得商榷。什么是“双语”？严格说来，只有类似汉藏杂居的地方，汉语、藏语才可能同时作为自然语言而存在于生活中，这时候，汉族儿童的父母如果是说汉语的，那么汉语便是母语，藏语便是第二语言；反之亦然。这就是所谓“双语”。如果那里存在幼儿园，那就是“双语幼儿园”。在这种存在双语条件的幼儿园，汉藏儿童不必通过专门语言教学，就能轻易地掌握汉藏语言，那里的语言教学不是“教会”语言，而是进一步“修饰”语言。

而通常标榜“双语幼儿园”的机构所教的是英语，而英语在那里并不是自然语言，而是一种“人工语言”，所以只能称外语，不能称第二语言。

母语或双语，是自然语言，不学而能。外语是“人工语言”，需靠智慧习得。当然，母语在此地是母语，在外地可能就是外语；反之亦然。

儿童学外语并非愈早愈好。外语能力的成长和人的认知等智慧的发展有直接联系，而儿童的智慧还不够成熟，所以年幼儿童学外语既不科学亦不经济。所以，我国不宜提倡儿童过早学外语。

问：很多幼儿园（包括早教机构）都非常重视孩子的艺术教育，并以音乐、美术等作为自己的特色，而相应的兴趣班也开展得热火朝天。您认为当前的艺术教育有哪些误区？

答：幼儿年龄很小，骨骼、肌肉、动作的发育还处于一个十分稚嫩的水平上，这就决定了他们不可能轻松愉快地胜任一些符合所谓成人“艺术规律”的艺术排练与表演，家长或教师逼迫幼儿进行这样的排演，还要求动作、声音等表现得与成人演员相似，这将严重影响儿童的生理发育和身心健康。用训练成人的方法训练幼儿，排演所谓符合“艺术规律”的节目，这一做法背后的深层原因就是，有关人士眼里只有“好看”的节目，而没有儿童，没有儿童的艺术，没有对儿童艺术的欣赏，尽管他们成天与儿童打交道。

与儿童有接触的、热爱儿童的人会发现，儿童游戏中的假扮，儿童的自发性歌唱与跳跃，儿童自发性的涂鸦与描摹，儿童泛灵论的世界观念，儿童的幻想、想象，儿童对神话、童话的热爱，等等，都向我们表明，儿童的世界是一个神秘的、诗的、艺术的世界。只要我们能认识和保护这一世界，给它“浇水施肥”，让幼儿有充分的机会自由地表现表达，那么幼儿园就会成为幼儿艺术成长的大花园。如果认为艺术存在于儿童外部，那么艺术教育的方法只能是传统的老路——反复训练、一味灌输。在这样的教学中，儿童内在的艺术天赋非但无以发展，反而受到抑制。

问：不少幼儿园开展珠心算教育，您对此有何评论？

答：珠心算是在心里建立算盘，把计算转化为在心中虚拟的算盘形象上拨算珠。它是一种高难度的计算“杂技”，只适用于特殊职业学习的青少年和成人学习，根本不适合幼儿。

不少家长反映，许多孩子根本难以真正学会珠心算，而学会珠心算的幼儿进小学后数学不一定好，甚至不好。

学过珠心算的幼儿再上小学学数学，孩子总会先想到算盘然后再算题，这对小学生数学能力的发展是有害的。不学珠心算，儿童就必须将计算建立在他的数概念和数理逻辑的发展上，每次计算都要基于对数概念的理解和数理逻辑的运用。但珠心算仅凭小孩子记忆的珠心算口诀和虚拟的算盘形象，便能将四则运算等复杂的数学题做出，却不需要运用数概念和数理逻辑的能力，这恰恰阻碍了儿童数概念和数理逻辑的真正发展。学会了珠心算，心算很快，却掩盖了数概念和数理逻辑并没有在计算中充分运作甚至没有出场的真相。这恰恰对儿童数概念的形成和数理逻辑能力的发展、成熟是极为不利的。

幼儿珠心算有复杂的口诀和运珠规律，幼儿必须大量记忆，同时还必须集中注意，坚持学习，持续练习，才能跟上珠心算的教学进度。因而有人认为珠心算还有培养幼儿记忆力、注意力的功能，这是错误的。珠心算本来不应当由年幼儿童来大量记忆、持续注意、反复练习，破坏了幼儿本来可以自由快乐地表达其天性的生活，这对幼儿的身心及其发展是有害的，甚至可能会使幼儿的学习态度终生受损，终生厌恶学习。

有的幼儿园将珠心算说成是自己幼儿园的特色，家长如果不为子女交纳学习珠心算的费用，就不能留在室内。这其实是变相地强迫幼儿进行珠心算学习。不少幼儿园开展的特色班或兴趣班都有类似情况存在，这是值得主管部门注意查处的侵权行为。

问：上面这些误区产生的根源是什么呢？

答：这些误区来源于家长、教师甚至全社会不了解童年或儿童，不了解儿童教育的现代观念。中国传统的儿童教育将传授知识、死记硬背“经典”或者其他“最有价值的知识”作为教育的任务，这种传统观点即便是今天，依然统治着许许多多老百姓的头脑，不仅统治着许许多多老百姓的头脑，还统治着一些学者、“民间教育家”甚至政府官员们的头脑。

儿童不是小大人，儿童有独立的不同于成人的生活，这是近现代教育的逻辑起点。我感觉这话都已经因为不断重复而令人生厌了，然而这种看似简单的儿童观依然难以写入我们民族文化的深层心理中，依然难以作为我们看待儿童和儿童教育的逻辑起点。现代教育的根本立场是建立在对儿童的这种认识之上的。发达的欧美国家目前的学前教育乃至基础教育便是建立在这一立场之上的。

问：您曾多次论及儿童的世界与成人的世界是不同的，将成人世界看重的东西作为儿童教育的内容可能是危险的。您能就此话题再说几句吗？

答：儿童由于其智慧特点不同于成人，他的世界观念也是不同于成人的。儿童的精神世界要经过几次结构性转换（数次从蛹化蝶一般的转换），才能到达成人的精神世界。这个过程是一个自然的过程。

教育如果僭越儿童成长的自然速率和自然进程，对儿童的成长便是有害的。任何超前教育都是揠苗助长，“非徒无益，而又害之”。

我多次使用过蝌蚪和青蛙的关系来类比儿童与成人的关系。蝌蚪有蝌蚪的世界，那是与青蛙的世界不同的。蝌蚪的世界在水中，而青蛙是两栖的。如果青蛙非要让蝌蚪像自己那样来到陆地上，等待蝌蚪的只能是受伤和死亡。同样，儿童有儿童的世界，那是与成人不同的世界。如果成人非要让儿童脱离童年的世界而进入成人的世界，同样，等待他的也是受伤和童年灵性的消失。

传统教育的误区恰恰可以归因在没有认识到儿童的精神发生现象和发生规律，没有认识到成人的精神世界与儿童的精神世界存在结构性差异，没有认识到成人的精神世界是要经过儿童的精神世界的数次结构性转换才能达成。传统教育将成人世界的东西、成人认为有价值的东西填输给儿童，这是成人对儿童世界的入侵和骚扰，归根结底，就是因为成人对儿童的世界和儿童成长的自然规律是无知的。

问：著名儿童心理学家皮亚杰的研究发现：“儿童的心理是在两架不同的织布机上编织出来的。”这种心理学的观点同您上面谈到的话题是有关联的，是吗？

答：是的。在为皮亚杰《儿童的语言与思维》一书所写的序言中，克莱巴柔德认为皮亚杰的这一著作揭示了儿童心理具有这样一个重要特征，用克莱巴柔德的话来说就是："儿童的心理是在两架不同的织布机上编织出来的，而这两架织布机好像是上下层安放着的。儿童头几年最重要的工作是在下面一层完成的。这种工作是儿童自己做的……这就是主观性、欲望、游戏和幻想层。相反，上面一层是一点一滴地在社会环境中构成的，儿童的年龄越大，这种社会环境的影响越大。这就是客观性、言语、逻辑观念层，总之，现实层。"从这里可以看出，皮亚杰的研究工作揭示出儿童心理世界由两部分构成，最原始最基础的部分实际上就是通常所谓本能和无意识层面，而在此层面之上还有另一层面的内容，即意识层面的内容。

"儿童头几年最重要的工作是在下面一层完成的"，既然儿童头几年的工作是自发的，是无意识的，那么学前教育的主要任务也就在于帮助儿童做好这一层面的工作。克莱巴柔德概括得非常准确，他将无意识层面说成是"主观性、欲望、游戏和幻想层"，既然儿童的生活主要处在这一层，那么学前教育所提供的教学大纲也应当以这一层面的"主观性、欲望、游戏和幻想"等为主要内容。但是中国学前教育的种种误区恰恰是忽视了这一层面，而将教育瞄准了上面一层（现实层），也就是说，将本来应当是后来的教育提前进行了。克莱巴柔德警告说："一旦上层的负担过重，它就会弯曲、叽嘎作响乃至崩溃。"也就是说，在儿童早期的生活与教育中，居于主导地位的应是本能和无意识层面的工作；如果让意识层面的工作居于主导地位，那么对儿童的发展非但无益，反而有害。

问：皮亚杰等著名学者反对成人试图加速儿童发展的做法。请您给读者介绍一下，好吗？

答：皮亚杰认为，人为地推动儿童超越其自然的发展水平，无异于训练动物在马戏团中表演杂技，这种做法对儿童的正常成长并无益处，反而可能导致长期发展中的阻滞。

后来哈佛大学的心理学家费舍尔等人对此作过进一步研究。费舍尔等人不仅证明了皮亚杰的这种思想，而且进一步揭示：在儿童某种行为上的不当刺激所导致的短期变化，会对人的整体成长系统产生弥散性的影响，使整体发展脱离平衡状态，并且在接受不当的催早熟刺激的那个领域，产生较为低下的发展水平。

费舍尔等人还发现，当成长速率过于高涨时，可能导致系统成长的紊乱无序。在这个意义上可以说，为了稳定地、平衡地、系统地发展，应保持比较平衡的成长速率，使得成长过程呈相对平衡的趋势。由此可见，教育和干预所提供的支持性影响应当是适宜有度的，各领域之间的联系和影响应当是适中的，这样才有利于系统的成长、整体的发展。

这些研究对那些怀抱急切教育心态的父母不无警示意义。

问：“千万不要让孩子输在起跑线上”，这是早期教育领域著名的口号。您对此有何评论？

答：教育市场里许多人吆喝着“千万不要让孩子输在起跑线上”，勾引家长掏钱埋单。也有不少家长有这种心态。而两个半世纪以前，法国的卢梭却告诫人们：“不仅不应当争取时间，而且还必须把时间白白地放过去。”他称此为“最重要的和最有用的教育法则”。卢梭说：“你开头什么也不教，结果反而会创造一个教育的奇迹。”其实卢梭并不是主张浪费童年时光，而是批评那些类似“千万不要让孩子输在起跑线上”的心态。他其实也是主张教育的，他主张的教育是消极的教育：“你必须锻炼他的身体、他的器官、他的感觉和他的体力，但是要尽可能让他的心闲着不用，能闲多久就闲多久。……所有这些延缓的做法都是有利的，使他大大地接近了最终目的而又不受什么损失；最后，还有什么东西是必须教他的呢？如果延到明天教也没有大关系的话，就最好不要在今天教了。”也就是说，幼小儿童的教育应当有所为有所不为。

该为的是“培养根器”，是保障和促进儿童身心机能的健康发育和成长。不应当为的是将成人认为重要的知识、道德、技能肆意地灌输给儿童。该为的不为，不该为的却肆意妄为，这是中国传统教育的悲剧。“千万不要输在起跑线上”这种心态，会导致杞人忧天而揠苗助长。“千万不要输在起跑线上”这种心态，注定了教育在儿童成长的起点处就偏离了正确的方向，必然因其本末倒置而南辕北辙，最后只能是竹篮子打水一场空。“千万不要输在起跑线上”这种心态，其实必然导致“在起跑线上”就已输给人家的悲剧。

“千万不要输在起跑线上”这句口号，通常导致家长们在“揠苗助长”向度上比，看谁跑得更快更远，其实质就是看谁揠苗助长得更厉害；谁跑得越早越快，谁家的子女便更遭殃。这是一种恶性竞争。我倒是觉得，如果保留这个口号，就要引导家长们在尊重儿童、了解儿童、守护童年的向度上竞争，这才是良性竞争。在儿童教育问题上，家长要有理性的态度，要讲科学，不急不躁，尊重儿童，尊重儿童发展的自然规律，帮助儿童拥有一个幸福成长、从容成长、充分成长的童年。

问：在与您交流中，您还曾谈到过“柏拉图问题”，我觉得这一问题对儿童教育很有启发意义。请您给读者谈谈，好吗？

答：乔姆斯基在语言学研究中有一种发现：在没有足够语料证据的情况下，人类个体能轻而易举地学会复杂的母语。——为什么呢？乔姆斯基试图找寻背后的原因，他将这一问题进一步延伸至认识论领域：在证据材料如此有限的条件下，为什么我们能知道得如此之多。柏拉图也曾有过这样的问题，罗素将其转述为：“尽管人类在其短暂的一生中与世界的接触是如此之少，而他们的知识为什么如此丰富呢?”于是，乔姆斯基便将这一问题命名为“柏拉图问题”。其实这一问题也可以引入教育学领域。

“柏拉图问题”表明，教育所赋予人的与自然人性（人性）所赋予人的相比，是渺小的；尽管人离不开教育，但是教育在自然人性面前应当保持谦恭和敬畏；教育本身发挥作用也要建立在自然人性的协作和配合上，教育要倚重自然人性并通过自然人性而发挥作用。

人类的受精卵在母腹中40周的时间，便作为足月的新生儿出生了，孕妇并没有刻意做什么；语言是如此复杂，而婴儿用很短的时间便学会了母语，他是在不知不觉中轻松掌握的；年幼儿童一天天长大，他的智慧和见识与日增长，你不能说这是父母或教师的功劳……所有这一切，不是因为哪一对具体的父母、哪一个具体的儿童比别人有更大的本领，这是进化历史赋予每一个人类个体的自然智慧。所以，我说过，儿童是自然之子，儿童是历史之子，儿童生来就是一个游戏者、“探索者”“思想家”“梦想家”“艺术家”“童话/神话的作者”。

教育恰恰应当敬畏儿童的自然智慧，珍视和利用儿童的自然智慧，帮助儿童充分地表达自己的天赋、天性。也是在这种意义上，卢梭说儿童是“大自然的学生”，成人和老师“只是在大自然的安排之下进行研究，防止别人阻碍它对孩子的关心。他照料着孩子，他观察他，跟随他，像穆斯林在上弦到来的时候守候月亮上升的时候那样”；也是在这种意义上，蒙台梭利曾指出，“大自然为了保护儿童免受成人经验的影响而给予能促进儿童发展的内在教师（the inner teacher）以优先权”，每个儿童身上都存在着这样的“内在教师”，“其教学技巧之高可以使世界各地的儿童都取得相同的成绩”。

这也是卢梭为什么建议早期教育“不仅不应当争取时间，而且还必须把时间白白地放过去”。他称此为“最重要的和最有用的教育法则”，“你开头什么也不教，结果反而会创造一个教育的奇迹”。

但是，多少成人小觑儿童、轻视童年呀，他们通过各种教育、训练、兴趣班，恨不得让小孩子快速成为一个“懂事”的“有学问”的科学家、艺术家、官员、老板，等等。这对儿童的成长和可持续性发展来说是釜底抽薪，在教育的方向上是南辕北辙，越跑越远。

中国古人提出“道法自然”，提倡“无为无不为”，多高明呀！我们需要新的儿童观、新的教育观，需要建设新的成人与儿童的关系、新的教师与学生的关系。儿童的成长是本，知识、道德、技能等与儿童的成长相比是末，它们是根本与枝叶的关系；根深必能叶茂，本固必然枝荣。我们要避免揠苗助长、舍本逐末的旧思路，树立儿童本位的教育学新思维。不只是学前教育如此，小学教育乃至全部基础教育都需要革命性的、现代化的变革。

救救孩子，救救教育！

树立儿童本位的课程观

我们费了许多气力教孩子走路，好像因为看见过什么人由于保姆的疏忽，到长大的时候就不会走路似的，还有比这样去教孩子更愚蠢的事吗？恰恰相反，我们发现有多少人正是因为我们教坏了走路的样子，一生走路都走不好啊！

——卢梭：《爱弥儿》第二卷

“双基”理论是将复杂的教育问题过度简化的原始“理论”。“双基”理论将基础知识和基础技能(“双基”) 看作教育教学的全部基础，未看到教育学中儿童身心发育的结构层次和儿童成长的时间维度，没有将儿童的世界、儿童的生活和儿童的成长纳入自身的理论系统。在其目标、任务和功能等方面，基础教育远远大于以“双基”为指向的教育或教学。如果抱住“双基”理论不放，中国的课程理论永远难以与现代课程理论接轨，难以走出应试教育的魔掌，难以走出目前基础教育改革的瓶颈和困局。中国基础教育课程改革的当务之急，是建设儿童本位的课程理论。

一、“双基”理论忽视了儿童成长之维

“双基”理论与现代教育理论和现代课程理论在基本观念和基本立场上是截然不同的，学术界对“双基”理论的讴歌是值得警惕的。“双基”理论的唱颂者们忽视了儿童的成长之维；一旦发现成长之维，他们便会自动放弃目前坚信坚守的“双基”理论。“双基”理论是旧教育观念的顽固遗留，指望“双基”理论来指导中国当前的基础教育改革，便永远无法完成中国基础教育现代化的历史使命。摒弃“双基”理论，建设儿童本位的课程理论，是中国基础教育改革亟待完成的任务。

在其论文《新中国历次课程改革中的“双基”理论与实践探索》中，李涛对“双基”理论进行了热情讴歌。她欣赏“双基”理论“真正呈现中国特色”①，

① 李涛．新中国历次课程改革中的“双基”理论与实践探索［J］．课程·教材·教法，2009(12)：84.

欣赏“双基”理论的“土生土长”[①]。她如此欣赏“中国特色”和“土生土长”，竟然又说“双基”理论具有“普（世）适性”[②]［原文如此］，这让我颇感意外。为了说明“双基”理论的正确性，她还介绍了“世界范围内课程教材改革对‘双基’的重视”，认为20世纪80年代以来国际社会强调基础学科和学科基础知识的教学，“这与我国基础教育领域长期形成的坚持基础知识、基本技能的教学‘双基’论不谋而合”[③]，似乎全世界都已信服“双基”理论，似乎“双基”理论确实具有“普（世）适性”。然而，为什么长期坚守“双基”的我国基础教育目前问题重重，政府和民间对它都不满意呢？“双基”理论对此难逃其责，难辞其咎。

是的，欧美国家也重视学科基础，不过欧美国家之重视学科基础与中国“双基”理论之重视学科基础，其言说的理论基础和制度背景是不同的。欧美国家是在儿童本位、儿童中心的教育理论、教育政策背景下重视学科基础的，无论如何强调，都不会撼动教育学中儿童本位的基本立场和基本观念。而中国“双基”理论是在学科本位、知识本位、成人（教师）本位（这三个本位往往三位一体）的教育学背景下重视学科基础的。欧美国家之重视学科基础是其儿童本位教育理论的一部分。而中国“双基”理论之重视学科基础则是进一步强化学科本位、知识本位、成人（教师）本位，因而，愈是提倡“双基”，学生的学业负担愈重，考试内容愈难，家庭作业愈多，熬夜做作业的时间愈长，儿童的生活、儿童的成长被破坏得愈严重，与儿童本位的现代教育理论背离得愈加遥远！

李涛引述一位著名教育学学者的话进一步肯定“双基”理论的正确性：“注重知识授受是中小学教育教学的本质（职），这是由学生个体发展的教学认识机制所决定的。”她接着说：“知识授受是学生素质养成、学校教育教学活动的基

---

① 李涛．新中国历次课程改革中的“双基”理论与实践探索［J］．课程·教材·教法，2009(12)：85.

② 李涛．新中国历次课程改革中的“双基”理论与实践探索［J］．课程·教材·教法，2009(12)：86.

③ 李涛．新中国历次课程改革中的“双基”理论与实践探索［J］．课程·教材·教法，2009(12)：84.

础和起点。”[①] 其实，“注重知识授受是中小学教育教学的本质（职）”这种说法是错误的，“知识授受是学生素质养成、学校教育教学活动的基础和起点”的说法也是错误的。为什么这样说呢？

“学生个体发展的教学认识机制”是有“学生个体发展”这几个字的，既然有这几个字，那么如何得出“注重知识授受是中小学教育教学的本质（职）”这种说法呢？如果注意到“学生个体发展”或儿童的成长之维，那么就会发现，对于学前儿童乃至小学低年级儿童的教育来说，知识授受便算不上“教育教学的本质（职）”。对于幼小儿童来说，教育要关注他们的身体发育和成长，还要关注他们本能和无意识层面在相应的年龄的自然表现表达，同时还要关注他们对世界的好奇与探索（很大程度上是本能的和无意识层面的），当然也要关注知识的习得（意识层面的）。也就是说，在幼小儿童的教育里，并不是知识独大，恰恰相反，年龄越小，身体的发育和成长、本能和无意识层面的觉醒以及对世界的好奇与探索，相对于知识习得或知识授受来说，更强大，更重要，更迫切，更需要。说“注重知识授受是中小学教育教学的本质（职）”，至少笼统地这样说是不妥的。事实上，许多发达国家的幼小儿童教育并不将“注重知识授受”看作“中小学教育教学的本质（职）”，也没有将“知识授受”看作“中小学教育教学活动的基础和起点”。例如，在瑞典，小学三年级以前没有系统的知识授受活动，没有考试，当然也没有考试分数和学生考分的排名。黄全愈、薛涌等人曾对美国的小学教育进行介绍，可以看出美国的小学教育并不“注重知识授受”。

看来，学生个体发展的教学认识机制恰恰反对“注重知识授受是中小学教育教学的本质（职）”这种说法，也反对“知识授受是学生素质养成、学校教育教学活动的基础和起点”这种说法。这两种说法恰恰忽视了“学生个体发展”，忽视了儿童成长之维（亦可称为时间之维，或过程之维，或年龄之维，或发生学之维）。

中国的教育学往往研究教师和学生，或者研究教育者与被教育者，却很少将“教师和学生”或“教育者与被教育者”的社会关系放入“儿童与成人”的

① 李涛．新中国历次课程改革中的“双基”理论与实践探索［J］．课程·教材·教法，2009(12)：84.

自然关系背景中考察和研究。儿童在中国的教育学中还算不上关键词。中国的教育学对儿童没有研究兴趣，甚至至今还没有"发现儿童"，这是中国教育学基础理论研究严重滞后的根本症结。没有对儿童、儿童观、儿童的生活等问题的研究，缺乏这一基础的研究和研究的基础，便去研究基础教育中的教师和学生、教育者与被教育者，那么最终，基础教育还是没有儿童，基础教育与儿童之间依然有"隔"。①

中国未来的教育学者也许会发现，中国的教育学曾经有这么一个时期，尽管也谈儿童发展，尽管声称愿意甚至积极从儿童心理学等学科汲取营养，然而让人触目惊心的是，中国的教育学依然目无儿童。②

二、将"双基教学"或"知识授受"看作基础教育教学的本质（职）是错误的

年龄愈小，儿童生活本身的教育意义和成长价值愈是关键，因而教育愈是依赖儿童的生活，而不是"注重知识授受"。

历史上不少教育思想家对此曾有过明晰的表述。

维果茨基认为，3岁前儿童的教学（按教学一词的广义理解，就像平常所说的儿童在1岁半到3岁之间学习语言）的特点是，儿童"按照自己的大纲进行学习"③，母亲的教学大纲与儿童自己的大纲相比其作用是微不足道的。维果茨基将这类教学称为"自发型教学"④。

在维果茨基看来，自发型教学是教学的一个极端现象，而教学的另一极端现象是反应型教学。所谓反应型教学，就是儿童自己的大纲与教学的大纲相比是微不足道的，例如，比较复杂的数学教学就是一种反应型教学，这类教学一般适用于高年级大年龄儿童的学校教育。"双基"理论和"注重知识授受是中小学教育教学的本质（职）"这种说法，显然只能对应维果茨基所说的反应型教学，因而是片面的。

---

① 记者肖国忠．南京师范大学道德教育研究所研究员刘晓东：须重视儿童教育学学科建设［N］．光明日报，2009—06—26.

② 刘晓东．儿童教育新论［M］．南京：江苏教育出版社，2008：382—383.

③ 维果茨基．维果茨基教育论著选［M］．余震球，选译．北京：人民教育出版社，1994：378.

④ 维果茨基．维果茨基教育论著选［M］．余震球，选译．北京：人民教育出版社，1994：378.

需要说明的是，即便是反应型教学，其教育效果依然取决于其教育内容和方法能否符合儿童的生活特点和智慧水平。

还有不少教育思想家提请人们注意，儿童教育不能只是面对“双基”。杜威提出：“低年级的特殊问题当然是要抓住儿童的自然冲动和本能……”① 而蒙台梭利则指出，儿童早期的心理是一种无意识心理，是一种具有自发的吸收力的心理，教育应当尊重并利用这一心理。她提醒说：“（儿童的）这种无意识心理未必低劣，无意识心理可能是最富有才智的。我们发现这种无意识心理在各个物种中甚至包括在昆虫当中都在起作用。儿童正是具备这种无意识类型的智力，而且这就是儿童取得惊人发展的原因所在。”② 她发现儿童早期的这种无意识心理具有吸收性的能力，它不断自发地按照自己的本性、自己的尺度、自己的机制将周围环境中的一切信息筛选、加工、固结于自己的心理世界，因而，这一吸收性的心理是极富智慧的。

在为《儿童的语言与思维》一书所写的序言中，著名心理学家克莱巴柔德认为，皮亚杰的这一著作揭示了儿童心理具有这样一个重要特征，用克莱巴柔德的话来说就是：“儿童的心理是在两架不同的织布机上编织出来的，而这两架织布机好像是上下层安放着的。儿童头几年最重要的工作是在下面一层完成的。这种工作是儿童自己做的……。这就是主观性、欲望、游戏和幻想层。相反，上面一层是一点一滴地在社会环境中构成的，儿童的年龄越大，这种社会环境的影响越大。这就是客观性、言语、逻辑观念层，总之，现实层。”③ 从这里可以看出，皮亚杰的研究工作揭示出儿童心理世界有两部分构成，最原始最基础的部分实际上就是通常所谓无意识层面，而在此层面之上还有另一层面的内容，即意识层面。

儿童在原始的、无意识的层面工作时，意识层面的内容会逐步从底层之中萌生，儿童在与周围世界建立对象性关系的过程中，对象的客观性逐步被发现了，主体的自我意识与此同时也逐渐萌生了，这便是意识层面或“现实层”里

---

① 杜威．学校与社会［M］//杜威．学校与社会·明日之学校．赵祥麟等，译．北京：人民教育出版社，1994：93.

② 蒙台梭利．蒙台梭利幼儿教育科学方法［M］．任代文，主译校．北京：人民教育出版社，1993：342.

③ 皮亚杰．儿童的语言与思维［M］．傅统先，译．北京：文化教育出版社，1980：4.

正在发生的事情。

正如蒙台梭利所描述的那样，儿童在无意识层面做着惊人的工作，而皮亚杰、维果茨基、苏霍姆林斯基等人发现，儿童在“现实层”也做着同样惊人的工作。例如，维果茨基就曾指出：“学前儿童，正如研究所表明的那样，自己会创立理论，创立完整的关于世界和物理起源的理论。他自己试图解释一系列事物的依从性和相互关系。这一年龄的儿童处于以形象性和具体性为特征的思维阶段。他创立自己的关于动物起源、婴儿降生和往事的种种理论。”① 儿童所创立的种种理论在皮亚杰早期所发表的一篇论文中被称为“儿童的哲学(children's philosophies)”。可以看出，皮亚杰等人把儿童看作了“哲学家”。后来的学者马修斯和李普曼等人对儿童的哲学曾作过更进一步的研究，他们对儿童的哲学趣味、哲学思维以及儿童言语中丰富的哲学意蕴给予了高度评价。近年来，我国也有学者对儿童的哲学进行了一些研究。

而“双基”理论看到的其实只是儿童心理的“现实层”，而未看到儿童在本能和无意识层面正在从事的伟大工作。而意识恰恰是在儿童的本能和无意识层面生成的，也就是说，“现实层”的根基是克莱巴柔德所说的“主观性、欲望、游戏和幻想层”。

在拙著《儿童精神哲学》中，我曾说过：“本能与无意识是意识的发源地，是意识成长的根基。所以，意识的成长是不能脱离本能与无意识的。然而我们的文明向来是蔑视本能与无意识的。我们把我们身上的本能与无意识看作是欲望之源，是人身上留存的动物性的‘尾巴’。我们成人不敢面对自己的本能与无意识，而且试图让儿童从小就远离本能与无意识，甚至试图纠正儿童无意识生活中的内容。然而本能与无意识是无法改变的。它们作为个体精神系统中的一部分内容，不仅作为意识成长的根基而存在着，而且也作为心理生态学上的不可或缺的内容存在着……”② 是伟大的心理学家荣格催生了上述想法。荣格认识到：“无意识是意识永不枯竭之源。意识在童年期由无意识发展而来……”③ “儿童的意识是由他的无意识的精神生活深处产生的，起初像分裂开的岛屿，然后

① 维果茨基．维果茨基教育论著选［M］．余震球，选译．北京：人民教育出版社，1994：387.
② 刘晓东．儿童精神哲学［M］．南京：南京师范大学出版社，1999：378.
③ 荣格．怎样完善你的个性［M］．刘光彩，译．北京：中国国际广播出版社，1989：117.

逐渐组合成一块大陆——一块不断堆积的意识大地。”[1] 也就是说，意识是从本能与无意识里或生长或延伸出来的。

而“知识授受”或“双基教学”之所以能够进行，恰恰要依赖于儿童在本能和无意识层面正在从事的伟大工作和所取得的儿童身心发展各方面的成就。“双基”理论之所以错误，恰恰在于它将学科基础知识和基础技能（“双基”）看作是教育教学的全部基础。而事实上，正如上面所阐释的那样，儿童的本能与无意识乃至儿童的身心发展才是教育教学的基础的基础，才是第一义的，而相对于这一基础来说，“双基”便显得不那么“基础”了，“双基”充其量是第二义，甚至是第三义、第 n 义（n≥2，自然数）的。

即便是在儿童心理的“现实层”，儿童也是主动的“探索者”和敏锐的“思想家”，尽管他也需要知识的学习，但是他不是等待饲养（“知识授受”）的笨鸭、猪猡，他有他自己的思想，而这种思想不是成人传递给他的，而是儿童的天赋智慧与他对大自然、大社会（或称宇宙人生）的好奇、探索等相互结合的产物。

由此可见，将“知识授受”或“双基教学”看作基础教育的本质，这小觑了儿童，也矮化了基础教育的目标、功能和责任。基础教育的目标、功能和责任要远远大于“双基教学”和“知识授受”。将“双基教学”或“知识授受”看作基础教育教学的本质（职）是错误的。

三、“双基”理论引领下的基础教育正在残害童年

儿童也是文化的创造者，儿童与成人的关系是互补和互哺的关系。[2] “双基”理论只知道围绕学科基础而进行“知识授受”，他们只注意到了成人在学科知识上高于儿童的一面，而不知道儿童在成长的潜力、自然智慧和巨大的创新能力等方面是值得成人敬畏的，就像蒙台梭利所说的那样，随着年龄的增长，成人往往已经丧失了儿童所具有的智慧。这一智慧是自然赋予的，不是人为的，不是“知识授受”所能达成的，也不是成人从外部灌输的。“儿童的意志与自然的意志是一致的，儿童在一条一条地遵循自然的规律。”[3] 在其著作中，蒙台梭利

① 荣格．怎样完善你的个性［M］．刘光彩，译．北京：中国国际广播出版社，1989：190.

② 刘晓东．儿童文化与儿童教育［M］．北京：教育科学出版社，2006：29.

③ 蒙台梭利．蒙台梭利幼儿教育科学方法［M］．任代文，主译校．北京：人民教育出版社，1993：405.

对儿童自身的成长潜力和自我教育能力不止一次大发感慨：

“如果我们能够随时随地聪明地对待儿童，理解其最迫切的需要从而延长儿童这个具有吸收能力的时期那该有多好呀！”①

“如果我们能够保留我们在儿童时所具有的那种奇妙的能力该有多好啊！那时我们总是快乐地嬉闹玩耍，又蹦又跳，同时在不知不觉中学会了那些人之为人的最重要最基本的东西。”②

有的国家小学三年级以前没有考试，其深义大概是充分利用儿童自身旺盛的生长能量、自我建构能力、创新能力和自然造化所赋予的珍贵智慧，而所谓“考试”是将年幼儿童的世界、年幼儿童的智慧往小处看。

然而“双基”理论对此却茫然而无知。

即便是大年龄儿童，甚至成人，尽管他们的意识世界比年幼儿童壮大了，但是他们的无意识世界并没有消失，而且继续发挥重要的作用。脱离了丰富的无意识世界，人便会失去丰富的、源始的人类根性，而那些伟大的科学家、艺术家等人，恰恰是保留了这种丰富根性的人，是得益于这种丰富根性的人。这种丰富根性的另一名称便是童心。这方面的报告和研究是十分丰富的。而中国文化本来是具有童心崇拜传统的。③ 而当今的基础教育却忘却了童心，甚至残害童年，他们用“双基”筑垒囹圄，将举国儿童圈养其中，还赞美自己的“饲养”方法，赞美中国儿童肚子里装的货比外国的又多又扎实。殊不知，整天被逼吞“双基”草料，或被填塞“知识”饲料的儿童，尽管他们肚子和脑瓜又涨又满，大腹便便，其实他们却消化不良，并且败了胃口，伤了肠胃，成了一个个“大头娃娃”④，——其实是严重营养不良，而又被填输得痛苦不堪。怪不得新时代的学校童谣里有“太阳当空照，……我去炸学校，……一拉线我就跑，轰的一

---

① 蒙台梭利．蒙台梭利幼儿教育科学方法［M］．任代文，主译校．北京：人民教育出版社，1993：346.

② 蒙台梭利．蒙台梭利幼儿教育科学方法［M］．任代文，主译校．北京：人民教育出版社，1993：344.

③ 刘晓东．蒙蔽与拯救：评儿童读经［M］．南京：江苏教育出版社，2009：355－371.

④ 2004 年前后，在安徽阜阳农村，很多出生不久的婴儿陆续患上一种怪病，头脸肥大、四肢细短、全身浮肿，成了畸形的“大头娃娃”，其中多名“大头娃娃”死亡。根据医院的诊断，这些婴儿所患的都是营养不良综合征，而扼杀这些幼小生命的“元凶”，是蛋白质等营养元素指标严重低于国家标准的劣质婴儿奶粉。

声学校不见了”[1] 之类的话，这部分反映了儿童与学校之间不是鱼水关系，不是种子和土壤阳光雨露的关系，而是难以调和的敌对关系，这种敌对关系的结局必然是鱼死网破、两败俱伤。但应当对此负责的不是儿童，而是成人、教师、学校。

呜呼！那些颂美“双基”理论的人士会忏悔吗？我们应向儿童忏悔，应当向小学生忏悔。[2]

四、“双基”理论是本末倒置的课程理论

小孩子的好奇、探索、梦想、游戏、哼唱、涂鸦、蹦蹦跳跳等，是“体”“本”“根”，而在这些活动或过程中得出的结果或结论是“用”“末”，是枝繁叶茂的“枝节”。

儿童与“双基”的关系是本末关系。其实“双基”只是“末”，儿童的成长才是“本”。与儿童的成长相比，“双基”就不是基础了，而是生命的枝叶，是“末”了。我们甚至可以说，所谓创造性也不是教学、教育的结果，它是生命的本性。以为创造性是教学、教育的功劳，其实是错误的，这贬低了创造性，依然把创造性看成了人为的成就，其实它是生命本来就有的能力。我们不能利用教学、教育来培养它，发展它，而是应去发现它，敬畏它，保护它，为它提供勃发的条件。[3]

中国儿童教育只关注“知识”“技能”这些“枝节”或“用”，忽视了好奇、发问、探索和解决问题的能力，忽视了梦想、游戏、哼唱、涂鸦等所表达的儿童生动而丰富的天性，所展现的朝气蓬勃与童趣盎然的世界。中国文化传统和教育传统（不是全部的传统，而是传统中的一部分）反对小孩子提问，鲁迅在

---

① 这一童谣完整的文本是：“太阳当空照，花儿对我笑，小鸟说早早早，你为什么背着炸药包？我去炸学校，老师不知道。一拉线我就跑，轰的一声学校不见了。”该童谣明显是对曾流行于小学生群体的《上学歌》歌词的改编和“恶搞”。《上学歌》本来是由石顺义写词的，歌词为：“太阳当空照，花儿对我笑，小鸟说早早早，你为什么背上小书包？我去上学校，天天不迟到，爱学习，爱劳动，长大要为人民立功劳！”

② 据《钱江晚报》报道：2010 年寒假期间，杭州一 9 岁女孩因为完不成繁重的寒假作业，于 2 月 22 日吞下 20 粒感冒药，被发现后紧急送往医院。记者调查发现，这个寒假不少学生确实因为作业而苦恼，连年都过不好。参见叶玉跃、唐旭锋．寒假作业像座山　9 岁女孩因写不完吞下 20 颗泰诺．[2010—02—24]．http：//kids. 163. com/10/0223/09/606T54M9002941P8. html.

③ 刘晓东．儿童文化与儿童教育［M］．北京：教育科学出版社，2006：241.

《从百草园到三味书屋》里已经批评过，批评中国的成人们自己不喜欢提问，也不喜欢儿童提问。但是提问是儿童认识的起点，是儿童主动认识周围世界的表现，不允许儿童提问便断绝了儿童对周围世界的探究，便妨碍了儿童在探究外部世界的过程中其认识能力的自然生长。不能够充分探究世界的儿童，其好奇心，其认识能力等就不可能得到充分生长，也就是说，在一定意义上，这样的儿童其心智必然是侏儒，是残废者。如果一个民族不允许它的儿童充分探究世界，那么这个民族就有可能在智慧上是侏儒，是残废者。这绝对不是危言耸听。这在心理学和教育学上应当是一个简单的道理。

中国文化传统和教育传统之所以反对提问，是因为这一传统认为，在学习者之外，有一个客观的知识体系，这一体系是圣或王创立的，因而是不容怀疑的，是“常理常道”，是永恒不变的“经”，后生小子对这些常理常道的发问怀疑是最最要不得的，是大逆不道的，是无圣非法的，因而是危险的。由于有这样的认识，十分自然地，也是必然地，中国传统的文化和教育的方法便是死记硬背，那些教育体系中最成功的人便完全抛弃自己的现时现地的活生生的思考，而“代圣人立言”，使死记硬背的“经”在自己头脑中复活。中国过去的科举制度便是如此，尽管它是在这样片面的知识论和教育观上面建立了相对公平的选拔官员的制度，为社会下层的读书人进入社会上层开辟了一条通途。可悲的是，这些“经”往往被歪曲，而这些歪曲往往是钦定的，读书人的头脑围绕这些“经”思考而得出的东西，已经含有浓重的“伪”的气息了。中国文化是怎样逐步异化的？这大概是答案之一。

在这种传统教育观念的鼓动下，人们崇拜知识、真理，崇拜这些生产知识、发现真理的人，神化他们，膜拜他们。整个社会、文化、教育系统在膜拜“圣人”们的同时，侏儒化了成人，更侏儒化了儿童，致使儿童教育乃至教育的目的就是背诵圣训，就是成为“圣人”，而不是成为他自己。忘记了儿童身上先验的资源，忘记了儿童是“成人之父”，是社会的未来，忘记了儿童群体中将会出现一批一批伟大的创造者、发现者。

在这种异化了的教育的作用下，儿童整体地被异化了，他们被迫离开自己的童年而进入一个异化了的教育体系。一个民族就这样异化了，那最珍贵的人力资源浪费了，“人皆可为尧舜”的预言在全社会好心的努力中破灭了。

可以想见，这种传统教育对儿童的成长，对儿童长大成人后形成的社会，对民族的创新能力和向上的生气活力，都是致命的剿灭。为何现代自然科学没有在中国诞生？“李约瑟难题”的部分答案应当潜藏在这里。

五、课程理论应当体现现代教育的基本观念和基本立场

“双基教学”的要害在于它看重的是学科的基础，这种“双基”是外在于人的基础，——是外在于人的学科基础、教学基础。“双基”理念忘记了人，更具体来说忘记了儿童，才是一切学科最后的主体或宿主。

“双基教学”的要害还在于，为了强调“双基”，为了贯彻“双基”理念，教育不惜在培养“双基”的过程中损害儿童。“应试教育”的种种弊病往往潜藏在其中。

只有“双基”这一标准，而无法认识或认同现代教育的基本立场、基本原则、基本观念，即：1. 首先认识儿童，“发现儿童”，从而认识到“教育即（儿童的）自然发展”；2. 然后以儿童为中心而组织课程，也就是在以儿童为中心的原则下最大限度地利用社会和文化的资源（可以看出，儿童中心的课程并非如那些误解者或仇视者所说的不要社会和文化）；3. 教育的最终目的是促使儿童发展。粗略地说，以上三点就是西方儿童教育在现代化进程中形成的基本观念、立场和原则。作为一个成体系的教育思想，它起始于夸美纽斯和卢梭，途径裴斯泰洛齐、福禄培尔，成熟于杜威，蒙台梭利、苏霍姆林斯基等人对其亦做出了伟大贡献。

尽管西方也有人批评上述观念，提出了林林总总其他学说，但是现实的西方儿童教育思想的基础骨架却是卢梭、杜威等人的教育学说，而那些最初的批评者往往最终又会向其靠拢。例如，布鲁纳在早期曾提出：任何知识可以通过适当的方式传递给任何阶段的任何儿童。他以此反对杜威教育学说，但是后来他自己明确表明不再坚持这一主张。在 20 世纪 90 年代，克林顿在任美国总统期间，国会中有人提出要在美国儿童教育中加强所谓学科基础教学的意见，但是讨论的结果是否定了这一意见，继续坚持儿童中心的教育理念和教育制度。

正如近现代自然科学有其基本的发现一样，儿童心理学、儿童教育学的现代理论也有其基本的内容。如果拒绝借鉴在发达国家已经成熟的教育立场和教育观念，中国的基础教育走向现代化道路，便只能是泡影。中国教育乃至中国文化应当吸收人类文明的一切成果。不能因为它们不是本土中自生的，尤其不

能因为是西方发达国家或资本主义国家中产生的，就把它们看作洪水猛兽，不能把鲁迅所说的“拿来主义”等同于帝国主义用坚船利炮“送来的”用以文化殖民的东西，即便是“送来的”也应当实事求是地进行科学分析鉴别。不能因为是西方的就厌恶，就排斥。不能借口文化具有差异性、多元性或文化具有民族特色而拒绝借鉴甚至反对借鉴。不能因为中国教育有特殊的国情而否定现代教育观念的基本原则、观念和立场及其普适性。

只有现代教育观念能够拯救中国教育，并引导中国教育和中国社会进入现代化轨道。只有中国教育现代化后才能真正为中国的政治、经济、文化、军事等各行各业输送大批具有现代理念、现代知识、技能、价值和现代胸怀的现代人才。

教育是人才和文化双向创生的事业。只有中国教育实现现代化后，中国社会才能真正成为现代社会，中国人才是真正的现代中国人，中国才能变成真正的现代中国。

而教育现代化的首要出路是教育观念现代化。中国亟需现代教育的基础研究，亟需研究和引入儿童教育的现代观念和基本立场。①

六、建设儿童本位的课程理论

在中国，儿童的生活就是被成人教、教、教，而这种教实际上就是“填鸭”、控制、训练、教训甚至训斥，儿童教育几乎使儿童没有喘息的机会，怎么可能充分占有童年的精神宝库并使其从容宽裕地成长呢?②

儿童不仅在学校忙碌，在家也要忙碌，这是司空见惯的普遍现象。然而儿童忙碌的并不像他在游戏中那样忙的是他自己的事，他们忙的是成人们的事情，是成人围绕考试而安排给他们的各种作业，这些作业基本上是些死记硬背的教条、重复演练的习题，等等。儿童身上好似到处插满了输送营养食品的管道，那些对未成年人富有“责任心的”“好心的”成人们，将他们认为“有营养的”东西不停地用外压的方式灌输到儿童身心内。在这样的高压下，儿童的生活还

① 刘晓东．儿童文化与儿童教育［M］．北京：教育科学出版社，2006：第五章“儿童教育的近现代观念”．

② 刘晓东．儿童文化与儿童教育［M］．北京：教育科学出版社，2006：123.

能悠游自在、宽裕自如吗？还能有时间玩玩只有童年才能享受的游戏吗？最重要的是，儿童还有时间进行其内在生命的丰富发育和茁壮成长吗？一个不能自主地拥有童年，不能自主建构生命，不能享有童年的欢乐的儿童会有一个健全的生命吗？能成为一个健全的成人吗？这样的孩子长大成人后组成的社会会是一个健全的美好的社会吗？这样的孩子长大成人后能够凝聚为一个强健的民族吗？而使他们受害的是我们这些揠苗助长的成人，是深深埋藏在我们成人心中的教育文化传统。①

让我们从外在于儿童的“双基”上回到儿童本身吧！儿童是“探索者”和“思想家”，儿童是“艺术家”“梦想家”和游戏者，儿童与成人一样是文化的创造者。② 我们为什么不去发现儿童的世界？为什么拒绝通过儿童的生活和经验来实现儿童成长？是儿童的成长而不是所谓“双基”，才是教育的起点和归宿。在“以人为本”的社会里，儿童教育应当以儿童为本，这是逻辑使然。儿童教育应当以儿童为本，这是落实“以人为本”国策的重要举措之一。让我们建设儿童本位的儿童教育学，建设儿童本位的课程理论。

---

① 刘晓东．儿童文化与儿童教育［M］．北京：教育科学出版社，2006：124.
② 刘晓东．儿童文化与儿童教育［M］．北京：教育科学出版社，2006：第一章“儿童是谁”.

建设现代形态的课程理论

我们教育中正在发生的一种变革是重心的转移。……儿童变成了太阳，教育的各种措施围绕着这个中心旋转，儿童是中心，教育的各种措施围绕着他们而组织起来。

——杜威：《学校与社会》

"双基"理论与现代教育理论和现代课程理论在基本观念和基本立场上是截然不同的。"双基"理论的唱颂者们忽视了儿童的成长之维；一旦发现成长之维，他们便会自动放弃目前坚信坚守的"双基"理论。"双基"理论难以承担甚至拒绝承担全面支持儿童成长、全面促进儿童发展的教育使命，它对中国学生缺乏创新能力、学业过重等问题应负一定责任。"双基"理论是旧教育观念在新中国的顽固遗留，指望"双基"理论来指导中国当前的基础教育改革，便永远无法完成中国基础教育现代化的历史使命。在"以人为本"的社会里，儿童教育和课程理论应以儿童为本。中国需要一场教育观念和课程理论的现代化变革。

一、"双基"理论是"教材中心"的课程理论

李涛在其论文《新中国历次课程改革中的"双基"理论与实践探索》中称："'双基'理论是在新中国60年的教育实践中形成的具有中国特色的课程理论"①，"它具有合理的方面，而且是基本的，包含了现代课程理论与实践的普(世)适性理论成分［原文如此］，这些方面和成分至今仍在并将继续起着作用"，"它的合理内核永存"②。李涛这篇论文体现了当前我国基础课程领域的主流观点（一些著名的课程专家便持有这种观点），而我以为这种观点与现代课程理论的基本立场是相悖的，因而会误导基础教育课程改革的方向。这位学者对

---

① 李涛．新中国历次课程改革中的"双基"理论与实践探索［J］．课程·教材·教法，2009(12)：77.

② 李涛．新中国历次课程改革中的"双基"理论与实践探索［J］．课程·教材·教法，2009(12)：86.

“双基”理论给予热情讴歌，我是不敢苟同的。

说“双基”理论“包含了现代课程与实践的普（世）适性理论成分”是不妥的。现代教育学和现代课程理论的基本内核是以夸美纽斯、卢梭、裴斯泰洛齐、杜威、蒙台梭利等人的儿童本位的教育观念为其内核的，这一内核是西方文艺复兴“人的发现”和启蒙运动中“儿童的发现”在教育学中的思想结晶。现代教育学的基本准则是儿童中心而不是教材中心或教师中心。而无论“双基”理论被鼓吹得如何天花乱坠，其致命的缺点——教材中心，从而必然是教师中心——却难以隐蔽。它无论怎样改革、发展、更新换代，都跑不出“教材中心”或“教师中心”的手心。

“双基”理论的内核是传统教育的观念和立场，这种传统教育目无儿童；儿童的生活、儿童的世界在这种教育理论中遭到忽视；其教育的目的是儿童对知识、道德、技能等内容的习得，而儿童自身的成长没有得到应有的重视。“双基”理论的着眼点和着力点在于知识、道德、技能等内容的传授，而不是儿童自身的成长。即便它不否认应当促进儿童发展，但是，在它的理论视野里，知识、道德、技能等内容的传授是第一义的，儿童自身的成长是第二义的。——这是“双基”理论所能达到的理论合理性的极限，但它离儿童教育的现代立场和现代观念依然相隔十万八千里。

将“双基”理论的内核说成“是合理的”，说“它的合理内核永存”，显然是错误的。

“双基”理论恰恰与现代教育理论和现代课程理论在基本观念和基本立场上是截然不同的，上述作者对“双基”理论的热情讴歌是值得警惕和反省的。

“双基”理论是传统教育学或旧教育观念在新中国的顽固遗留，指望“双基”理论来指导中国当前的基础教育改革，便永远无法完成实现中国基础教育或儿童教育现代化的历史使命。中国基础教育或儿童教育现代化恰恰需要革除“双基”理论之“教材中心”这一内核。中国需要一场教育理论包括课程理论的现代化变革。①②

---

① 刘晓东．儿童文化与儿童教育［M］．北京：教育科学出版社，2006：267－275.

② 刘晓东．蒙蔽与拯救：评儿童读经［M］．南京：江苏教育出版社，2009：344－355.

二、“双基”理论忽视了儿童的成长之维

据李涛研究，“双基”理论肇始于1952年3月教育部颁发的《中小学暂行规程（草案)》，该草案提出中学的教育目标之一是使学生获得“现代科学的基础知识和技能”，首次明确提出“双基”概念。

请注意，该草案说的是“中学的教育目标”，并且是“中学的教育目标之一”。也就是说当初的“双基”只是中学教育目标的一部分，而不是中学教育目标的全部。“双基”概念如果最初是在这一草案如此的文本环境（context）中出现的，那么后来的“双基”理论显然将这一草案中中学的教育目标大大缩水了。

还请读者注意，该草案提出中学的教育目标之一是使学生获得“现代科学的基础知识和技能”，李涛将此视为“首次明确提出‘双基’概念”。也就是说，“双基”概念在最初的文本环境中只是中学教育目标“之一”，并没有提及小学教育目标。后来的“双基”理论不仅将这一草案中中学的教育目标大大缩水，同时又将已经大大缩水的中学的教育目标——“双基”——进一步扩大到小学阶段。这就使基础教育的目标再一次大大缩水。

如果真如李涛所说，“双基”概念最初是从这个文件中萌生的，那么无疑，“双基”理论的理论之根是多么脆弱和偏狭。从“双基”概念“首次明确提出”的文本环境看，将“双基”作为基础教育的目标显然是捡了芝麻，丢了西瓜。

如果“双基”概念的起源来自上述草案这样的文本环境，那么，“双基”理论不只是存在两次缩水的问题，它还存在更为致命的缺陷，那就是它将中学的教育目标径直扩展到整个基础教育的目标，将中学教育政策向前扩延到小学教育政策，甚至扩延到学前教育，它忽视了教育学中的年龄之维（时间之维、过程之维、成长之维或发展之维），忽视了儿童要历经数次发展的结构性转换，——每次转换，儿童的身体机能、儿童的智慧、儿童的世界和儿童的生活都要发生类似昆虫化茧成蝶般的转换，因而有些心理学家夸张地称“成长是一连串出生”，“似乎是在生命的某个时期，某种心理的我不见了，另一个又出生了”。[①] 这进一步表明“双基”理论或“双基”不是以人为本的，不是儿童本位的。而儿童教育的近现代观念和立场是以“发现儿童”为前提的，是逐步围绕

① 玛丽亚·蒙台梭利．新世纪的教育［M］．李光裕译．台北：及幼文化出版有限公司，2000：21.

儿童的成长之维展开的、演进的。

“双基”理论这一致命缺陷已经宣告自身是与中国基础教育、儿童教育改革的现代化方向相左的。

“双基”理论的唱颂者们忽视了儿童的成长之维。我相信，他们一旦发现成长之维，便会“弃暗投明”，自动放弃目前坚信坚守的“双基”理论。

三、“双基”理论来源于政府文件规定的“条例”

李涛介绍“双基”理论形成时还说：历经波折后，1979 年教育部颁发了《全日制小学工作条例（试行草案）》和《全日制中学工作条例（试行草案）》，再次强调中小学必须加强基础知识的教学和基本技能的训练。在这两个草案中，中小学各科教学都明确突出基础知识和基础技能，例如，“加强数学基础知识和基础技能的训练”，“加强现代科学技术所需要的物理学基础知识的教学”，“加强物理实验技能的训练”，“加强体育基础知识的讲授和基础技能的训练”，等等。李涛由此认为，这一时期对“双基”有了明确的表述，且深入到“双基”与智力、能力等的关系问题的探讨上，这表明“双基”理论已经形成，已成为具体指导中小学课程编制并为广大教育工作者所接受和采纳的主要理论。①

根据李涛所介绍的“双基”理论的形成过程，可以发现，李涛强调“双基”最初来源于政府部门的文件；在她看来，最后表明“双基”理论已经形成的依据，依然来源于政府部门文件。这些说法其实是存在问题的：其一，政府颁发的教育文件不宜作为某一学术“理论”形成的依据；其二，“双基”理论如果能被称为理论的话，它至少要解决以下问题：它的基本概念和由此形成的基本命题是什么，其理论基础是什么，它与既有的相关理论有怎样的联系，对相关事实的解释度和预见能力是怎样的，这一理论是否自足或能否自圆其说，等等。然而，在李涛的这篇论文中难以看到对这些问题的讨论。在其他学者讨论“双基”理论的文献中，我也难以看到对“双基”理论的基本命题、基本理论框架的讨论。由此我怀疑，是否存在一种所谓“双基”理论的理论。

“双基”只是政府文件规定的“条例”，只是一种提法、说法，它不具备成

---

① 李涛．新中国历次课程改革中的“双基”理论与实践探索［J］．课程·教材·教法，2009(12):81.

为理论的要件，谈不上“理论”。但是为了方便指代我所讨论的对象，我在本文中依然使用“‘双基’理论”这一说法。

四、“双基”理论对中国学生缺乏创新能力、学业过重等问题应负一定责任

如果将“双基”理论放在世界范围内与发达国家的教育理论进行比较，那么，它对中国学生死读书、缺乏创新能力、学业过重等问题，是要负一定责任的。

然而改革开放已经30余年的今天，如果依然对“双基”理论抱残守缺，甚至给予热情讴歌，这会严重阻滞中国基础教育、儿童教育现代化变革的步伐，严重扭曲中国基础教育、儿童教育现代化变革的方向。不清算“双基”理论的“教材中心”的理论内核，中国基础教育和儿童教育改革就难以走出当前的瓶颈。

如果我们依然陶醉在“中国的基础教育比美国的好，美国的大学教育比中国的好”的说法里，那就不只是错了，而且是可悲的。之所以得出“中国的基础教育比美国的好”的结论，是因为这种比较是在学科知识的向度上，而不是从儿童整体发展和成长的向度上比较的。这种比较，进一步使某些学者沾沾自喜。然而，这是多么荒谬的错误，这种错误会导致一个民族毁掉一代代新人的人性基础。

在拙著《儿童文化与儿童教育》中，我曾对“中国的基础教育比美国的好”这种说法进行过批评（按，我的看法依然未变，所以将这些观点索性抄在这里）：

“西方近现代教育实际上就是儿童本位的教育，懂得尊重儿童的生活，懂得尊重儿童的本能和兴趣，懂得培植儿童天赋的根器，这就是那些基础教育不那么‘扎实’的西方学生为何其创造性超出‘基础教育扎实’的中国学生的重要原因。而所谓‘基础教育扎实’，其实是靠死记硬背、反复训练、大量作业来实现的，而这种繁重的课业恰恰牺牲了儿童的本能、兴趣，牺牲了儿童的好奇、探索和想象力，再加上我们中国人还要将小孩子培养得听话、乖巧、驯顺，这样一来他们若还能有出色的创造性反倒可以拍案称奇了。”①

在拙著《蒙蔽与拯救：评儿童读经》中，我对“中国的基础教育比美国的

① 刘晓东．儿童文化与儿童教育［M］．北京：教育科学出版社，2006：121.

好，美国的大学教育比中国的好”的说法再次做了批评：

“西方教育是已经实现现代转型的教育，是一种以人为本的教育，自然而然西方的儿童教育是儿童本位的教育。那种认为中国的大学教育比美国差，但基础教育比美国好的说法是错误的。事实是：中国的大学教育比美国差，中国的基础教育与美国的基础教育的差距更大。

“大学教育会影响学生创新，从而影响整个民族的生产力。而基础教育则影响儿童身心的发育和成长，影响整个民族的生命根基。‘皮之不存，毛将焉附?’基础教育的落后从根部影响整个国家这棵大树是否茂盛。”①

我对中国基础教育、儿童教育如此评价，所以才呼吁基础教育、儿童教育的理论和实践需要进行现代化的变革。②③

五、“双基”理论与现代教育理论之间存在隔膜

我说中国教育理论界依然具有自美、自满、自傲于“双基”理论的情况，并非空穴来风，有不少学术文献可以为证。上面所评论的“中国的基础教育比美国的好”这种说法就是例证，李涛下面这段话也是例证。我以为有必要对这段话予以评析。

“‘双基’理论绝不是从苏联、欧美引进的，而是在中国土生土长的，是源于实践并且实实在在指导了中国课程实践，指导培养了一代代既有扎实的科学文化知识又有高尚思想品德的新人的课程理论。‘双基’理论与实践具有浓厚的中国传统文化背景，关于基础重要性的传统观念、传统的教育思想和考试制度对其都有重要影响。中小学教育是基础教育，要想打好基础，为后继学习与参与社会生产、生活做准备，就必须掌握必需的、基础的、基本的知识和技能，学生只能通过而不能越过学习基础知识基本技能这一过程才能达到更高的发展境界。所以，‘双基’内容是每一个社会人生存与发展的必需平台。‘双基’理论和实践又是中国古代教育思想的引申与发展。中国传统意义上的考试内容、现代意义的标准化测试绝大多数只能是基础性的试题，因为‘双基’是有形的、

---

① 刘晓东．蒙蔽与拯救：评儿童读经［M］．南京：江苏教育出版社，2009：149—150.

② 刘晓东．儿童文化与儿童教育［M］．北京：教育科学出版社，2006：225.

③ 刘晓东．蒙蔽与拯救：评儿童读经［M］．南京：江苏教育出版社，2009：344—355.

易考察的，另外，课程标准强调‘双基’，考试以课程标准为依据，教学自然要突出‘双基’。”①

这些表述是值得商榷的。

（一）该作者一面说“‘双基’理论绝不是从苏联、欧美引进的，而是在中国土生土长的，是源于实践……”；另一方面又说，“‘双基’理论与实践深受苏联‘基本知识’教养理论的影响”，苏联“基本知识”教养理论“对我国‘双基’理论的形成有很大影响”。② 两种表述显然相互牴牾，这让读者采信哪种说法呢？

该作者强调“双基”理论“绝不是”从苏联、欧美引进的，而且使用了“绝不是”这样的说法来加强判断和语气。一个理论“绝不是”从国外引进的，这是优点还是缺点，或者只是中性的描述？李涛显然对此是颂美的。试问该作者如何评论从国外引进的理论？

李涛强调“双基”理论与实践具有浓厚的中国传统文化背景，为中国特色的“纯正”理论。在不断全球化、现代化的今天，一种理论是本民族文化自生自长，与国外的思潮“绝缘”，这是优点还是缺点，或者只是中性的描述？如果中国原有的思想受到国外思想的影响，那么，该作者如何看待这种同时具有中外元素的思想？是欢迎它还是歧视它？

更令我莫名其妙的是，该作者曾说过：“双基”理论“包含了现代课程理论与实践的普（世）适性理论成分”，“它的合理内核永存”。③ 无论是“普世性”还是“普适性”，都是承认有那种跨越民族国家樊篱、能够并且应当被全人类共识共享的精神财富。既然李涛承认有“普世性”和“普适性”的东西，那么，如何回答以下问题：1. 为什么还强调“双基”理论是中国土生土长而与苏联、欧美无关呢？2. 是不是只有“双基”理论包含普（世）适性的内容？其他民族、国家的课程理论是否含有普（世）适性的内容？3. 其他民族、国家的课程理论

① 李涛．新中国历次课程改革中的“双基”理论与实践探索［J］．课程·教材·教法，2009(12)：85.

② 李涛．新中国历次课程改革中的“双基”理论与实践探索［J］．课程·教材·教法，2009(12)：79.

③ 李涛．新中国历次课程改革中的“双基”理论与实践探索［J］．课程·教材·教法，2009(12)：86.

如果也包含普（世）适性的内容的话，中国的“双基”理论在发展的过程中竟然与国外的理论如此“绝缘”而土生土长，是耶？非耶？

这里的讨论其实涉及“中西之争”问题。我相信该作者在字里行间已经鲜明地表明了她的态度。既然该作者如此强调中国传统文化以及与苏联、欧美“绝缘”的土生土长，那么，就请作者想一想孔子所说的“三人行，必有我师焉”的教导吧。我以为孔子是强调，要善于发现别人的优点。对他人如此，对于其他民族、国家应当如何呢？以孔子“吾道一以贯之”的逻辑，他应当不会拒绝向其他民族或国家学习的，更不会以与其他文化“绝缘”而产生的纯正“土”理论而生出别样的骄傲或傲慢。“有朋自远方来不亦乐乎”是夫子自道，结合夫子所谓“三人行，必有我师焉”的自白，便可以看出孔子的胸襟。

事实上，中国作为后发国家，应当主动学习产生于西方的儿童教育的现代观念，就像陶行知、陈鹤琴曾经努力将西方现代教育理论中国化那样，就像中国人学习和引入产生于欧洲的自然科学一样。

（二）李涛认为“双基”理论“实实在在指导了中国课程实践，指导培养了一代代既有扎实的科学文化知识又有高尚思想品德的新人的课程理论”。我不敢苟同李涛的这种评价。

几代中国人确实已接受“双基”理论指导下的基础教育，那是因为他们别无选择。接受教育与接受好的教育，是两码事。与那些没有机会接受教育而保持文盲状态的人或时代相比，他们是幸运的，时代是进步了。但是，如果教育停留在教学生识文断字和接受“双基”训练的水平，则是远远不够的。随着时间的推移，这种基础教育暴露的问题越来越多，批评之声亦随之不绝于耳。

温家宝总理在2010年春节团拜会上说道：“新的一年，我们要更加努力工作，……大力发展教育事业，促进教育公平，提高教育质量，让每个孩子都能上学、上好学。我们所做的一切，都是为了让人民生活得更加幸福、更有尊严。”① 这进一步表明政府推进社会进步与教育改革的决心。“双基”理论指导下的基础教育也许无妨“让每个孩子都能上学”，却难以让他们“上好学”，难以

① 温家宝．在二〇一〇年春节团拜会上的讲话（二〇一〇年二月十二日）［N］．人民日报，2010—02—13.

让他们在学校里“生活得更加幸福、更有尊严”。事实上，全社会对基础教育批评的火力，有相当大一部分是瞄向这一现实的。

晚年的钱学森对中国教育问题念念不忘：“中国还没有一所大学能够按照培养科学技术发明创造人才的模式去办学，都是些人云亦云、一般化的，没有自己独特的创新东西，受封建思想的影响，一直是这个样子。我看，这是中国当前的一个很大问题。”[①] 这就是引起政界和知识界震动的“钱学森之问”。大学与中小学、幼儿园相比，是高端人才更为集中的地方，我以为中国的基础教育不会比大学教育更好。基础教育同大学教育一样，都没有按照教育规律办学。

评价基础教育，这是一个沉重的话题，也是有一定风险的话题。对于当前缺少拔尖的创新人才，对于当前严重的官员腐败和学术腐败，是不是要问责基础教育，我没有足够的胆识下断语，还是让更有胆有识的人去研究吧。如果非要我评价的话，我愿借用一个成语来回答，那就是“成也萧何，败也萧何”。

(三) 李涛强调“双基”是“打好基础，为后继学习与参与社会生产、生活做准备”，也值得讨论。

说“双基”理论考虑到“双基”是为将来的学习、生产、生活做准备，这无可非议。然而，“双基”理论如果是“理论”的话，如果它只想到教育或课程是为将来做准备，那则是片面的。“双基”理论着眼于社会发展的长远目标，却忽视了当下儿童的发展。忽视了当下儿童的发展，能为长远的目标的实现打下坚实的基础吗？显然不能。

强调“双基”是“打好基础，为后继学习与参与社会生产、生活做准备”，恰恰表明，“双基”理论还没有“发现”儿童，目无儿童。这恰恰凸显出“双基”理论与现代教育理论相隔膜的症结。现代教育是主张尊重儿童当下的经验、当下的生活，利用儿童当下的生活，创造符合儿童天性的可能性生活，切实让儿童在当下获得最大发展，从而一步一步走向未来，它将未来的发展落实在无数个前后相继的当下发展中，从而全面实现儿童的发展，并按照儿童天然的成长轨迹或“必经途径”（皮亚杰），帮助儿童从容地逐步走向未来生活。这与那

① 涂元季等，整理．钱学森最后一次系统谈话：大学要有创新精神［N］．人民日报，2009－11－05.

种忽视当下儿童的生活、儿童的需要、儿童的兴趣而只是为后继学习与参与社会生产、生活做准备的“双基”理论，孰是孰非孰高孰低孰优孰劣显而易见。

“双基”理论是片面的甚至是有害的。它片面强调了所谓“基础”（基础知识和基础技能），无条件地强调这种“基础”，尽管也讨论“双基”与学生发展的关系，但在教育现实中，最终牺牲了对学生当下发展的考虑，以致牺牲了学生当下的发展。这是有证可稽的。君不见：中国许多小学生竟然要做作业到深夜。为了“双基”，竟然牺牲儿童的身心成长所需要的休息、睡眠时间。孰之过耶？“双基”理论至少应负部分责任。

（四）李涛说：“中国传统意义上的考试内容、现代意义的标准化测试绝大多数只能是基础性的试题，因为‘双基’是有形的、易考察的，另外，课程标准强调‘双基’，考试以课程标准为依据，教学自然要突出‘双基’。”这种说法存在严重问题。

“双基教学”理念与现代儿童教育观念是截然不同的。现代教育恰恰是在发现儿童的基础上诞生的。儿童是“探索者”和“思想家”；儿童是“艺术家”“梦想家”和游戏者；与成人一样，儿童也是文化的创造者。[①] 教育应当尊重和支持儿童的探索、游戏、艺术、幻想等方面的本能倾向，从而促进儿童的全面发展。所有这些方面的发展，用传统考试手段或标准化测试是难以对其考评的。而李涛却以“‘双基’是有形的、易考察的”作为“教学自然要突出‘双基’”的一个理由，这在逻辑上完全是“削足适履”。消减儿童的生活、儿童的发展、儿童教育的目标，来适应“双基”理论，让“双基”理论来简化儿童发展的需要、儿童教育实践的需要，这是荒谬的。基础教育不能因为儿童发展的某些方面难以用传统考试手段或标准化测试来考评，便放弃基础教育对儿童发展的某些方面的教育诉求，这是非常简单的道理。是否方便用传统考试手段或标准化测试来检查教育效果，不能作为课程设计的前提条件，课程设计的前提条件是了解儿童发展的需要，其最终目的是真正实现儿童的发展。而课程内容本身尽管也是教育的任务，但它是儿童成长的手段，儿童及其发展是第一位的，知识、道德、技能等课程内容是第二位的。

---

① 刘晓东．儿童文化与儿童教育［M］．北京：教育科学出版社，2006：1—33.

从此处可以进一步发现，“双基”理论难以承负全面支持儿童成长、全面促进儿童发展的教育使命。从李涛的话语中可以看出“双基”理论是拒绝承负这一使命的。

六、关于“双基”理论的“合理内核”及其所催生的“n基”理论

然而李涛却说：“知识授受是学生素质养成、学校教育教学活动的基础和起点。我国教育界重视‘基本知识’‘基本技能’，即所谓‘双基’。从来没有人认为重视‘双基’是错误的，也从来没有任何教育理论论证过重视‘双基’是错误的。”① 这种说法要特别警惕。

说“知识授受是学生素质养成、学校教育教学活动的基础和起点”，这是错误的，充分表明中国的教育学和课程理论还没有“发现儿童”。对儿童的了解，对儿童发展的需要和发展条件的认识，才是教育教学活动的基础和起点。对这个问题我自己有过许多讨论，这里不再赘言。我只想拉出蒙台梭利给李涛说几句话：“教育要面对的问题是关心人性，是要帮助（儿童）生命的展开。”② 而要做到这些，其前提是“发现儿童”，发现儿童的天性，敬畏儿童的天性。据说耶稣认为“像孩子那样的人才能进入天国”，蒙台梭利由此描绘了新的教师形象：“让我们想象一个如同在圣谕中天国里那个孩子般的人。他的心灵充满热忱，交织着尊重和爱的情感，以及神圣的好奇心，企盼自己会变得更完善，而且愿意将这份完美带入孩子聚集的课堂里。这不正是我们希望创造出来的教育家吗？”③ 这种教育家“能从孩子身上学到教育方法和作风”，“可由孩子身上学会如何改善自己”。④ 很显然，“双基”理论的拥护者们是不会理睬儿童的天性、儿童的需要的。如果真要理会的话，“双基”理论便实现了自身的否定了，“双基”理论便崩塌了，新的理论便萌生了。

---

① 李涛．新中国历次课程改革中的“双基”理论与实践探索［J］．课程·教材·教法，2009（12）：84.

② 玛丽亚·蒙台梭利．发现儿童［M］．吴玥玢等，译．台北：及幼文化出版有限公司，2001：500.

③ 玛丽亚·蒙台梭利．发现儿童［M］．吴玥玢等，译．台北：及幼文化出版有限公司，2001：23.

④ 玛丽亚·蒙台梭利．发现儿童［M］．吴玥玢等，译．台北：及幼文化出版有限公司，2001：24.

可以看出，蒙台梭利是不会认同“知识授受是学生素质养成、学校教育教学活动的基础和起点”这种说法的，以“发现儿童”为起点而衍生壮大的一切现代教育理论是不会认同“双基”理论的。

顺便说一句，蒙台梭利这句话是在20世纪初说的。在此以前，欧洲已经开展数年“新教育”运动，美国已经开展数年“进步教育”运动。大约20世纪二三十年代，类似的思想被一些中国人推崇而引入中国，而从50年代开始这些思想遭到残酷批判乃至被批倒批臭，即便目前还有人见此便会掩鼻屏息。看来当前的中国接受这些思想比20世纪二三十年代的中国还要难！

如果建立在发现儿童的基础上，谈重视“双基”也无妨。但是如果没有发现儿童，那么，谈重视“双基”非但不是儿童的福音，反而会破坏儿童的发展。在这种情况下，重视“双基”尽管据说是为了促进儿童发展，但其代价却是破坏儿童发展。

若真如李涛上面所言从来无人批评“双基”理论，作为一个国民，我会感到非常悲哀！这是一个民族的悲哀！一代代人的童年会遭到破坏，一代代儿童会为“双基”理论付出高昂的代价！

不过，在李涛的文章中，我又看到了另一种表述：“‘双基’理论一直已经并将不断被批判、改造、超越与发展。”① 也就是说，她又承认，“双基”理论一直已经并将不断“被批判、改造、超越与发展”，尽管她这种表述与前面的说法是矛盾的，我还是以她所说的中国学术界不是铁板一块地对“双基”理论大唱颂歌而欣慰。当然，这种欣慰是谨慎的，其前提是，她前面的表述是失实的，她后面的表述是确凿的。

然而无论李涛如何修订前面两种说法，我相信在中国，支持“双基”理论的占绝大多数，怀疑和批评“双基”理论的是极少数。缺少对儿童教育的近现代立场、观念和方法的认识，是中国文化和中国教育的明显缺陷。中国文化和教育对儿童教育的近现代立场的视而不见或简单拒绝，甚至有意敌视（如对卢梭、杜威等人的批判，对“儿童中心论”的批判），表明儿童教育的近现代立场其实是中国社会、中国文化的盲点。这一盲点不仅是束缚教育变革的瓶颈，而

---

① 李涛．新中国历次课程改革中的“双基”理论与实践探索［J］．课程·教材·教法，2009(12)：86.

且也是中国现代化建设的瓶颈。[①]

李涛还说：“‘双基’理论一直已经并将不断被批判、改造、超越与发展，它的合理内核永存。它具有合理方面，而且是基本的，包含了现代课程理论与实践的普（世）适性理论成分，这些方面和成分至今仍在并将继续起着作用。课程改革要在学生夯实基础和提高能力的钟摆中寻求平衡。‘双基’理论、‘三基’或‘四基’理论其实质是在学生掌握基本知识技能、情感态度、过程与方法及提高的潜能之间找到平衡。因此，该课程理论的发展是永恒而有意义的，这样我们才能通过中国化的课程理论使课程改革起到课程理论与实践的黏合剂的作用，让中小学教师在自主地实践课程过程中自觉地反省、反思，建构自己的‘理论’，让课程理论工作者走出书斋，走进中小学，帮助教师解决认识上和行动上的问题，开展合作，互相补充，推动课程的实践和研究。”[②] 这里所说的“三基”其实是在“双基”（基本知识、基本技能）之上再加一“基”（基本能力），而“四基”则是在“三基”之上再加一“基”(基本态度)。

按照“双基”理论所催生的“三基”“四基”理论的发展趋势来看，将来还会继续产生“n基”理论（$\infty \geqslant n \geqslant 2$）。然而，无论“双基”“三基”，还是“四基”“n基”理论，其本质都是围绕学科基础而生发的，其实说到底，n（$\infty \geqslant n \geqslant 2$）＝1（看似等号两边不相等，其实从辩证逻辑上来看是相等的，不过这不是描述自然现象的辩证法，而是对“双基”理论及其催生的“三基”“四基”等错误理论所做的辩证归纳)，即以学科为中心的所谓“基础”。这就是李涛所谓“双基”理论永存的“合理内核”和“现代课程理论与实践的普（世）适性理论成分”。其实，“n基”理论都没有意识到学科基础底下还有更基础的基础，那就是儿童自身的世界，儿童自身身心发育的轨迹和成长需要，儿童自身所具有的智慧潜能，等等。

李涛坚信“‘双基’理论一直已经并将不断被批判、改造、超越与发展，它的合理内核永存。它具有合理方面，而且是基本的，包含了现代课程理论与实践的普（世）适性理论成分，这些方面和成分至今仍在并将继续起着作用。”李

① 刘晓东．儿童文化与儿童教育［M］．北京：教育科学出版社，2006：145.

② 李涛．新中国历次课程改革中的“双基”理论与实践探索［J］．课程·教材·教法，2009(12)：86.

涛认为“双基”理论“一直已经并将不断被批判、改造、超越与发展，它的合理内核永存”，然而，既然“它的合理内核永存”，那么，又何谈“超越”？

“双基”理论的内核无非就是“基础”一词。教育教学或课程应当注重“基础”，这是由“基础”一词决定的，而不是由教育决定的。“双基”理论强调“基础”看似没有错，然而它将教育教学或课程的“基础”简单化、片面化了，忘记了教育学是一门复杂性科学。“双基”理论是一种简单得不能再简单的原始理论，甚至简单得不能称为理论，原始得与原始教育观念本是一家人。如果“双基”理论是正确的课程理论，那么从文艺复兴发展到今天的现代教育理论何以弄得如此高深复杂，以至于要陶行知、陈鹤琴等人漂洋过海去取经，以至于20世纪50年代以后在中国被批来批去？如果“双基”理论是正确的课程理论，那么现代儿童教育学便是庸人自扰的“笨牛”理论了，何以能让夸美纽斯、卢梭、杜威、苏霍姆林斯基出来兴风作浪，在全世界博得一阵又一阵的喝彩呢？

李涛说“双基”理论“包含了现代课程理论与实践的普（世）适性理论成分，这些方面和成分至今仍在并将继续起着作用”，还号召“课程理论工作者走出书斋，走进中小学，帮助教师解决认识上和行动上的问题，开展合作，互相补充，推动课程的实践和研究”。我不得不问，什么是现代课程理论。如果学者们真正沉下心来，耐得住寂寞坐得住冷板凳，也许真的会发现儿童教育和课程理论的现代立场和现代观念到底是什么。然而，正如拙文所分析的，“双基”理论恰恰是现代教育和课程理论所批评的“理论”，恰恰是与儿童教育和课程理论的现代立场和现代观念相牴牾的“理论”。

“中国有个成语叫‘深入浅出’。只有在学术上‘深入’下去，才可能寻得现象背后的本质，才能深刻理解现象，从而有可能由‘深入’而‘浅出’地正确而清晰地解释相关现象。不愿做‘深入’的研究工作，又怎么可能‘深入浅出’呢？不愿做‘深入’的研究工作，只能是‘浅入浅出’，只能是以其昏昏使人昭昭。”① 学者如果不能肩负学者寻求真知的学术使命，谈何服务于现实社会！只有“深入”才能“浅出”，才能服务于大众。

---

① 刘晓东．蒙蔽与拯救：评儿童读经［M］．南京：江苏教育出版社，2009：278.

七、呼唤现代形态的课程理论

中国课程理论需要革命性变革。再也不能无视儿童的存在，再也不能拒斥西方发达国家从文艺复兴、宗教改革、启蒙运动以来逐步衍生的一套儿童教育的现代观念和现代立场，这其中的基本原则、基本观念与牛顿、爱因斯坦的自然科学理论一样，是整个人类现代文明的成果，再也不应鄙视和拒斥卢梭、杜威等人的现代教育思想。

我以为，指导中国基础教育、儿童教育改革的理论必然出于夸美纽斯、卢梭、杜威等人。其实，不论在哪一个国家，教育学如果要发展，它必然要从卢梭、杜威等人的胯下而过。我说从其胯下而过，是指那种对待伟大思想和伟大人物的追慕和景仰。思想史上的巨人如此高大，思想尚未发展到如此高度的学者不经其胯下，怎能得其门径而登堂入室？然而如果真的有人从思想者卢梭、杜威等人的胯下而过，在完成那胯下而出这一姿态的刹那，他其实完成了学术史上的伟大跨越，这种跨越其实是牛顿所说的“踩在巨人的肩膀上”。远远望去，那学术思想史里“踩在巨人的肩膀上”的人不也是一个个思想的巨人吗？我想，无论个人的还是国家的学术发展之路，均应作如是观。

中国曾有人显露过这样的胸襟，那就是汉代的英雄韩信。当韩信完成那胯下而出的刹那，他便成为真正的英雄，从此，韩信成就一番英雄伟绩似乎已成定局。①

李涛在文章的最后说：“按照素质教育的要求重新审视我国的基础教育中的‘双基’理论与实践，以培养学生的创新能力和社会实践能力为重心，更新课程观念，改革其中落后的不符合时代要求的方面，是构建中国特色社会主义课程理论与实践的关键。”② 行文至此，相信读者已经知道我对她这句话的态度。中国课程理论研究如果抱住“双基”理论不放，以“双基”理论自美、自满、自傲，那么中国课程理论就永远难以与现代课程理论接轨，中国基础教育改革便找不到现代形态的课程理论作为指导理论，就难以走出基础教育改革目前的瓶颈和困局。

---

① 司马迁《史记·淮阴侯列传》有云：“淮阴屠中有侮信者，曰：‘若虽长大，好带刀剑，中情怯耳。’众辱之曰：‘信能死，刺我；不能死，出我胯下。’于是信孰视之，俛出胯下，蒲伏。一市人皆笑信，以为怯。”

② 李涛．新中国历次课程改革中的“双基”理论与实践探索［J］．课程·教材·教法，2009(12)：86.

教学：全方位面向宇宙和人生

已有几本英文书均以“The Call to Teach”为题。这个题目太美太好了。The call to teach，就是心中有一种召唤，有一种使命，去帮助别人成长，让自己与他人一起成长，共同繁荣，一道兴旺发达。孔子云：“默而识之，学而不厌，诲人不倦，何有于我哉！”（《论语·述而》）又云：“夫仁者，己欲立而立人，己欲达而达人。”（《论语·雍也》）是什么使孔子诲人不倦、热衷于教育而难以自抑？苏格拉底在雅典街头不倦地与年轻人交流思想，去做精神的“产婆术”，他的心灵是否领受这样一种神圣召唤——the call to teach?

——题记

有智慧的教学应当打破“教学”在传统观念上的偏狭，应当更为开放。宇宙人生有多少内容，教学便可以涵盖多少内容；人是怎样学习的、怎样成长的，教学便应当怎样进行。教学应当向整个历史、整个现实世界、整个可能生活开放。教无定法，根据天时地利人和的不同情况，灵活取法，便谓智慧。教师只有充分地了解学生，只有走进学生的精神世界，欣赏学生的精神世界，满足儿童的精神成长的种种需要，才能实现自由教学，才能在这种自由中获得满足和幸福。

做好教学工作不易。周作人在其一首题为《读书》的“杂诗”中写了为师之难：“读书五十年，如饮掺水酒。偶得陶然趣，水味还在口。终年不快意，常令吾腹负。久久亦有得，一呷识好丑。冥想架上书，累累如瓦缶。酸甜留舌本，指顾辨良否。世有好事人，叩门乞传授。舌存不可借，对客徒搔首。”周作人在这里自陈读书多矣，不过好书不多；读书如同吃了夹生饭，然而“久久亦有得”，也算是学富五车了；然而将平生所学传授于人，却是一件很困难的事；周作人认为自己是“哑巴吃黄连，有口道不出”，由于“舌存不可借”，所以只能是无奈地“对客徒搔首”。周作人的这首诗生动地描绘了一个人求学的感受，以及学有所成后面对后学难以传授心得的尴尬境地。

教学既然是如此之难，那么我们更应当直面教学之难，智慧地对待教学，探寻教学的智慧。我个人受学于人，从童年至今日，所见到的好教学或坏教学、有效的教学或无效的教学，可谓多矣。我个人也教学授徒，教学的酸甜苦辣亦有所尝矣。我以为教学的智慧，实际上也是如何智慧地对待教学，如何智慧地进行教学。有道是，教无定法，根据天时地利人和的不同情况，灵活取法，便为智慧。不问教学内容的特点，不问教学对象的兴趣、需要、心智结构及认识水平，拘泥定法，必然是东施效颦，反露丑态，必然是南辕北辙，适得其反，必然是邯郸学步，弄巧成拙。深刻认识学生，深刻认识教学内容，在此基础上巧妙取法，便为智慧。

一、充填式教学：以知识为本位的教学

充填式（填鸭式）教学，即教师一个人面向学生说，对学生常常是耳提面命。这种教学方式往往是知识本位的，把学生看作一个装盛物品的口袋，教师只管把知识装填到里面。

以知识为本位的所谓充填式的教学在历史上并不是没有功绩，因为传递知识毕竟是教学的一种重要使命。然而它无疑又具有显而易见的弊病，——它忽视了学员对知识的探索与批判，所以那些有培养信徒、顺民之图谋者往往使用灌输、洗脑的办法。

但是人类是需要传递知识的。就其本质而言，教育是文化与主体的双向创生。知识是人类文化的重要成分，因而知识传递是教育的天性之一。由此看来，旨在知识传递的教学方式有其继续存在的理由，但是，将教育的目的和任务仅仅理解为知识传递肯定是片面的，因而曾经在传统教育中居于独霸地位的充填式教学，在现代教育中自然而然地丧失了独霸地位。

据说，周作人在北大上课时不看学生，只念讲稿，念完便拉倒。据冰心回忆，她的毕业论文为周作人指导，但几日后周作人只字未改便交还回来。看到冰心的这一回忆，起初我觉得周作人的教学方式恐怕就是一种典型的充填式教学，即教师一个人面向学生说，对学生常常是耳提面命；周作人甚至连耳提面命也省略了。不过进一步想想，冰心的这一回忆是在怎样的背景下做出的，她是否有意在师承关系上与被视为汉奸的周作人做切割呢?

值得注意的是，周作人是饱学之士，他不是“以其昏昏使人昭昭”的“混子”“南郭先生”。周作人对书籍对学问有辨别力，有真感受，能尝出书里的“水味”，并能“偶得陶然趣”，所以有这种人为师还是有幸的。

二、苏格拉底的“产婆术”：以智慧为本位的教学

与充填式的教学相反，古希腊的哲学家苏格拉底没有将知识直接传递给人，他主张向人传递或启迪智慧。他的职业虽不是教师，但他的教学是卓越的。

据说，苏格拉底过着俭朴的生活，一年四季都赤着脚，他为人诚恳温和，不自以为是，不强人从己。他的学生——一位雅典将军曾说：每逢听苏格拉底说话，心就狂跳起来……眼泪会夺眶而出，许多听众都有这样的感受。苏格拉底的教学无固定地点，在体育馆、广场、街上、店铺、作坊，在其他任何公共场所。他的教学也不局限于特定的对象，儿童、青年、老年、穷人、农民、兽医、官员，等等。

苏格拉底用问答的方法来和他的学生讨论各种人生问题。人们称这种方法为“谈话法”。在苏格拉底看来，承认自己的无知是认识真理的第一步。他和别人谈话，总是以一种对所讨论问题表示无知的态度向人请教，对方回答后，他便举出事例证明对方是不恰当的，迫使对方发现自己思想中的矛盾，于是自然而然地产生新思想。苏格拉底用一步接一步的反诘来使谈话深入，使对谈者不断达成更为深刻的认识。

苏格拉底认为真理在人出生以前就存在于人心中，但出生时由于肉身受到干扰而使人将其遗忘了。通过谈话的方法，可以将遗忘的真理再现出来。这种教学方法就像助产婆把胎儿从母腹中催生一样（据说，苏格拉底的母亲是位接生婆）。苏格拉底把自己的这种教学方法称为“产婆术”。

苏格拉底的弟子柏拉图继承了自己老师的先验论，认为“知识就是回忆”。他说：“我们可以断言教育不是像有些人所说的，他们可以把知识装进空无所有的心灵里，仿佛他们可以把视力装入盲人的眼中。”① 柏拉图的这句话可以帮助我们认识到充填式教学的巨大弊端。这里值得一提的是，柏拉图建立了类似科学院的“学园”。据说他经常在学园中散步时与学生交流，显然这时使用的也是谈话法。

可以看出，苏格拉底“产婆术”培养的是智慧，养成的是探求智慧的哲学家。

---

① 张焕庭主编．西方资产阶级教育论著选［M］．北京：人民教育出版社，1979：535．

三、园丁说：尊崇天性，反对灌输

苏格拉底、柏拉图的这种先验论思想以及与之相对应的教育思想在后世亦不时出现。例如夸美纽斯就认为，儿童生来就具有知识、道德和虔诚的种子。这就是所谓“种子说”。他认为，“一切事物均寄存于人的身上。灯、油、引火物，所有的器具都放在那里。只有当他能熟练地打火，取得火种，燃起油灯，他才能看见寄托在他身上和世界的上帝智慧的巨大宝藏，并最大限度地享受这一宝藏的乐趣。”他强调，“人不是一块可以随心所欲雕刻的木头；他是一个不断地塑造着自己的活的形象。”他认为一位教育者就是一个园丁，他照料着花木，但总是尊重花木的自然成长。这就是教育学上的“园丁说”思想。显然，这一思想强调教师对受教育者和受教育者主动成长的尊重。园丁说认为，教师应当将受教育者固有的天赋资源引拉出来，任何揠苗助长的办法都是错误的。

从我们所接触到的资料来看，我国最早提出类似于园丁说思想的人就是王阳明。王阳明已经认识到灌输式的传统教育有其巨大弊病。他批评说：“若近世之训蒙稚者，日唯督以句读课仿，责其检束而不知导之以礼，求其聪明而不知养之以善，鞭挞绳缚，若待拘囚。彼视学舍如囹圄而不肯入，视师长如寇仇而不欲见，……是盖驱之于恶而求其为善也，何可得乎？”① 显而易见，他已发现传统教育违背了儿童的身心特点，摧残了儿童的自然天性。中国教育思想史方面的研究人员特别重视他下面的这段话：“大抵童子之情，乐嬉游而惮拘检，如草木之始萌芽，舒畅之则条达，摧挠之则衰萎。今教童子，必使其趋向鼓舞，中心喜悦，则其进自不能已。譬之时雨春风，沾被卉木，莫不萌动发越，自然日长月化。若冰霜剥落，则生意萧索，日就枯槁矣。”② 王阳阴把儿童比作“草木”，认为顺应其本性儿童才有可能舒畅地成长；违背其天性，就会对其发展造成阻碍甚至破坏。

王阳明还以种树浇树取譬，说明教育应当考虑到儿童现有的发展水平并给予尊重。他说：“与人论学，亦须随人分限所及。如树有这些萌芽，只把这些水

① 王守仁．传习录中·训蒙大意示教读刘伯颂等［M］//王守仁．王阳明全集（上）．上海：上海古籍出版社，1992：88.

② 王守仁．传习录中·训蒙大意示教读刘伯颂等［M］//王守仁．王阳明全集（上）．上海：上海古籍出版社，1992：87—88.

去灌溉；萌芽再长，便又加水，自拱把以至合抱，灌溉之功，皆是随其分限所及。若些小萌芽，有一桶水在，尽要倾上，便浸坏他了。”① 他认识到，强制性的灌输反会造成伤害。

曾国藩也曾提出过类似的教育思想。②

四、各言其志的欢乐：亦师亦友，教学相长

中国人在接受教育时深受强制灌输之苦。然而那些其作品或言论被奉为经典的“圣人”，他们的教学却有生动活泼的一面，尽管他们的作品成为后世进行灌输教学的内容。

《论语·先进》中记载，孔子曾问及几位门生的志向，大家都表示要做官，唯有曾点志向有异。曾点并未明确表述其志何在，而只是描述了一幅优美的图画：

“暮春者，春服即成。冠者五六人，童子六七人，浴乎沂，风乎舞雩，咏而归。”

孔子让弟子各言其志，充分表达自己的思想与情怀，这与灌输法是相反的。《论语》中有大量孔子师徒的对话记录，当然孔子是作为真理的裁决者的身份出现的。然而孔子与弟子的对话里确实有轻松诙谐的寓教于乐的一面。但是他的弟子以及后世对他的极端崇拜，对教师作为独裁者的形象定位的形成起了很大的作用。

这里再说说明朝哲学家王阳明生动有趣的教学活动。

王阳明的教育以启发为主，经常与弟子们一起弹琴歌诗，然而其目的却是：“顺导其意志，调理其性情，潜消其鄙吝，默化其粗顽，日使其渐于礼义而不苦其难，入其中和而不知其故。”③ 可见其试图使教育变成一种生活，让教育如阳光春雨沐浴生命一样，不知不觉中吸收着能量和营养。

据记载，王阳明有时还会带众弟子湖中泛舟，说天道地，醉酒弦歌，声振

---

① 王守仁．传习录下［M］//王守仁．王阳明全集（上）．上海古籍出版社，1992：96.

② 刘晓东．中国的园丁说：取譬种植以论教育的智慧［J］．宁波大学学报：教育科学版，2002(2)：6—9.

③ 王守仁．传习录中·训蒙大意示教读刘伯颂等［M］//王守仁．王阳明全集（上）．上海古籍出版社，1992：88.

林木。据其门人回忆：

甲申年，先生居越。中秋月白如洗，乃燕集弟子于天泉桥上。时在侍者百十人。酒半行，先生命歌诗。诸弟子比音而作，翕然入协金石。少间，能琴者理丝，善箫者吹竹，或投壶聚算，或鼓棹而歌，远近相答。先生顾而乐之，随即席赋诗，有曰“铿然舍琴春风里，点也虽狂得我情”之句。继而曰：“昔孔门求中行之士不可得，苟求其次，其唯狂者乎？狂者志存古人，一切声利纷华之染，无所累其衷，真有凤凰翔于千仞气象。得是人而裁之，使之克念日就平易切实，则去道不远矣！……①

可以看出，王阳明没有那种摆着冷面孔的师爷做派。教育即生活，生活也有教育作用。王阳明在天泉桥的这种意气风发的表现，对弟子的影响应当是深远的。王阳明一生中有许多时间花在带兵“剿匪”上，他的行伍出身也是他能够在天泉桥造就如此宏大气象的原因之一。

五、探究共同体：推演、怀疑与批判

探究共同体的教学方法实际上是一个多人参加的苏格拉底“谈话法”。

美国哲学家李普曼在 20 世纪 70 年代提出过一套“儿童哲学”思维训练的教学项目。李普曼写了七本儿童哲学小说，他的“儿童的哲学”思维训练项目便是以此为主体的。在李普曼编写的故事里，儿童们之间可以自由自在地讨论哲学概念和逻辑规则。为了引导现实生活中的儿童自由自在地进行讨论，李普曼提出了“探究协同体方法”。②

一个探究协同体通常由一名教师与 20 名左右学生组成，无论教师与学生，在探究协同体中均地位平等，教师只是以一个协同者的角色参与探索活动。探究活动开始时，由全体参加者轮流朗读一段课文。然后分组讨论或个人就课文提出自己感兴趣的问题，再从中选出若干大家都感兴趣的问题由全体成员展开讨论。这时，教师要运用苏格拉底谈话法，启发、引导学生参与讨论，认真倾

① 钱德洪．刻文录叙说［M］//王阳明全集（下）．上海：上海古籍出版社，1992：1576.
② 冯周卓．儿童哲学与思维训练［J］．现代教育研究，1992（1）：93－94.

听他人的观点，清楚地表达自己的思想，努力进行高层次的思考。

协同体的探究是开放性的。这首先表现在参与者的开放性。作为探究协同体的成员，他应能容纳不同的意见，同时也乐于将自己的独特想法说出来与大家共享。而对同伴的批评意见，他能认真考虑，勇于修正自己的观点。其次，开放性体现在探究过程在问题—回答—问题的形式中进行下去，不会终结。在探究协同体中，没有教师的终极结论。探究的结果要由学生自己去评价。教师决不把自己的结论强加于学生，但也不是毫无原则。教师要引导学生去探索一些相关的准则，然后由学生根据准则去评价同伴的观点，纠正自己的错误，或是判断某种行为的对与错以及事件的好与坏。

可以看出，“探究协同体方法”是从苏格拉底教学法发展而来的。

六、静默的教学：强调觉悟，以心传心

我们在上面引述的周作人“杂诗”中有“世有好事人，叩门乞传授。舌存不可借，对客徒搔首”几句，说明了教师与学生交流起来的困难。周作人已经意识到，语言与“道”（思想或本体论的“是”）是两回事；语言在“道”的传载方面是有局限性的。

中国古代禅宗也意识到了“传道授业”的这一困难，所以强调：不立文字，以心传心，无修之修，不教之教。

禅宗强调修行者的自觉、觉悟（渐悟、顿悟二者相合，即为觉悟；觉悟是有一个过程的，所以从整个过程来说，是渐悟，然而，觉悟最终表现为突如其来的领悟，突然会通，突然明了，如同拨云见日，通体发光，一时间大放光明，所以似乎是顿悟。顿悟是渐悟的结果，渐悟是顿悟的准备和前提)，强调机锋。“一指禅”“棒喝”等是禅宗富于传奇色彩的教学方式。如果说充填式教学是教学的一个极端情况，那么与充填式的教学方式相比，禅宗的教学应当是另一个极端。

禅宗静默的教学确实有其高明的地方，培养了不少有觉悟的弟子。但也有它的短处。许多禅师成了南郭先生，动辄竖指头，或者用棍子揍人。所以也有众多僧人一事无成。哲学家王阳明就碰到过一位。

王阳明 32 岁时，曾在杭州西湖养病，“往来南屏、虎跑诸刹，有禅僧坐关三年，不语不视，先生喝之曰：‘这和尚终日口巴巴说什么！终日眼睁睁看什么！’

僧惊起，即开视对语。先生问其家。对曰：‘有母在。’曰：‘起念否?’对曰：‘不能不起。’先生即起爱亲本性谕之，僧涕泣谢。明日问之，僧已去矣。”①

这里原本表现的是儒释二家在哲学上的斗争。不过，王阳明遇到的这位和尚的“不修之修”确实是没有根基、没有对象、浪费光阴的。

禅宗反对灌输，反对死记硬背，强调启悟，这是它极高明的地方。后世有的教育家也看到了这一点，并且在教学中积极地实际应用。苏联的教育家苏霍姆林斯基便是这样。

苏霍姆林斯基认为大自然本身就是思想和语言的源头。教师除应当适当引导儿童认识自然外，还应当让儿童有机会有时间直接接触思想和语言的本源，直接倾听天籁之声，直接领悟大自然的妙言慧语。

> 我们坐在高岗上，周围是草虫发出的一片和谐的合唱，空气中散发着沁心的草香。大家都没有出声。无须向孩子们多说话，不要对他们强行讲述，话语并非娱乐。而对话语的厌腻则是最有害的一种感受。孩子不仅需要听老师的讲话，而且也需要沉默；此刻他要思索，要对所见所闻进行思考。对于教师来讲，在讲述上掌握分寸是很重要的。不能把孩子变成感知词语的被动物。要理解每个鲜明的形象，不论是实物还是词语的，都要花费许多时间和精力。善于给孩子以思考的机会，这是老师工作细心的一种素养。置身于大自然时，要让孩子有机会听一听，看一看，感受感受……②

中国禅宗认为语言与其所指代的本体是两回事，因而强调不立文字而直接把握本体。这固然走了极端。然而，完全依赖于或执着于语言文字，恐怕确实难以取到“真经”，只会让人变成书虫、呆子。在注意以文载道之外，直接面对自然，把握本体，用心领悟自然的奥秘，这对于培养儿童的思想来说，确实是很有必要的，不可或缺的。

---

① 王守仁．年谱一［M］//王阳明全集（下）：卷三十三．上海：上海古籍出版社，1992：1226.

② 苏霍姆林斯基．把整个心灵献给孩子［M］．唐其慈等，译．天津：天津教育出版社，1981：35—36.

七、方案教学：儿童决定学习内容

在意大利的一个小城瑞吉欧，那里的幼儿园发明了一种被称为“方案教学”的教学方式：儿童决定学什么，并参与制订学习计划，而教师是儿童学习、探究的一个贴心帮手。

瑞吉欧教育的领头人马拉古奇（Loris Malaguzzi）曾经写过一首诗《其实有一百》(*No way. The hundred is there.*)①，来表现他对儿童和教育的理解。马拉古奇写道：

儿童
是由一百种组成的，
儿童有
　　一百种语言
　　一百双手
　　一百个念头
　　一百种思考、游戏、说话的方式；
还有一百种倾听、惊奇和爱的方式
有一百种欢乐，去歌唱去理解
　　一百个世界，去探索去发现
　　一百个世界，去发明
　　一百个世界，去梦想。
儿童有一百种语言，
（这一百是一百个一百的一百）

在这里，马拉古奇发现了一个不同于成人世界的儿童的世界。儿童的世界有许许多多的存在方式；在这个世界里，儿童有许许多多的探索方式。而成人的世界与儿童的世界相比，却是单一的，干瘪的。成人是凡夫俗子，而儿童却

① 这首诗见于C. 爱德华兹，L. 甘第尼，G. 福尔曼．儿童的一百种语言［M］．罗雅芬等，译. 台北：台湾心理出版社，2000：3. 意大利语原文见同页。马拉古奇等．孩子的一百种语言［M]. 张军红等，译．新北：光佑文化事业股份有限公司，1998：9. 英译文本见第 209 页。我在这里引用时参照中英译本做了修订。

是法力无边的千手观音。或许有人会批评马拉古奇是儿童崇拜者。不过我觉得，马拉古奇确实是深刻地道出了儿童高于成人的方面。诚然，儿童对成人有依赖性，需要成人的帮助，但是，儿童的生活确实又有高出成人的地方。儿童的生活是儿童的，也是人类的，面对儿童的生活，我们成人不应嫉妒，而应当高歌，因为我们也曾经是儿童，甚至在我们的内心深处，还潜藏着一个生命力旺盛的活泼的儿童。童年的生活是属于儿童的，童年的生活也是我们人类的共同的财富。

儿童的生活远远丰富于成人的生活，然而教育活动却是成人把持的，成人生硬地坚持让儿童进入成人的世界，进入那个僵化的世界。马拉古奇是这样揭露的：

儿童有一百种语言，
（这一百是一百个一百的一百）
但被偷走了九十九种。
学校和文明，
使他的身心分离。
他们告诉儿童：
　不需用手去想，
　不需用头脑去做，
　只需听不要说，
　只要理解不要快乐，
　爱和惊奇
　只属于复活节圣诞节。
他们催促儿童
　去发现早已存在的世界，
儿童的一百个世界
　他们偷走了九十九个，
他们告诉孩子：
　游戏与工作
　现实与幻想

科学与想象
天空与大地
理智与梦想
它们是水火不容的。

他们就这样告诉儿童：
一百种并不存在。

马拉古奇批评的这种教育实际上就是传统的成人本位的教育方式，成人根据自己的标准而任意裁剪儿童的世界。教育本来是为儿童提供精神食粮的，本来是促进儿童成长的，然而成人本位的教育提供的食粮是单一的，缺乏儿童最急需的营养，儿童的世界在成人的这种教育中因成人的独断剪裁而遍体鳞伤。为了改变成人中心的教育状况，马拉古奇进行了一种革命性的尝试，那就是将传统教育中由教师所决定的教育内容改由儿童自己来选择。“教师跟随着幼儿，而非计划。”① 马拉古齐主张教师应当尊重儿童的兴趣、好奇心和自发的探索活动；教育的内容不再由教师一方单独抉择，而是教师根据儿童的兴趣与儿童一起编制儿童的活动“方案”。于是在瑞吉欧，新的教师形象出现了，新的教育内容出现了，新的师生关系出现了。

在一篇探讨瑞吉欧教育的论文中，我曾这样理解马拉古奇的这种方案教学方式：②

“如果把过去的教育比作演戏的话，那么教师则是舞台上的主角，同时是剧本作家兼导演，他按事先写好的‘现实主义’的脚本在舞台上行动，而学生则是应当遵守纪律的观众。

“但在瑞吉欧，演戏与编剧化为一体。儿童是剧本中的主角，教师是观众和导演。这位导演没有事先写好脚本，而是与儿童一起找到大家共同感兴趣的话题，然后共同编剧。这个剧本的原始素材来自儿童的需要、儿童的兴趣、儿童

---

① C. 爱德华兹，L. 甘第尼，G. 福尔曼．儿童的一百种语言［M］．罗雅芬等，译．台北：台湾心理出版社，2000：97.

② 刘晓东．解放儿童［M］．北京：新华出版社，2002：254－265.

的心灵。他们一边演，一边编，最后用儿童的‘一百种语言’编成一出出‘浪漫主义’的剧本。这些剧本洋溢着童真童趣，展现了儿童的‘一百个’可能的世界。

“为了做好导演，为了帮助儿童更好地编剧，教师要体验儿童的生活，于是他成了儿童研究者，他时刻倾听、观察儿童，不仅用眼和耳，而且用心。”

马拉古奇的这种方案教学彻底改变成人本位的教育，最大程度地捍卫了儿童的世界。在参观瑞吉欧教育后，美国著名心理学家霍华德·加登纳将美国的幼儿教育和瑞吉欧的幼儿教育做了对比：“在美国，对幼儿的高度重视令我们感到自豪，然而对于由幼儿诚挚地表达的事物，我们却没有给予充分的重视；……我们欢迎探索式方法，却没有信心让幼儿跟随他们自己的嗅觉及预感；我们要求辩论，却经常摒弃它；我们要求倾听，却更爱说话；……”①也就是说，美国的幼儿园和瑞吉欧相比是相形见绌的。美国著名教育学家杰罗姆·布卢纳在参观后也由衷赞叹，说瑞吉欧的幼儿教育“是我见过中最为优秀的”，并把它称为“一个小城的奇迹”。②

方案教学的成功经验说明，只要教育符合儿童的本能、儿童的兴趣、儿童的需要，只要教育的“大纲”符合儿童的“大纲”，那么这种教育便会成为成功的教育。

八、“师造化，师前人”

韩愈《师说》曰：“道之所存，师之所存也。”这样一来，可师可学的便多了起来。艺术家们常说“师造化，师前人”，实际上就是主张以自然为师，以历史为师。艺术家的这种口号适用于学者，也能启迪我们对教学的认识。

（一）为什么师法自然？自然是最奥妙的天书，那里有天机可觅。自然有最美的图画，天籁是最美的音乐。科学与艺术在一定意义上是对自然的发现与摹画。

---

① C. 爱德华兹，L. 甘第尼，G. 福尔曼．儿童的一百种语言［M］．罗雅芬等，译．台北：台湾心理出版社，2000：9.

② 马拉古奇等．孩子的一百种语言［M］．张军红等，译．新北：光佑文化事业股份有限公司，1998：108.

我国古代哲学中也有强调从自然界求知识的学问，这便是朱熹的“格物之学”。王阳明曾一度极为崇拜朱熹学说。朱熹的“格物之学”以为，一草一木皆含至理，格物要以天下之物为对象。根据朱熹的学说，王阳明曾与一位朋友一起面对亭前之竹，以格其中之理。那位朋友早晚默坐，竭尽心思，到第三天，便劳神成疾。王阳明开始以为这位朋友精力不济，但自己坚持了七天，也终于因耗神过度而病倒了。这种“格物”方法显然忽视了主体人对“物”——世界——的建构作用，离开了心灵而生硬格物，那么无所收获而反以致疾，也就容易理解了。王阳明意识到了这一点，于是他以此为契机而建构了自己的“心学”体系。

不过，朱熹的格物之说并不意味着朱熹否定“心”的作用。他在一首关于读书体会的诗中写道：半亩方塘一鉴开，天光云影共徘徊。问渠哪得清如许？为有源头活水来。我的体会是，这首诗是朱熹对自己读书时心灵活动的反思，它强调的是心灵和天赋在认识过程中的作用。

但总体来说，中国古代哲学的“格物致知”，有从自然中认识人生的意味，没有或少有获求纯粹自然知识的旨趣，因而没有直接生发出近代自然科学，这是应当吸取教训的。

我们现在强调以自然为师，有许多的意味。以自然为师，可以获得真知，可以了解大美大序。以自然为师，便是接近自然、亲近自然，也是接近我们人自身的自然本质，让我们的自然本质找到根基，获得滋养。

（二）为什么以前人以历史为师？“吾尝终日而思矣，不如须臾之所学也。吾尝跂而望焉，不如登高之博见也。”史里有境界，有方法，有情怀，有志趣，有见识。以史为师便是“登高”，其收获必然是“博见”。

逻辑的与历史的是一致的。因而，从辩证法的角度来看，史即道，道亦史，也就是说，人类的文化与人类的文化史是一致的。读史，学习历史，占有历史，才能成为时代精神的代言人，才能了解历史的命运和历史的轨迹，才能听到时代的召唤，才能预见未来的发展。知道了历史，便能深刻地透过现实的种种表象而深刻地理解现实。了解了历史和现实，也便了解了天道；了解了天道，便能了解天机，便能很好地预测和把握未来，便可“奉天承命”。

帝王们往往认为自己是“奉天承命”的“天子”，是代天治理国家，所以法国有位国王曾说“朕即国家”；那些晓破天机的“高人”认为“我身即法身”；作为学者，如果能够“奉天承命”，便是“道尊”，便会通体放亮。要想“通体放亮”，必须通晓历史并加以反思。这反思便是占有。你占有了历史，也便拥有了现在和未来。所谓“通体放亮”并非是成了灯具，而是对大道的发现，是一种对觉悟的感受。发现了道，不仅自己能够感受到自己精神世界的光明，而且也为别人照亮了前行的道路。所谓“李杜文章在，光焰万丈长”，说的便是别人在李杜的言论中看到了大“道”如灯塔般的光明。

九、教学的智慧：全方位面向宇宙和人生

教学过程离不开教师、学生和教育内容这三个要素。教学离不开对教学内容的选择，选择的内容应当让学生获得成长和发展，因而选择内容时又离不开对学生的需要、兴趣和种种成长条件的深刻洞悉。一位教师如果能够自由地驾驭教学，他必然是一个富有人性的、富有爱心的、对学生能够同情地了解的人，同时他也必然是一个了解科学、艺术、伦理和整个文化发展的概貌，并对所教学科有系统了解和研究的人。只有教学过程中教师、学生和教育内容这三者环环相扣，相得益彰，教学过程才会生动展开。这三者中教师是关键因素，它是教学的承担者，是教学的中枢。一方面，教学是科学的，它受到教学内容、教学对象的内在特点和规律的制约；另一方面，它又是艺术的，教师可以根据不同的情况而灵活地、创造性地进行教学活动。学生的幸福、自由很大程度上取决于教师的教学艺术。所以在这里我对教师多说几句话：

宇宙是怎样的，人生是怎样的，宇宙人生有多少内容，教的内容便应当涵盖怎样的内容；人是怎样学习的、怎样成长的，教便应当怎样进行。宇宙人生是历史的，是多姿多彩多层面的；人是在现实世界、现实生活中成长的，所以教学应当是开放的——向整个历史、整个现实世界、整个可能生活的开放。

人怎样生存，就应当有怎样的教学。人有多少存在的形式，有多少活着的样式，就应当有多少形式的教育……三人行必有我师；担水劈柴，无非妙道；野花一朵，亦有诗意；晨曦黎明、落日黄昏，都是陶冶性灵的好材料。

“弟子不必不如师，师不必贤于弟子”，“闻道有先后，术业有专攻”，这可能就是“教学相长”的理论依据。有智慧的教学应当打破“教学”在传统观念上的偏执，并且应当更开放，更理性，更有诗意。

《庄子·养生主》中有个庖丁解牛的故事，教学活动也可以从中获得启示。宰牛在大家看来本是个粗活，然而庖丁不同于一般的屠夫，他刀刃所指莫不恰到好处，甚至连每一个动作都符合音乐的节奏，他的整个解牛的过程就像一个出色艺术家的精彩舞蹈。对待宰牛这个粗活，一般人也许不屑一顾，然而庖丁在解牛过程中显然获得了快乐与自由。所以他解牛后“为之四顾，为之踌躇满志”，一派陶陶然欣欣然的模样。解牛何以进得如此境界？庖丁已经目无全牛，他了解牛的内部构造：每一根骨的位置，每一条经络的走向……自由就是对必然性的把握，庖丁掌握了客观规律，把握了必然性，于是便获得了自由。教学也是如此。

苏联教育家苏霍姆林斯基曾经写过一部书，名曰“把整个心灵献给孩子”。在这部书中，苏霍姆林斯基怀着一颗爱心，对儿童的心灵世界进行了深入的了解与披露，在此基础上他发现了教学的一些好内容、好方式、好地点。苏霍姆林斯基就像那位庖丁一样获得了自由境界。学生们在教育过程中是快乐地成长的，苏霍姆林斯基在自己的教学行为中同样是快乐的、自由的，他在对孩子们的教学中进一步了解了宇宙人生的意义。教学相长，在苏霍姆林斯基那里不再是一句无聊的“口头禅”。

智慧教学，便是自由教学。智慧教学能够让教师在自己的职业活动中获得自由和幸福。教师只有充分地了解学生，只有走进学生的精神世界，欣赏学生的精神世界，满足儿童的精神成长的种种需要，才能获得教学的智慧，才能实现自由教学，才能在这种自由中获得满足和幸福。

政治与学术的双重变调

——政治改造背景下陈鹤琴的生活和思想①

我对于当知识分子这个行当却真有点谈虎色变。我从来不相信什么轮回转生。现在，如果让我信一回的话，我就恭肃虔诚祷祝造化小儿，下一辈子无论如何也别再播弄我，千万别再把我播弄成知识分子。

——季羡林：《牛棚杂忆手稿本·结语：一个老知识分子的心声》

中华人民共和国成立后，陈鹤琴的活教育理论受到严厉批判，陈鹤琴被迫对杜威学说和自己的思想进行了全面自我批判和彻底否定。值得注意的是，一方面，陈鹤琴努力按照政治改造的标准来改造自己，多次批判、否定自己的学说，努力使自己适应特定的意识形态的要求，直到生命的最后一刻。另一方面，他默默地自豪和沉醉于自己过去的教育工作和学术思想，一旦有时机，他便试图捍卫自己的思想体系。这两个方面如此紧张地对立，却又时刻缠绕着陈鹤琴的后半生。陈鹤琴后半生未能将前半生所学所成用于中国儿童教育的改造和建设，而是耗尽于后来被认定为错误的批判与自我批判上。这是陈鹤琴的个人悲剧，更应视为民族的悲剧、历史的悲剧。但愿对陈鹤琴后半生的研究对中国的改革开放事业有所警示并有所促进。

一、中华人民共和国成立前因“赤化”嫌疑而遭劫

陈鹤琴（1892—1982），中国著名儿童教育家、儿童心理学家，对中国幼儿教育和小学教育等事业有过重要贡献，被誉为“中国幼儿教育之父”“儿童教育的圣人”。他曾入私塾发蒙，也进过洋学堂，后来留学美国，将杜威等人的教育学说带回中国并尝试使其中国化，例如，研究儿童心理，宣传家庭教育，试验学前课程，创立“活教育”理论，等等。在中华人民共和国成立后的政治改造背景下，陈鹤琴的教育思想被全盘否定，陈鹤琴自己也做了“彻底”的自我批

① 该文的原始稿是作者 2012 年 4 月 17 日在江苏省陈鹤琴研究会“纪念陈鹤琴先生诞辰 120 周年学术研讨会”上的书面发言稿。

判和否定。回顾和研究这一段历史，对于了解知识分子在政治背景改造下的生活和思想，对于认识学术发展所需要的政治条件，以及推进和深化中国的改革开放事业，均具有重要意义。

陈鹤琴生于1892年（光绪十八年），经历了清王朝、中华民国和中华人民共和国三个时期。他的一生几乎经历了中国百年来所有的内忧外患。生前的最后几年是在改革开放的起步中度过的。作为一个中国人，他分摊亦分享了中国的政治特色和政治进步的代价与红利，作为教育家更与政治休戚相关。这里先谈谈中华人民共和国成立前陈鹤琴因“赤化”嫌疑而遭遇的波折。

1946年7月25日，陶行知因突发脑溢血去世。仅仅十几天前，陶行知来到陈鹤琴家中，告诉他自己已上了国民党特务暗杀的黑名单，还说要赶快将诗歌集编出来。可见此时陶行知对自己的安全做了最坏的预想。陶行知去世后，陈鹤琴被推举为陶行知追悼会筹备委员会主任，在有持枪警察恐吓的氛围中主持了简短的告别仪式，他沉痛地说：“伟大的人民教育家走了，勇敢的民主战士才五十五岁就与世永别了……”[①] 与此相关联的是，1947年1月初的一天，陈鹤琴曾在办公室向人展示一封匿名信，信上画了一把匕首和三颗子弹，歪歪斜斜地写着：“陈鹤琴！你追悼陶行知！你等着吧！你的下场比陶行知更惨!”[②] 陶行知追悼会的紧张氛围，以及陈鹤琴收到的匿名恐吓信，生动地说明了国民政府时期的民主状况。

又据陈鹤琴生平年表的记载，1948年下半年国民党上海教育局向官方密报：“国立幼专校长陈鹤琴之思想、言论及办学方针与左倾分子陶行知生前行为如出一辙。”[③] 1949年5月4日陈鹤琴被捕，后经友人营救获释。10日再次被捕，又经营救而获释。

为什么陈鹤琴与陶行知的思想、言论及办学方针如出一辙？他们二人有类似的求学经历，有相似的民主政治的信仰和行为。为什么他们在“共和”的政治背景下依然会因思想、言论遭到威胁和报复？这应当与中国的专制传统和当时政府的独裁统治有关。

---

① 柯小卫．陈鹤琴传［M］．南京：江苏教育出版社，2008：303—305.
② 柯小卫．陈鹤琴传［M］．南京：江苏教育出版社，2008：308.
③ 陈鹤琴．陈鹤琴全集：第六卷［M］．南京：江苏教育出版社，2008：596.

中华人民共和国成立后，在疾风暴雨、泰山压顶般的政治改造态势下，他告别了旧时代，迎来了新生活。

二、中华人民共和国成立后被迫彻底自我批判和全盘自我否定

中华人民共和国成立后，陈鹤琴的生活和思想进入一个新时期。

1949 年，陈鹤琴应邀参加首届政协会议，表明新政权了解他的社会影响，并对他的历史做出积极评价。但是陈鹤琴自己对自己面临的环境有清醒的认识，他利用一切可能的机会表明自己的政治立场。① 1950 年 12 月的一次集会上，时任南京大学师范学院院长的陈鹤琴如此控诉：

"我从教会中学到教会大学，以后又到美国留学，前后一二十年。今天，我就是以这样一个受美帝教育培养出来的人，来控诉美帝国主义对中国人民的侵略（我们不要忘记奥斯汀最近在安理会上狂吠，说在中国办了多少学校，培养出多少毕业生，是对中国人民的'友谊'）。我由美国回国，教了几十年书，怀着满腔热情到上海租界里办学校。租界里的教育可以用四个字说明，就是'奴化教育'。……我个人受美帝教育一二十年，我不感激，只感到十分愤怒和悔恨!"②

可以看出，陈鹤琴在公开场合决绝地否定自己所受的教育，同时也彻底否定自己在上海租界办教育的成绩，实际上是与美国教育和上海租界在政治上做彻底的切割。做这种表态的人自身就是过去所受教育和其工作经历所铸就的，陈鹤琴这样诅咒自己所受的教育和开展的工作，如此彻底否定自己的前半生，这有突兀、不合常理的地方。显然，他是在迎合新政局的需要。

1951 年春，电影《武训传》和陶行知教育思想受到批判。1951 年 4 月，《人民教育》发表了该刊副总编辑张凌光的文章《评"活教育"的基本原则》一文，认为"（陈鹤琴）'活教育'和杜威教育学说的基本观点大致相同。杜威教育学说，在新民主主义社会根本不适用的，并且是有害的。现在'活教育'必须从思想体系上加以根本改造，才能克服其中错误，发展其中某些经验，然后才能

① 李刚．现代知识分子的话语转型（1949—1959）［M］．合肥：合肥工业大学出版社，2007：218.

② 对金女院同学的爱国斗争，南大四千师生集会支援，陈鹤琴教授以亲身经历，痛斥美帝在华办教育的所谓"友谊"［N］．新华日报，1950－12－06.

对新中国有用。因为杜威的学说是‘活教育’的理论基础，所以我们对于杜威的学说，要加以批判。”①

从这里可以看出，“活教育”受到批判是因为基本观点与杜威教育学说是一致的。而杜威教育学说对于新民主主义是有害的。“活教育”被定性为“买办资产阶级思想的教育”，并且“和新民主主义教育是根本相反的”。

其实，杜威的学说恰恰是为了建设民主社会的，他最著名的著作之一就是通常所说的《民主主义与教育》(直译的话就是《民主与教育》)。可以说，对杜威学说的批判，对中国社会的民主建设“非徒有益，而又害之”。杜威、陶行知、陈鹤琴这样的教育学说被批判，就为后来的反右运动和“文化大革命”的出现在思想基础上设下了爆发的引信。

陈鹤琴在张凌光批判“活教育”的文章发表后，立即以活教育社的名义写了《敬请读者们对“活教育”展开批评》一文发表在《新儿童教育》杂志上。②这篇文章表示“竭诚接受”张凌光文章的批评，但又从“‘活教育’产生的时代背景、产生因素和发展情形”对“活教育”理论做了解释和辩护：“我们说活教育产生的时代背景，就是中国民族谋求独立解放的抗日战争，就因为当时的中国，已具有产生新教育的必然条件。”

陈鹤琴试图维护“活教育”的思想内核，使其逢凶化吉。这就大大误判了形势，批评的声浪反而愈来愈高。《人民教育》在1951年第四期转载了《敬请读者们对“活教育”展开批评》一文，并配发了措辞严厉的批评文章。林英文在文章中批评“活教育社的先生们至今还不敢把自己的阶级立场告白人民”③。这表明《人民教育》已经从阶级立场上，也就是在政治立场上，彻底否定了陈鹤琴的活教育理论。

接着，王泰然在《人民教育》上进一步批评“活教育”的理论基础和政治方向：“活教育对中国旧教育的主张，是根据毛泽东的思想、道路和方法呢，还是依据杜威的学说、道路和方法呢？就实质上讲：就是中国教育的发展方向，是走新民主主义的道路，进而走向社会主义呢，还是走资本主义道路，弄个画

① 张凌光．评“活教育”的基本原则［J］．人民教育，1951（6）．

② 柯小卫．陈鹤琴传［M］．南京：江苏教育出版社，2008：361.

③ 林英才．希望倡导活教育的先生们进行自我批评［J］．人民教育，1951（4）．

虎不成，走上殖民地道路呢？”[①]

面对批评的声浪，陈鹤琴意识到自己的经历和学术不能见容于新社会，于是便进一步加强自我批判和自我否定，以求过关与自保。1951 年 9 月 13 日，在北京开会的陈鹤琴写好了《我对“活教育”的初步检讨》，发表在 1951 年 10 月 8 日的《人民日报》上。[②] 此文试图用新话语、新思维、新要求来进行自我批判：“由于我没有站在先进阶级的立场，不问政治，幻想用教育来救国救民，其结果，不但国没有救成，反而为反动派服了务，为反革命统治装了门面，因而损坏了革命的事业。”对于活教育理论，他不再做任何辩护，而是做了彻底否定，承认其中有如下错误：“1. 教学没有明确的政治目标和社会意识。2. 不能给儿童以系统的科学知识。3. 使儿童不能得到学习科学知识的基本能力。4. 忽视教师的领导作用，使儿童流于盲目的摸索，尝试错误，浪费时间。5. 忽视教科书的作用，养成儿童狭隘经验主义的倾向。”

陈鹤琴在此文中所否定的活教育理论中的思想，恰恰是教育的现代观念，而他用以自我批判的那种尺度，从现代教育学的立场来看，恰恰是错误的。60 年过去了，陈鹤琴当年的自我批判所使用的话语，依然存活于不少教育学学者头脑中。这是与陈鹤琴的教育学说相悖的，也是与中国教育改革的方向相悖的。

陈鹤琴在此文中还对自己的历史做了检讨。说自己所创办的鼓楼幼稚园“教养的很多是国民党反动政权中上层官僚的子女”，承认自己在上海公共租界办学是为帝国主义服务，检讨自己在江西办幼稚师范得到反动派喝彩。[③] 可见，此文不只是否定了自己的学术思想，同时也否定了自己前半生的教育工作，有将自己连根拔出、挂起示众的意味。

写此文以前，是否有人向他指示、暗示、劝说或施压？具体发生了什么，目前不得而知。不过可以想见，没有强大的政治压力，没有“识时务者为俊杰”的生存智慧，没有保护自己一家老小的考虑，他怎么可能闪电般跟随批评的调门而不断加深否定自己。自己平生所学所思而形成的教育思想，怎么可能被几篇批判文章所撼动呢？况且，一旦知道“1＋1＝2”，怎可能弃而承认“1＋1＝z

① 王泰然．活教育的主张能使中国旧教育变活吗？——与活教育社商榷［J］．人民教育，1951（5）．
② 李刚．现代知识分子的话语转型（1949—1959）［M］．合肥：合肥工业大学出版社，2007：224．
③ 陈鹤琴．我对“活教育”的初步检讨［N］．人民日报，1951－10－08．

(z≠2)”的说法呢？也就是说，陈的回应是被动的，他谈的其实是他自己也不相信的。但他又是主动的，因为这种主动的自污自侮，可以换得自己在新环境中的自存自保。

“秦时明月满神州”①，这是偏居于广州一隅的陈寅恪写于1950年的“反动”诗句之一。作为史家，他当然会有贯通古今的历史意识。从中亦可看出时局的严峻。从陈鹤琴对批判的反应之及时和迅速来看，他对政治环境完全是驯顺的。对于一个有很大社会影响，并且是当时教育界最著名的代表人物，尚且如此驯顺以求生存，对于有独立见识的普通知识分子，如何掩藏己见、顺应时势、求取生存，便可想而知了！

陈鹤琴这篇检讨已经自我否定到如此地步，但依然在劫难逃。《人民日报》编发该文时加了编者按，从编者按内容来看，陈鹤琴此文的题目有可能是编辑部的创意。此文后面是署名“方直”的教育部高官柳湜②的专文，指出：“目前对‘活教育’的批评，还仅在开始。”他为批判陈鹤琴定了新的调门：批评与自我批评都不应限于“活教育”的言论，重点在于它的实践，不仅包括“活教育”的实践，还应当包括陈鹤琴整个教育活动，并主张使用批判武训时创造的“武训历史调查记”的方法来审查陈鹤琴，号召陈鹤琴以往的同事和曾工作地的政府部门（华东、中南两大行政区教育部，上海、南京两市教育局，江西文教厅的领导）来领导和协同做好对陈鹤琴的清查。③

柳湜的文章表明中央政府不只是关注对“活教育”的批判，而且开始关注陈鹤琴的历史问题。于是墙倒众人推，疾风暴雨式的批判开始了。据李刚研究，陈鹤琴遭遇的批判主要来自三个方面，一是他当年的追随者和学生，二是和他无渊源的一些人无情地上纲上线，三是“活教育”调查组对上海工部局小学、

---

① 陈寅恪诗《庚寅广州中秋作》（一九五零年九月）首句，见陈寅恪．陈寅恪集·诗集［M］．北京：生活·新知·读书三联书店，2001：74.

② 柳湜（1903—1968），中华人民共和国成立后历任北京市教育局局长、教育部司长、中央教育科学研究所所长、国务院科学规划委员会委员、《人民教育》总编辑、教育部副部长等职，1958年被划为“右派”，撤销了党内外一切职务，开除党籍，接受劳改。“文化大革命”中被诬为叛徒，1968年4月被捕，几天后即被严刑拷打得大腿折断、脑浆迸裂而死；人们在他的棉被里发现了一小页纸，写着他留在人间的最后几个字：“政治迫害，毒打取供。我非叛徒，为我伸冤。”时年65岁。改革开放后平反。参见柳湜［FB/OL］．［2008－08－01］．http：//baike.baidu.com/view/585841.htm.

③ 方直．写在陈鹤琴先生的“初步检查”之后［N］．人民日报，1951－10－08.

江西幼专、上海幼师的调查后得到的三份材料。[①]

《人民教育》于1952年3月号发表阮梅《请陈鹤琴先生再检讨的文章》，揭发陈鹤琴的“阶级立场”和“政治立场”。《前上海公共租界工部局西区小学调查记》《上海幼师（女师）附小和幼稚园调查报告》《“活教育”在江西》等文进一步揭发和清算陈鹤琴，所表现的政治调门是极端严厉的。有的批判“可谓针针见血，几乎欲致陈鹤琴于死地”[②]。我相信这些批判（例如，与江西省主席熊式辉有很深的交往，等等）在革命年代足以让任何一位受批判者面临被镇压的危险而惶惶不可终日。形势如此严峻，陈鹤琴没有自杀，这便算奇迹，其坚韧程度可想而知。

陈鹤琴是以怎样的心情应对批判的？从1951年9月北京的初步检讨到1952年4月这七个月间，“我除了不断地做自我检讨以外，还很诚恳地、虚心地向新教育先进同志们请求批评和指示，得到很多帮助，尤其是柳湜同志提醒了我，要从过去实际活动中去检查事项根源和思想影响。我曾照着他的指示切切实实做了检查工作，并曾先后在北京、上海、南京等地出席过十一次座谈会，每次都做了自我检讨。这种自我检查和别人的批评，在我的思想上曾引起了一系列激烈的斗争，在情绪上也激起了一些波动、痛苦和兴奋。从波动、痛苦到兴奋，标志着我的思想斗争的胜利。因为深深体会到我过去的教育思想是反动的，教育活动是错误的，我开始认识自己。”[③]

他承认自己是美帝国主义的买办分子：“有位同志说我是买办阶级，我当时觉得很难受。我自以为没有替帝国主义者服务，怎能算是买办阶级？仔细检查，发现我过去是一个彻头彻尾地崇美亲美的人。因为我一生所受的教育，国内国外先后十四年，全是美帝文化侵略的毒素教育，不自觉地中毒甚深，因此处处表现浓厚的买办思想。”[④]

对于“活教育”，他这样自我批判：“在活教育口号叫出来以后，竟大胆地提出五个教学目标：健全的身体、创造的能力、合作的态度、世界的知识、服

---

① 李刚．现代知识分子的话语转型（1949—1959）[M]．合肥：合肥工业大学出版社，2007：227.

② 李刚．现代知识分子的话语转型（1949—1959）[M]．合肥：合肥工业大学出版社，2007：227—235.

③ 陈鹤琴．我对“活教育”的再检讨[J]．人民教育，1952（4）：8.

④ 陈鹤琴．我对“活教育”的再检讨[J]．人民教育，1952（4）：8.

务的精神。并提出要爱国家、爱人类、爱真理。非但内容不具体，而且毫无立场。试问爱国家，不是爱反动派统治的国家吗？爱人类不是敌我不分吗？爱真理也没有明确指出究竟什么是真理。要合作，和谁合作呢？”① 这种自我批判，应当是吸收了各次批判会上别人对自己的批评，现在看来，几乎像“脑筋急转弯”游戏。可怜陈鹤琴跑来跑去，玩这种“假扮”游戏，受尽折腾。我相信，以陈鹤琴的智慧、所受教育和其学术造诣，这怎么可能是他真实的想法呢！

陈鹤琴这篇检讨谈到自己“错误的关键”是“买办资产阶级思想”和“个人英雄主义”，这导致了自己“民族立场相当差，人民立场更缺乏，根本谈不到‘无产阶级的立场’和‘历史唯物主义的观点’。因之，造成了许多错误；最重大的，我自以为一生办儿童教育，是‘爱儿童’，而实际效果却是害了儿童。”② 这种结论对他来说应当是最残酷的。

他还表达自己心悦诚服地接受长期改造的决心：“现在我在思想上的初步认识只能说自己刚刚才认识到，或者可说是刚刚才认识到真理，也可以说这是我思想改造万里长征的第一步，要求得更大的进步和彻底的改造还需要继续不断地做更大的努力。”③

在文末，陈鹤琴对党和政府对自己的批判和改造做了热情唱颂：“最后我在这里，要衷心地感谢中国共产党和人民政府给了我改造的机会和自新之路。我愿重新做人，一切从头学起，从头做起；要用马列主义毛泽东思想武装起来，全心全意做一个教育战线上的无名小卒。”④

读这篇检讨，我情不自禁想到幼年时看到的乡村景象：一位五十多岁的外乡农民“坏分子”独自带着一只响锣，到了村头就敲锣引人观看，述说自己的罪状。各位看官明白，没有武装押送，而允许他如此自觉地游街示众，自己“游”自己，表明领导对他的信任，相信他也能看到自新的希望了吧！

1954年，随着对胡适思想批判的展开，陈鹤琴又被迫为这位师兄“陪斗”。但是，“面对频繁的政治批判，陈鹤琴已经没有那份‘真诚’了。他的检讨已经很‘职业化’了，那个具有宗教献身精神的陈鹤琴不见了，那个深受中国传统

① 陈鹤琴．我对“活教育”的再检讨［J］．人民教育，1952（4）：10.
② 陈鹤琴．我对“活教育”的再检讨［J］．人民教育，1952（4）：9.
③ 陈鹤琴．我对“活教育”的再检讨［J］．人民教育，1952（4）：10.
④ 陈鹤琴．我对“活教育”的再检讨［J］．人民教育，1952（4）：10.

文化浸润的陈鹤琴不见了。"[①] 前上海市立幼稚师范学校一名毕业生曾揭发陈鹤琴对杜威很崇拜，"一讲到约翰·杜威，总是肚子一挺，声音特别响亮，这种精神给我的印象很深"[②]。然而此时，正像他的学生在政治改造中对他不再敬重一样，"陈鹤琴已经能像他的学生那样很轻松地骂自己极为尊重，曾经连提到名字也肃然起敬的杜威老师了"[③]。

前上海公共租界工部局西区小学的一名教师也揭发陈鹤琴："每逢教师集会时，他手里总是拿了一本美国的教育名著，介绍给大家听，开口杜威，闭口杜威……"[④] 这进一步证实陈鹤琴曾多么推崇杜威。时过境迁，陈鹤琴在政治改造中对杜威的态度要做 180 度的急转弯了。

1955 年初，在江苏省第一届人民代表大会第二次会议上，陈鹤琴做了《我控诉杜威这个大骗子》的发言，并发表在 1955 年 2 月 28 日的《文汇报》上。这篇发言后来又被冠以《我中了杜威实用主义反动教育思想的三枪》的题目被其他报刊转载。在此文中，陈鹤琴既彻底否定杜威，也彻底否定自己。作为教育家，陈鹤琴对杜威的认识是专业的，所以找的靶点也很准，将杜威的思想精华分别否定。他控诉自己挨了杜威"这个大骗子"三枪："杜威这个大骗子，对我曾经放了三枪，可说都打中了我。第一枪是放在教育目的论上"，"第二枪是中在'儿童中心论课程'上"，"杜威的第三枪，是放在儿童中心教学方法论上"。陈鹤琴在控诉杜威后又对党和领袖对自己的改造表示了感谢："解放前，我是这样一个中了杜威反动实用主义教育思想毒枪而受了重伤的人。伟大的中国共产党和伟大的领袖毛主席救了我，解放了我，马克思列宁主义理论照亮了我光明的前途，指示了我前进的方向。因此，我在这里向我们伟大的中国共产党和最敬爱的领袖毛主席表示最衷心的感谢。"[⑤]

1955 年 5 月 16 日，陈鹤琴为江苏省高校教师代表做了题为《批判杜威反动

---

① 李刚．现代知识分子的话语转型（1949—1959）[M]．合肥：合肥工业大学出版社，2007：235.

② "活教育"调查组．前上海市立幼稚师范学校调查记 [J]．人民教育，1953（2）.

③ 李刚．现代知识分子的话语转型（1949—1959）[M]．合肥：合肥工业大学出版社，2007：236.

④ "活教育"调查小组．前上海公共租界工部局西区小学调查记 [J]．人民教育，1952（3）. 该文的作者署名"'活教育'调查小组"，与《前上海市立幼稚师范学校调查记》一文的署名作者"'活教育'调查组"应为同一组织。

⑤ 陈鹤琴．我控诉杜威这个大骗子 [N]．文汇报，1955－02－28. 该文在《江苏教育》1955 年第五期发表时题为《我中了杜威实用主义反动教育思想的三枪》。

教育学的哲学基础——我向资产阶级大骗子杜威回击三枪》的演讲。陈鹤琴说："四十年前，杜威在我心窝上打了三枪，使我受到了他的思想毒害，几乎不可救药。但是中国共产党、毛主席把我从资产阶级唯心主义的深渊中救起来了，医治了我心灵上所受的创伤，使我恢复了健康。今天我能够站在光辉的毛主席的阳光下，为祖国、为人民、为我热爱的儿童服务，我心里多么愉快。我已成为人民教育战线上的一名战士，我有力量，也有勇气向资产阶级唯心主义展开激烈的战斗，今天我要向杜威狠狠地回击三枪。"第一枪是批判杜威唯心主义经验论，第二枪是批判杜威生物化的人性论，第三枪是批判杜威的庸俗进化论的社会观。现在看来，这三枪枪枪都打在杜威哲学最精致的地方。从另一个侧面反映了陈鹤琴对杜威哲学认识得多么深入。

在演讲的最后，陈鹤琴向党致谢，同时表达自己在政治改造中感到万分愉快："在1952年开始批判活教育，我还不能揭露杜威的本质，直到今天在党的教育下，我才能初步掌握了马列主义的思想武器，使我能够提出控诉，还能进一步向他回击三枪。我真感觉到万分愉快。"①

是"万分愉快"吗？其实要比简单一句"万分愉快"复杂得多！后文还会谈到相关话题。

历史学家陈寅恪于1951年曾写有《文章》一诗："八股文章试帖诗，宗朱颂圣有成规。白头学究心私喜，眉样当年又入时。"② 1952年，陈寅恪又写了一首题为《男旦》的诗："改男造女态全新，鞠部精华旧绝伦。太息风流衰歇后，传薪翻是读书人。"③ 这些诗刻画了政治改造中众多文人的形象。表面上看，陈鹤琴就如这些诗所讥刺的，是"态全新""又入时"，但其是否"心私喜"地面对新形势，答案要从史料里窥寻。

三、隐藏在内心一隅的不屈、坚持与渴望

从上面的自我批判文章中，可以看出，陈鹤琴已经完全否定和放弃自己过去的学术思想。然而他真的放弃了吗？没有！

---

① 陈鹤琴．批判杜威反动教育学的哲学基础：我向资产阶级大骗子杜威回击三枪［M］．上海：新知识出版社，1956.

② 陈寅恪．陈寅恪集·诗集［M］．北京：生活·新知·读书三联书店，2001：78.

③ 陈寅恪．陈寅恪集·诗集［M］．北京：生活·新知·读书三联书店，2001：88.

1957 年 5 月，陈鹤琴响应党的号召而大鸣大放。据说，“他在南师幼教系师生面前大哭大嚷要为活教育翻案。1957 年下学期原准备为幼四（引者按：幼教专业四年级）同学开‘活教育’一课，后因为反右派斗争深入开展，全国形势起了变化，他便将该课程名称改为‘活教育及其批判’，实际上是在‘批判’的幌子下，向同学散播‘活教育’的毒素。”“我们从这份讲义中可以看到陈鹤琴先生仍旧是原封不动地站在资产阶级立场，用诡辩的方法，在一些马列主义词句的掩盖下为他的活教育观点辩护，他极力吹嘘自己创办活教育的目的是企图将西方先进的学说结合中国的条件进行试验，摸索出合乎国情的儿童教育理论。他认为活教育在当时荒芜的幼教界是起了一定的拓荒作用，它对当时传统教育曾起了一定的反抗作用，因此，他要求我们对活教育不要采取简单粗暴一棍子打死的态度，而应当去其糟粕，取其精华。”① 陈鹤琴还试图用毛泽东的思想，来为自己的学说辩护：“陈鹤琴对照毛泽东的著作，认为‘活教育’思想也有其与《实践论》观点相符合之处。”② 很显然，陈鹤琴在 1957 年大鸣大放时期对自己活教育思想的辩护，与此前他对活教育的全盘否定是完全相反的。而且隐约可见，他认为杜威学说是西方先进学说，这与他此前骂杜威是大骗子、中了大骗子杜威三枪、要回击大骗子杜威三枪的说法也是相反的。

陈鹤琴的这种自我辩护，其后果是严重的。他的“活教育”思想在 1958 年拔白旗运动中再一次遭到批判，课程中断，讲义也被学校收回。他被迫再做检讨，《“活教育”与杜威的实用主义——批判我的教育思想》发表在《学术月刊》1959 年第 6 期上，应当是他这一阶段的检讨文章之一。在经过各种大会和小会的猛烈批判以及众多师生大字报和漫画的羞辱后，1958 年 12 月，陈鹤琴被免去南京师范学院院长职务，这位当时中国最顶级的教育学家被迫离开了教育界，陈鹤琴对此痛心疾首：“我是一个兵，我的岗位是教育战线，离开了自己的岗位，我这个兵怎么当啊！”③ 个人谋求发挥自己的长处而不得，这是陈鹤琴本人的重大损失！政府不愿甚至拒绝利用公民之所长，何尝不是国家的重大损失呢！

1958 年，处于政治风暴中的陈鹤琴接受南师校刊记者、中文系学生王庆生

① 转引自李刚．现代知识分子的话语转型（1949—1959）［M］．合肥：合肥工业大学出版社，2007：238.

② 张锡金．陈鹤琴终生未了的心愿［J］．钟山风雨，2010（3）：29.

③ 张锡金．陈鹤琴终生未了的心愿［J］．钟山风雨，2010（3）：29.

采访时就说："我无论受什么挫折，我的心都向着儿童、向着党，我热爱儿童，热爱教育事业的心矢志不变。我相信，教育的春天一定会来到的。"① 这话原本是表忠心的，但也属于"漏网之语"，也许是陈鹤琴当时无遮拦的口误。即便如此也反映了他心中的秘密，他认为当前的"严冬"会过去，"春天"总是可以期待的。

即便离开了教育界，陈鹤琴依然没有忘怀自己过去的学术研究，依然默默地自豪和沉醉于自己过去的教育工作和学术思想。例如，1964 年，陈鹤琴给张文郁写信，提出用两年时间编写中华儿童教育社史，并总结自己的教育实践和教育思想。同一年，对一位专业研究生毕业论文写评阅意见，不同意论文否定南京鼓楼幼稚园"活教育"课程实验的必要性和正确性。② 又如，1974 年，陈鹤琴写信告诉长子一鸣，决心续写《我的半生》，并希望能再版或出版《儿童心理之研究》《家庭教育》《从一个儿童的图画发展过程看儿童心理之发展》等著作。③ 显而易见，即便在最困难的时期，陈鹤琴也未真正放弃自己的思想。

改革开放后，经国务院批准，教育部、中国社会科学院于 1979 年 3 月在北京召开第一次全国教育科学规划会议。陈鹤琴向大会提交了书面发言材料，建议全面、系统总结我国"五四"以来幼儿教育和儿童教育的实践和经验，特别提到自己"活教育"的理论和实践。可以看出，一旦有适宜的政治气候，陈鹤琴就要抒发心曲，准备为自己翻案了。

上面提到，1958 年，陈鹤琴接受南师校刊记者采访时相信："教育的春天一定会来到的。"现在，春天的脚步终于近了。1982 年 3 月 19 日，南京师范学院党委副书记等前往陈鹤琴寓所，当面宣布该院党委《对陈鹤琴一九五八年受批判问题所做的复查结论》，指出陈鹤琴"特别是在创办我国幼儿教育事业，研究儿童心理和师范教育、难民教育等方面，做出了重要贡献，是我国著名的现代教育家和幼儿教育专家"。这就等于否定了党和政府过去对陈鹤琴教育思想的错误批判，也否定了陈鹤琴本人在历次运动中各次大会、小会和各种场合、各篇文章对自己学术思想的全面和彻底的否定。

---

① 陈鹤琴．陈鹤琴全集：第六卷 [M]．南京：江苏教育出版社，2008：603.
② 陈鹤琴．陈鹤琴全集：第六卷 [M]．南京：江苏教育出版社，2008：605.
③ 陈鹤琴．陈鹤琴全集：第六卷 [M]．南京：江苏教育出版社，2008：607.

同年 9 月 30 日，南师党委负责人又一次来到陈宅，当面宣布中共江苏省委科学教育部 1982 年 9 月 27 日《对陈鹤琴同志复查结论的批复》，同意南师党委的复查结论。

据柯小卫《陈鹤琴传》披露，“宣读平反决定书时，一边是病魔缠身，身体极度虚弱的陈鹤琴，他坚持站立着聆听自己的复查结论；另一边站立着南师党委的负责人，他们尽量以较慢的语速将复查结论中每个字都念得清清楚楚，当他们念完最后一个字时，眼睛已经湿润，站在对面的陈鹤琴已经抑制不住情感，老泪纵横。晚饭后，陈鹤琴一人独处时，竟然号啕大哭起来，哭声里有悲怆，也有凄凉。家人们没有上前相劝，他们知道，老人心头堆积的委屈、苦闷和压抑实在太多了，需要尽情释放。”①

党委为这位 90 岁高龄的老人平反了，老人解放了，应当释然和欣喜才是，然而他却在独处时号啕大哭。自我批判的岁月，陈鹤琴是以歌当哭。平反的时刻，他是以哭当歌！整整三个月后，即 1982 年 12 月 30 日，陈鹤琴在南京去世。

呜呼！中国的“幼儿教育之父”“儿童教育的圣人”，其后半生未能将前半生的所学所成，用于中国儿童教育的改造和建设，而是耗尽于后来被认定为错误的批判和自我批判上面！不幸中的万幸是，他比较长寿，挨到了平反昭雪的那一天。

也许从陈鹤琴的号啕大哭里，我们更能读出，陈鹤琴在中华人民共和国成立后对杜威、对自己的完全否定，完全是迫于无奈，他并未真正放弃自己的教育思想。他的后半生完全是在政治和学术的夹缝中度过的。

四、建议搜集和保存陈鹤琴解放后自我批判的珍贵历史文献

关于中华人民共和国成立后陈鹤琴自我批判的文献，现有的《陈鹤琴全集》一律未收。我以为，陈鹤琴中华人民共和国成立后的自我批判文章弥足珍贵，对于了解陈鹤琴当时的生活，了解当时的政治背景，都具有重要的历史价值。例如，陈鹤琴的自我批判文章可以从另一个侧面了解他教育思想的来源和发展过程；陈鹤琴对杜威的批判文章，无论说自己中了大骗子杜威三枪，还是自己回击大骗子杜威三枪，其实都从另一个侧面表现了陈鹤琴对杜威学说的深刻认

① 柯小卫．陈鹤琴传［M］．南京：江苏教育出版社，2008：452.

识和全面把握，我读这些文章时发现其中多有拍案叫绝处。陈鹤琴在批判杜威时找取的靶标全是杜威学说最紧要处，他从另一个侧面反映了杜威哲学的最精华处，这些认识在陈鹤琴以前的作品中甚至难以见到，是大批判无意中让陈鹤琴从另一个侧面表达了杜威学说中可圈可点之处。

陈鹤琴的批判文章是应对当时的政治形势而作，生动记录了当时政治立场和学术思维是如何绞合在一起的，而这种思维在某种程度上还在影响中国思想界的一些群体。例如，如何看待中国教育思想与西方教育思想的交流，如何看待杜威的“儿童中心论”或儿童本位思想，中国教育界许多人士还停留在陈鹤琴当年自我批判的说法上，而历史表明那是陈鹤琴的违心之论。现在读读陈鹤琴当年的批判文章，若从另一个侧面认识一下，对于理解陈鹤琴等人的现代教育观念、建设现代教育理论，自会有所裨益。

南师党委《对陈鹤琴一九五八年受批判问题所做的复查结论》最后声明：“有关（指责、批判陈鹤琴的）材料从档案中抽出销毁”。我相信这些被销毁的材料本身也是极有历史价值的。50年后，100年后，会有更多的学者来研究20世纪下半叶的中国历史。

2012年春节前后，唐淑教授在邮件中谈到今年要开会纪念陈鹤琴诞辰120周年。我借回复邮件的机会谈了搜集和保存解放后陈鹤琴自我批判的文献材料的建议：

“陈鹤琴是中国幼教史上的大师。我多次发愿一定全部读完陈鹤琴的著述。江苏教育出版社出版了全集，（南京师范大学教育科学学院）学前教育系人手一套。可惜我拜读完他的全部著述的愿望还没完成。一方面是此前时间紧张，另外就是，全集也不全，我在古旧资料里就看到过陈鹤琴在江苏政协大会上自我批判等文章，可惜均未收入全集。其实类似文章与他建设性的幼教思想同样重要，对于理解陈鹤琴的人生和学术思想，对于了解陈鹤琴后半生对政治的应对，对于了解20世纪1949以前和以后的历史都极为有价值。此外还有政界、学术界对陈鹤琴的批判等等的文章，其实应当都能搜集的。再就是陈鹤琴解放后真实的家庭生活，他如何对家人评判自己的思想和当时的社会的批判等等，他的子女尚在，均可回忆、口述，留下关于20世纪的珍贵资料。万万不可因为陈鹤琴自己批评自己，觉得是耻辱，便掩盖起来，其实非也，丝毫不影响陈鹤琴形象。这对于了解中国的幼教思想、教育思想甚至学术与政治、与文化的复杂联系，其中有经验有教训，都极具价值。我建议您如果有时间的话，领导江苏陈研会完成这个工作，对于我这种想读关于陈鹤琴完整著述的读者，应当是极大的帮助，也能给后人留下珍贵的资料。看到您谈到陈鹤琴，油然想起过去曾经跟虞永平教授简单说过的一点想法，可见这是我念念不忘的一个梦想。”①

我记得高觉敷在其 90 岁大寿前夕，曾经委托南京师范大学 1984 级教育专业的本科生搜寻和复印对高觉敷进行批判的文章，并试图结集成册。但后来由于其他原因未得到支持。我相信陈鹤琴先生也会像高觉敷先生那样，希望将自己的这段历史留存下来吧。

五、在天堂的入口处

1982 年 12 月 30 日，陈鹤琴进入弥留之际。“突然，他微微睁开双眼，口中短促地呼唤：‘毛主席！毛主席！周总理！周总理！’并喃喃念着：‘黄包！黄包！……’家人们明白，黄包里装有他的入党申请书底稿。几分钟过去，他的呼吸停止，但心脏依然顽强地跳动，一直到 16 时 55 分才渐渐平静。”②

当我第一次看到这段文字时，禁不住眼泪夺眶而出。我不知道陈鹤琴弥留之际是处于清醒的意识状态，还是处于无意识状态。然而，无论如何，这个在后半生饱受委屈的老人在天堂的门口，依然在表白自己的政治态度。基督教有最后审判的说法，陈鹤琴先生是否在弥留之际还在考虑如何应对这最后的审判呢？

综观政治改造背景下的陈鹤琴的生活和思想，会让人依稀看出两条线索：

其一，他努力按照政治改造的标准来改造自己，多次批判、否定自己的学说，努力使自己适应特定的意识形态的要求，直到生命的最后一刻发出绝响而戛然而止。这是生命的壮举，思想的壮举，也许还是千古绝响！如果陈鹤琴生命最后时刻的政治诉求，是在意识清醒的状态下做出的，这就表明，陈鹤琴这

---

① 刘晓东复唐淑教授函，2012 年 1 月 29 日于纽约哥伦比亚大学师范学院。当时刘晓东在哥伦比亚大学做访问学者。

② 柯小卫．陈鹤琴传［M］．南京：江苏教育出版社，2008：453．柯小卫为陈鹤琴外孙，此记载应是信史。李刚对陈鹤琴弥留之际的这一具有传奇色彩的情景的评论是：“这也许表现了历史与人性更为复杂可悲的一面。”参见李刚．现代知识分子的话语转型（1949—1959）［M］．合肥：合肥工业大学出版社，2007：239．

个“资产阶级的知识分子”终于被改造成“无产阶级的知识分子”；如果陈鹤琴生命最后时刻的政治诉求是在无意识中做出而类似一种梦呓的话，这就表明政治改造已经积淀为陈鹤琴生命中的“个人无意识”，他是多么希望不再成为批判会上的“被告”，他是多么惧怕成为批判会上的“被告”。当然，我们更不会希望陈鹤琴成为那些批判会上的“原告”。

最可悲的是，这种政治改造为整个中国社会形成一种“集体无意识”，形成一种“文化心理”，在这种情况下，陈鹤琴的最后诉求何尝不是一次“明哲保身”的行动呢？假作真时真亦假，现在已经难以起陈鹤琴先生于地下来为后人揭谜了。无论如何，所有这些都向世人昭示，20 世纪下半叶中国的政治改造运动是多么胜利，多么成功，多么出神入化，多么生死肉骨，它能让人脱胎换骨！

其二，尽管陈鹤琴多次批判乃至全面否定自己的学说，力图按照政治改造的标准来改造自己，然而，一旦有时机表露心迹，他又显得那么委屈难忍，“大哭大嚷要为活教育翻案”，试图捍卫自己在中华人民共和国成立前已形成的思想体系，真可谓“亦余心之所善兮，虽九死其犹未悔”（这些全是我内心所珍爱，即使让我死九回我也绝不改悔）！更值得注意的是，1982 年某日下午党组织当面宣读平反决定书时，站在对面的陈鹤琴老泪纵横，晚饭后一人独处时更是号啕大哭。怨哉！怨哉！陈鹤琴哪里想到，自己投入后半生全身心积极配合的对其进行政治改造的运动竟然也被官家认定是一次大折腾，薄薄的一纸平反书便颠倒了乾坤！将心比心，如果是你，你应当体会到个中五味杂陈的滋味。由此可知，政治改造似乎又以全盘失败而告终。

这两条线索如此紧张，如此对立，却又时刻缠绕陈鹤琴的后半生。可以想见后半生的陈鹤琴在这两种线索的双重撕拉中过着一种怎样的生活！这是陈鹤琴的个人悲剧，更应当视为民族的悲剧、历史的悲剧。

写到这里，我觉得应当谈谈另一位人物，那就是陈伯吹。与陈鹤琴相似，他也被批判和改造过。与陈鹤琴不同的是，他是被政治改造成功的一个典型人物。1958 年 2 月，陈伯吹在内部刊物《儿童文学研究》第四期中，发表了《漫谈当前儿童文学问题》，在谈及编辑审稿工作时，有这么几句话：“如果审读儿童文学作品不从‘儿童观点’出发，不在‘儿童情趣’上体会，不怀着一颗‘童心’去欣赏鉴别，一定会有‘沧海遗珠’的遗憾；那些被发表和被出版的作品，很可能得到成年人的同声赞美，而真正的小读者未必感到有兴趣。这在目前小学校里的老师们，颇多有这样的体会。这没什么奇怪，因为它们是‘成人的’儿童文学作品啊！”陈伯吹认为，当时有部分编辑同志的编辑思想，非常重视“大题材”（一般指的是革命斗争、工业建设、农村土改等这类属于国家大事的题材），这固然是好的，但忽视了学校、少先队和家庭的、社会的一般生活的题材。针对这一具体情况，他提出了上述意见。然而在当时以阶级斗争为纲的“左”倾文艺思潮之下，他的观点被说成是反动的资产阶级“童心论”，并受到激烈批判。①

据刘绪源透露，受到批判后，陈伯吹变得小心翼翼，他谈论儿童文学的口吻变了。一直到改革开放时期，一直到他去世，开口闭口都是“教育工具论”的调子，再也不敢坚持“儿童本位”的话了。1977 年 6 月 18 日，陈伯吹先生在《光明日报》发表了《在儿童文学战线上拨乱反正》一文，这是粉碎“四人帮”之后他作为儿童文学界的代表性人物最早的发言亮相。他在其中说道：“儿童文学创作，应该进行忆苦思甜的阶级教育，排除万难以争取胜利的革命传统教育，社会主义革命和社会主义建设的先进模范教育……总起来说，是革命的政治思想教育。文艺，从来就是改变人的思想的有利的教育工具……”在以后的二十多年间，他的基本观点一直如此。② 他继续批判杜威的儿童中心论，也批判别人的儿童本位思想，至死方休。斗争哲学和政治改造运动将陈伯吹变成了另一个人。与陈伯吹相比，陈鹤琴还算是幸运的。

改革开放已经 30 多年，温家宝总理面对复杂的形势评论说，中国当前依然存在“封建残余”和“‘文革’遗毒”。③ 毫不夸张地说，封建残余和“文革”遗毒一旦得以兴风作浪，类似陈鹤琴后半生的遭遇就有可能重演。温家宝还说：“自由不是空洞的概念，而是言论、信仰等基本权利的实现。人类的进步就是在各种不同的思想的争鸣中萌发的。中国要有一个真正光明的未来，必须发挥全

---

① 刘晓东．儿童教育新论［M］．南京：江苏教育出版社，1998：58—59.

② 刘绪源．1960 年，为何突然批判陈伯吹［N］．南方周末，2012—05—11.

③ 2011 年 4 月 28 日，温家宝总理在办公室曾对到访的一位香港客人提及改革所遇到的困难，他认为主要是两股势力，一股是中国封建社会残余，另一种则是“文革”遗毒，两股势力影响了人们不敢讲真话，喜欢讲大话，社会风气不好，应该努力纠正。参见吴康民．总理邀我“一晤”［N］．南方都市报，2011—05—03.

体人民群众的积极性，特别要鼓励人民的创造精神，提倡独立思想和批判思维。”[①] 如果党和国家的领导人在建国伊始就有以上见解，多少人间悲剧可以避免！

然而，历史没有“马后炮”，后人的回望和前人的前瞻其难度何啻霄壤！但愿对陈鹤琴后半生的研究对中国的改革开放事业有所警示并有所促进。

---

① 记者郭海军．温家宝清华演讲称各方面改革须逐步推进［FB/OL］．［2012－09－16］．http：//www.chinanews.com/gn/2012/09－15/4185677.shtml.

教育学的异化与回归[①]

教育不能反人性。

——《回望八十年：鲁洁教育口述史》口述现场笔录

鲁洁教授在2007和2008年两年间发表的论文中，有两篇分别是《超越性的存在——兼析病态适应的教育》[载《华东师范大学学报：教育科学版》2007年第4期]和《教育的原点：育人》[载《华东师范大学学报：教育科学版》2008年第4期]。这两篇论文在鲁洁教授的教育学思想中具有特别的重要价值。前者是对中国教育进行望闻问切后写出的“诊断书”，后者可视为指向中国教育改革、建设“以人为本”教育学的“宣言书”。鲁洁教授指出，中国教育的悲剧在于：在现存体制的利益驱动下，在各种被社会化了的欲望支配下，在体制为它所规定的轨道上，教育只是在使人变成一条被蒙上眼的推磨驴子。而走出这种教育迷局的出路，鲁洁教授认为是让异化的教育重新姓“人”，即建设“以人为本”的现代教育学。这两篇论文的观点坦率犀利，直指中国教育的旧蔽、时弊及其背后的原因，对于研究中国教育改革的路向具有重要的学术价值。

一、人的超越本性与教育对人的超越性期待

鲁洁教授的《超越性的存在——兼析病态适应的教育》一文深入探讨了中国现行教育的弊病：病态地适应。这种病态教育适应的是什么？这种教育让儿童去适应什么？让儿童过一种怎样的生活？这种病态的教育是以牺牲人的本性为代价的，这种教育培养的是不断远离自身本性的人，这种病态适应的人很难具有人的尊严，很难具有健全的人格。

鲁洁教授说：“教育所期待的超越性的人，是能够对现存的生活做出反思和批判的人。……受过教育的人是能够自觉摒弃那种随波逐流、‘唯上’‘唯书’盲目生活的人，因为对于他们来说这些是未经思索的、不值得过的生活，是异化

① 该文写于恩师鲁洁教授80寿辰之际，时在2009年。

的生活。教育的引导使人从既定的不合理生活模式中、从被迫和强制性的生活中走出来。”[①] 这种主张超越的教育显然需要一种主张超越的社会作为前提。而病态适应的教育，它的病态适应其实与病态适应的社会是一致的，病态适应的社会迫使教育“失身”“改嫁”。[②] 这就意味着，教育批判离不开社会批判，社会改造离不开教育改造，教育变革与社会变革是一而二、二而一的关系。

鲁洁教授指出：教育所期待的反思者和批判者不仅是善于发现生活中的矛盾和问题的人，更是勇于改变生活、改造世界的人。他们不仅在解构生活，同时也在建构生活，他们不仅具忧患意识，更具使命感和责任承担精神。她认为青少年恰恰有一种不断生长的朝气，天生具有不断超越的精神气质：“学校教育的对象——青少年，他们所具有的特征是：不安现状的蓬勃朝气，不惧权威、‘粪土当年万户侯’的无畏精神，以及对于不合理现状的敏感性和冲击力等等。青少年的这些特征正是超越性人格成长的希望所在。教育要加以积极的呵护和正确的引导，而不要视之为异端而妄加扼杀。”[③] 这是一位老人、一位终生从事教育事业的教育家对青少年的信任和关爱，其中也有对社会的期待，期待中国社会信任、关爱那些被传统社会视为“嘴上没毛，办事不牢”的青少年，期待社会珍视、爱护和利用青少年身上的超越力量。我以为这不仅仅是对教育学界的建议。

阅读鲁洁教授上面的话，我不由想起钱学森对中国创新人物培养的反思、批评与建议。钱学森多次谈及创新人物的培养问题。他生前最后一次系统谈话也是针对创新人物培养问题的。钱学森在这次谈话中说：“今天，党和国家都很重视科技创新问题，投了不少钱搞什么‘创新工程’‘创新计划’，等等，这是必要的。但我觉得更重要的是要具有创新思想的人才。问题在于，中国还没有一所大学能够按照培养科学技术发明创造人才的模式去办学，都是些人云亦云、一般化的，没有自己独特的创新东西，受封建思想的影响，一直是这个样子。我看，这是中国当前的一个很大问题。”在这里，钱学森用了全称判断批评了中

---

① 鲁洁．超越性的存在——兼析病态适应的教育［J］．华东师范大学学报：教育科学版，2007（4）：8.

② 鲁洁．教育的原点：育人［J］．华东师范大学学报：教育科学版，2008（4）：15－17.

③ 鲁洁．超越性的存在——兼析病态适应的教育［J］．华东师范大学学报：教育科学版，2007（4）：8.

国所有大学，同时指出封建思想依然存活在中国的教育中，并严重影响人的自由思想和独立人格，严重抑制创新人物的成长。在这次谈话中，钱学森呼吁年轻人“决不随大流，敢于想别人不敢想的，做别人不敢做的”。他建议年轻人要做这样的人：“大家都说好的东西，在他看来很一般，没什么。没有这种精神，怎么会有创新！”在谈话的最后，钱学森说：“我们不能人云亦云，这不是科学精神，科学精神最重要的就是创新。”① 我以为，钱学森在谈论创新人物培养问题时对中国教育的批评以及他心中创新的教育，与鲁洁教授对中国教育弊病的解析和对理想的教育的追求，具有共同的“深层语法”。

二、“现存教育的悲剧”：人是如何“变成了一条被蒙上眼的推磨驴子”的

鲁洁教授在探讨人的超越本性与教育对人的超越性期待这一理论问题的基础上，对中国“现存教育的悲剧”进行了深刻的归因、形象的描述：“现存教育的悲剧是它从根本上放弃了培养超越性存在的期待，它只是把学生紧紧地捆绑在‘应试教育’‘升学教育’等等现存的教育体制和教育行为之中，迫使他们去‘适应’种种不合理的生存状态。这是一种病态的教育。”“当今教育的种种作为都在于使学生们意识到：他们最好的生活取向就是去接受和适应，而不是批判、反思和改变既定的生活，即使他们现在正在过的生活已经是无可置疑地深深地伤害了他们的身体和心灵的健康和发展。”② 甚至从小学开始，学生就像“一只被蒙着眼推磨的驴子，在别人圈定的轨道上，不停地往前走”③。“学生们所受的教育也使他们只会用现存体制的规定来评价自我、评价生活。‘适应者’才会被他人也为自已看成是‘成功者’，凡不能适应现存体制的，就都被归之于‘失败者’，有多少的‘失败者’，因为失去继续生活下去的希望而走上了不归路。”④

在这里，鲁洁教授对正在上演着的中国教育悲剧进行了深入揭示，这是需

① 涂元季、顾吉环、李明整理．钱学森最后一次系统谈话：大学要有创新精神［N］．人民日报，2009－11－05.

② 鲁洁．超越性的存在——兼析病态适应的教育［J］．华东师范大学学报：教育科学版，2007(4)：9

③ 鲁洁．超越性的存在——兼析病态适应的教育［J］．华东师范大学学报：教育科学版，2007(4)：10.

④ 鲁洁．超越性的存在——兼析病态适应的教育［J］．华东师范大学学报：教育科学版，2007(4)：10.

要洞见、胆识和勇气的。

鲁洁教授对这些现象进行了评论和分析："教育本是要对人进行人性和生活的启蒙、启明的。它要向人展示的是：什么才是值得人过的好生活，什么样的生活又是无意义的，是不值得人去追寻的。现在的教育却是蒙上了人的眼睛，教育的一切行为都只在使人相信：不论现存体制合理与否，一个人只有成为现存体制所接纳的人，就范于它，才能作为体制中有价值的商品兜售出去，他才能向上爬。教育的所作所为都在促使人在现存体制的利益驱动下，在各种被社会化了的欲望支配下（这种欲望本来可能是毫无意义的，也不是人自身所本有的），在体制为他所规定的轨道上，不停地走，不停地走，教育只是在使人变成了一条被蒙上眼的推磨驴子。教育本来是面向可能生活，它的功能是要为人揭示更加好的、更值得过的可能生活，教人学会以一种审视、反思、批判态度去对待现存生活（包括现存的体制），教育的精神就是超越，就是创造，而现在的教育却正反其道而行之。"①

中国教育的悲剧就在于，它所培养的是被蒙上眼睛推磨的驴子。这是对病态的中国教育扼喉般的把握。这不禁使人想起"钱学森之问"："为什么我们的学校总是培养不出杰出人才？"其实这种病态适应的教育不只是培养不出杰出人才的问题，它还要对官员腐败、学术腐败、社会基础文明的低下等问题负有重要的责任。当教育将民族的下一代变成蒙上眼睛推磨的驴子时，似乎天下太平了，但是人一旦变成了驴子，那么这个社会健全运作和不断进步所依托的丰富的人性、健全的人格、批判理性和创新能力便被扼杀了，由丰富的人性、健全的人格、批判理性和创新能力所支撑的一切便随即坍塌，这样的教育若能培养出钱学森所说的杰出人才，那么南瓜便能结出苹果，老鼠便能孕育大象，当然属于天方夜谭。

鲁洁教授深刻地认识到：教育必定存在于某种体制中，但教育却不是为了体制而存在，教育和现存体制之间所保持的某种张力正是教育存在的根据，也是社会发展的动力；教育的要义在于生活的改造，教育具有明显的生活建构的意义，它是在对于现存生活做出某种批判和反思的意义中存在的，教育的功能

---

① 鲁洁．超越性的存在——兼析病态适应的教育［J］．华东师范大学学报：教育科学版，2007(4)：10.

就是为人们参与生活更新和改造提供可能，然而现今的教育却为现存的某种体制所殖民化，它一心在使受教育者成为现存体制的一个零部件，它扼杀了全人类所共有的“超越性动机”，剥夺了人们的反思、批判的能力和意志的自由；在这种病态适应之教育的教导下，人的思维只剩下了一个向度——肯定性的向度，一切否定性思维都被消解；教育铲平了现实与可能之间的落差，使人在对现存体制不断的肯定和重复中沦为它的奴隶；教育使人获得的是一堆应付各种考试的“知识”，使人失去的是人之为人的超越和创造的心灵与能力。[①] 这些观点展现了鲁洁教授对中国现行教育的深刻洞察，将这种洞察以如此凌厉的笔锋直率地告诉世人，表明这位老教育学家的社会责任和学术良心。其实不只是学校里那些读书的学生可能正在变成蒙眼推磨的驴子，而我们这些学者难道就没有被蒙上眼睛吗？教育与其说是培育学生，不如说是培育社会、培育文化。显然，鲁洁教授揭露的这种病态教育所培养的是俯首称臣的顺民，是对皇帝歌功颂德的臣子，不是具有反思性、批判性、建设性、创造性的现代公民，更遑论培养出钱学森所说的“杰出人才”。

人们总是责备中国的学生，说他们缺乏创造性。鲁洁教授对此评论说：这种“缺乏”正植根于现今教育所形塑的适应性人格之中，既然生活的一切都在既定之中，何来超越和创造？如果生活的目的就是为了适应既定的生活，从教育生活中走出来的人又何能“敢为天下先”？又何能不唯上，不唯书，不唯潮流，不唯权威？[②]

当今中国学生缺乏创新精神和创新能力，恐怕不能全由中国传统文化和传统教育担责。无疑，中国传统文化和传统教育的遗留余孽依然破坏着中国学生的创造性，然而，当前病态适应性的教育和胁迫学生病态适应的社会文化，对于中国学生的创造性来说，肯定是雪上加霜。

鲁洁教授在《超越性的存在——兼析病态适应的教育》一文的最后，提出了一个发人深省的问题，请让我将原文引用于此：

“面对现今几乎人人都感其病态的学校教育，人们往往只是发出一声无奈的

---

① 鲁洁．超越性的存在——兼析病态适应的教育［J］．华东师范大学学报：教育科学版，2007（4）：10－11.

② 鲁洁．超越性的存在——兼析病态适应的教育［J］．华东师范大学学报：教育科学版，2007（4）：11.

叹息，‘体制就是这样，谁也无法改变’。许许多多当事者都会很轻松地将教育失真的道德的责任推向于‘体制’。在‘体制’的‘笼罩’下，对于正处于水深火热之中的儿童青少年们，对于民族的未来和祖国前途所可能产生的影响和后果。似乎谁都可以不受道德良知的谴责。……人们往往选择逃离自己的道德判断权力，把这种权力交付给‘体制’，从而与他所应承担的道德责任相剥离。这种‘平庸的恶’在我们的教育生活中处处都存在。其实，即使在一个体制化的社会中，每一个当事者的责任也是无法逃脱的，我们每一个人都是构成体制的一个‘能动’的部分（因为人是能动的），我们谁也不能摆脱自己和当前所发生的体制性行为之干系，当一位官员、一所学校、一个教育工作者、一名家长在执行体制的安排时，说明他或它已经同意或默许其中所隐含的不道德和反道德。应当承认：我们每一个人、每一个单位确实无法独立去改变现实的体制。但重要的是，我们每个单位、每一个人（当然也包括我自己在内）是否有过自我问责？当我们面对种种已经不能继续下去的教育现状时，我们想过什么？我们做过什么？我们抗争过什么？我们改变过什么？还是仅仅发出一声无奈的叹息，甚至还会因取得了不合理体制所要求的业绩，诸如升学率、高考率以及其他种种‘率’而沾沾自喜，引以为荣？我们每个人是否也在推波助澜，也在卖力地把不合理体制之网越结越大、越结越深？也许道德的自责不能从根本上解决问题，但是，我却相信这样的话：‘制度植根于人心，没有人心的健全，制度的健全就是无本之木。’再说，没有了良心的教育还能是教育吗？”

鲁洁教授告诉我们，要么在现存的体制中推波助澜而讨一杯羹，要么便应积极投身于体制的变革中去。“当我们面对种种已经不能继续下去的教育现状时，我们想过什么？我们做过什么？我们抗争过什么？我们改变过什么？……”这是一位年届80高龄的社会主义教育学家对我们每位“公民”的提醒。而我们作为教育理论界的一员，我们为教育变革和体制变革做了什么，这自然会引起自我的追问。显然，鲁洁教授是值得我们学习的榜样。

三、建设“以人为本”教育学的宣言书

鲁洁教授的论文《教育的原点：育人》发表在《华东师范大学学报》（教育科学版）2008年第4期，这篇论文可以说是一篇“以人为本”的教育学宣言书。

教育的根本要旨就是为了促进人的发展，这已经是古今中外公认的通理。

鲁洁教授写道：教育本姓“人”，“以人为本”对于教育来说是不言自明的。然而，曾几何时，“以人为本”原则在中国却被妖魔化，变成了资产阶级自由化思想。[①] 以致“文革”结束后，“以人为本”依然是思想的禁区。鲁洁教授回忆说：在“文革”结束后不久的一次教育会议上，一位学者提出“教育要嫁给人”，却由此遭到大会小会的莫名批评。中国教育经历了很长一段“谈人色变”的年代。一切人性化的教育观念和实践都会遭到无情的打击和批判，如教育的爱、个性化的教育等等。历史已经证明，这样的“去人化”的“教育”所葬送的远不止一代人。说到这里，依然会不由想起“钱学森之问”[②]。

鲁洁教授对这种“去人化”教育的历史生成进行了探索：由权力、体制、思想等等所汇集而成的一股强大力量使本该姓“人”的教育，不再“认人”而改作他姓。在当时的情况下要让她再回到人间来，要她“嫁给人”，自然会遭遇诸种复杂的斗争。[③] 鲁洁教授还重点探讨了教育之所以“失身”的思想渊源，那就是中国教育长期以来依据的社会本位论的社会哲学。这种社会哲学认为，人

---

① 请看俞可平如何评论“以人为本”在中国的遭遇：1949 年后，“以人为本”一直被当作是西方资产阶级人道主义和人本主义的主要观点而遭到严厉的批判，人们在放弃人道主义和人本主义的同时，也放弃了“以人为本”的观念。随着对人道主义和“以人为本”的彻底否定和政治性批判，阶级斗争的观念进入社会的每个角落，人们的正常情理和心态开始受到严重的扭曲。改革开放的 20 世纪 80 年代，一些有责任感的理论工作者开始重新提倡“以人为本”和人道主义的价值，但是可以想象，这些声音一经出现，便遭到了严重的政治压力，不少人曾经因此而受到了极不公正的待遇。但是，政治的压制并没有完全消除理论界对“以人为本”的呼喊。20 世纪 90 年代中期后，“以人为本”再次成为中国思想界的强大声音。到了 21 世纪，“以人为本”的观念终于融入中国共产党的主流意识形态，成为中国共产党改革政策的重要理论基础。“人的全面发展”和“以人为本”正式被中国新一代领导人宣布成为中国政府的重要政治发展目标，成为科学发展观的基本出发点，这标志着“以人为本”从知识界的一种理念转变成为党和政府的政策依据。参见俞可平．思想解放与政治进步［M］．北京：社会科学文献出版社，2008：3－4.

② 杨东平在评论“钱学森之问”时，对中国教育对人才的成长所发挥的负向作用做了颇有胆识的表述：“老一辈大师的相继离去，我们真的进入一个‘没有大师的时代’。尽管我们对大师、对杰出人才的渴求从没有如此强烈，建设了诸多‘工程’，采取各种刺激政策；然而，我们离世界一流的目标究竟是日益接近，还是渐行渐远，一直是个难以回答的疑问。‘钱学森之问’的价值，就在于他以一个大科学家的科学理性，直面现实，直面问题。他毫不客气用了一个全称判断：不是个别院校、部分高校，而是‘没有一所大学’按照有效的人才培养模式去办学！补充一个发人深省的事实：自 1977 年恢复高考后进入大学的一代学人，至今也还未能产生世界级的优秀人才，他们已陆续进入退休之龄。这是近 30 年来的教育表现，不能再推诿于‘四人帮’之类的外因。”参见杨东平．钱学森的教育遗产［FB/OL］．［2009－11－26］．http：//blog. sina. com. cn/s/blog _ 492471c80100fuzr. html? tj＝1. 杨东平的这段话正可以与鲁洁教授的这一断言相互支持。

③ 鲁洁．教育的原点：育人［J］．华东师范大学学报：教育科学版，2008（4）：16.

与“社会”是对立的，个人的利益和目的是与社会相矛盾的。[①] 鲁洁教授揭示了这种社会观统治下的教育观：只有社会才具有至上的价值，而个人则是无足轻重、微不足道的；教育只能按照既有的社会规定性去培养人，并养成一种依附性的人格；这种社会本位论统治下的教育所努力排除和时时防范的则是人的独立性、自主性和对于现存社会的超越性，教育实际上成为消解乃至扼杀独立人格的工具；它教给人的是对社会既定的规则和规范的绝对服从，从小就让人信奉：遵守纪律，服从“代表”社会人格的领导意志是最高的道德准则。……[②]

细细思量，这种社会本位论的社会哲学所言的“社会”，并不是现代社会、公民社会，而是强人暴力统治下的社会。这种社会是个别人的意志乃至一个人的意志通过国家机器对多数人意志的暴力压迫和奴役，个人说话、思考问题都被限定了条条框框，被戴上了唐僧控制孙悟空的“紧箍咒”。

如何让异化的教育认祖归宗，重新姓“人”？鲁洁教授从马克思“有生命的个体人存在是任何人类历史的第一个前提”[③] 的思想出发，指出“一切社会存在的合理性根据”在于“它以人的生成和完善为其使命和目的”；“人的自身生成与完善是人类整个生活和历史发展的终极目的，而教育这一实践活动在实现人类的终极目的中发挥着重要的作用，教育的存在根据和基本使命就是要使人生成为人”。[④] 鲁洁教授以马克思主义“以人为本”的思想为基础，否定长期以来统治中国教育的社会本位论思想，试图树立“以人为本”的现代教育观。

“以人为本”的现代教育观是解放人、解放儿童的教育观。“现实生活中教育除了内在的目的性价值以外同样也存在其他各种外在的工具性价值。但是，一切外在的工具性价值必须建立在人的内在目的性价值的基础之上，两种不同的价值在教育价值体系中的错位，是造成当今教育危机的一个重要原因。”[⑤] 在这里，鲁洁教授揭示了中国教育在复杂的价值观中迷失自身的原因，她强调了走出这种迷局的出路在于：“在整个教育价值体系中，人的生成与完善这一内在

① 鲁洁．教育的原点：育人［J］．华东师范大学学报：教育科学版，2008（4）：17.

② 鲁洁．教育的原点：育人［J］．华东师范大学学报：教育科学版，2008（4）：18.

③ 马克思恩格斯选集：第一卷［M］．中共中央马克思恩格斯列宁斯大林著作编译局，译．北京：人民出版社，1972：24.

④ 鲁洁．教育的原点：育人［J］．华东师范大学学报：教育科学版，2008（4）：18－19.

⑤ 鲁洁．教育的原点：育人［J］．华东师范大学学报：教育科学版，2008（4）：19.

的目的性价值居于核心地位。在教育的价值体系中其他价值存在与否以及它们所居的位置最终都要由这一核心价值所规定。自觉地站在人的立场上用人自身生成发展的价值尺度去衡量教育的过程和结果才能对教育做出正确的判断。”①这种“以人为本”的现代教育观与全球现代化进程中的现代教育思想的基本原则是一致的。这种“以人为本”的现代教育观在儿童教育中表现为儿童本位、儿童中心的教育思想。只有“以人为本”“儿童本位”的教育理论与实践才能真正以儿童的福祉为依归，以儿童的成长为目的，从根本上说，儿童不再是工具，社会的一切目的最终都指向儿童，指向人。只有这种教育、这种社会才会真正尊重儿童的自由、权利和尊严。于是，这种“以人为本”的现代教育才能真正建设民主的教育、民主的学校、民主的社会。也只有从“以人为本”出发，中国教育才可能真正建设与世界接轨的现代教育理论体系和制度体系，并由此而真正有效地建设现代社会。那时，“李约瑟之谜”“钱学森之问”便真正找到了答案。

虽说历史前进的步伐是难以阻挡的，然而历史的发展与进步往往也要冲破种种阻力，中国教育、中国社会面临的改革任务还十分繁重。在《教育的原点：育人》一文稍后的地方，鲁洁教授警示我们：

“教育要破除以往控制人、约束人的传统取向，而以人的解放为其要旨。在启发人的自主意识觉醒中，充分释放出人的生命潜能，解放人的思想，改变传统国民性中保守性、依附性的一面，培植独立、创新的新型人格，这是当今中国教育所面临的重要任务。”②

“那种被动追随现存体制、规定、思想，甘当社会政治经济附庸的教育，其实是已经失去存在根据和意义的教育。”③

“任何社会性的活动都必然要以个体的自主独立活动为其前提，离开了个体自主性的发展，社会的发展必将受阻，伴随而来的必定是强制与压迫。旧体制下要求人们一切都按最高指示办，一切行动听指挥，从根本上抹杀、取消了个人自主性，因此而付出了社会发展停滞、倒退的沉重代价。历史的教训不可

① 鲁洁．教育的原点：育人［J］．华东师范大学学报：教育科学版，2008（4）：19.
② 鲁洁．教育的原点：育人［J］．华东师范大学学报：教育科学版，2008（4）：21.
③ 鲁洁．教育的原点：育人［J］．华东师范大学学报：教育科学版，2008（4）：21.

忘却。”①

我阅读这些话，感受着一位年届80高龄的老学者那种振聋发聩的文字的力量，感受到一位早年投身中国革命而与时俱进的老学者不断超越自己信念的胆识、智慧、深度和对人的热爱。巴金晚年向国人提倡“说真话”，我在鲁洁教授的论文中读到了真话。

说真话，看似容易，其实未必容易，甚至还很艰难，那需要挺直的脊梁。我期望更多的读者能够阅读鲁洁教授的这两篇论文，并从中汲取那种学术真诚、理论勇气和爱国热忱。

① 鲁洁．教育的原点：育人［J］．华东师范大学学报：教育科学版，2008（4）：20.

走出教育的困局①

人类在改善社会秩序的努力中，如果不想弄巧成拙，他就必须明白，……他不可能获得主宰事务进程的充分知识。因此，他不能像工匠打造器皿那样去模铸产品，而是必须像园丁看护花草那样，利用他所掌握的知识，通过提供适宜的环境，养护花草生长的过程。

——哈耶克：《知识的僭妄》

在幼儿园，在路上，或者就在自己家里，看看孩子清澈的眼睛，感受一下孩子纯净的心灵。为什么这样清纯的孩子在成长历程中学会了说空话大话假话？为什么这样的孩子长大后会制假售假？为什么这样的孩子长大后会在公共食品里添加吊白块、敌敌畏？

尼采在《作为教育者的叔本华》一文中说："尽管有其他方式了解一个人的自我，但我知道，了解自我的最好的方式莫过于了解他自己的教育者和栽培者。"

中国的教育在受教育者那里是无法藏身的，它终于在受教育者身上暴露了自己，暴露了自己的弊病。

"假"在中国是有悠远历史的。大秦帝国的朝廷上，赵高导演过指鹿为马的滑稽剧，于是朝廷上的高官全部说假话以明哲保身。到了明末，李贽对中国的"假"进行了尖锐的抨击。他以为这"假"的根子在"假人"身上。而"假人"并非生来就是假的，他本来是有一颗"绝假纯真"的"童心""真心"的，然而文化、社会、教育、环境却障蔽了那颗宝贵的童心："童心既障，于是发而为言语，则言语不由衷；见而为政事，则政事无根柢；著而为文辞，则文辞不能达。"

---

① 该文原题为《中国教育的困局与出路》（载《江苏教育》2011年第29期），是应《江苏教育》编辑部约请所撰稿件，写于2011年我在美国哥伦比亚大学师范学院任访问学者期间。众所周知，当时国内有"文革"回潮的风险，与此同时，国内媒体对"钱学森之问"集中讨论，因而各种观念的交锋相当激烈。这就是我当时写作此文时的政治背景。此文显然反映出写作时的忧虑与期盼。我当然是坚定支持继续改革开放、解放思想，坚决反对"文革"回潮，主张正确解答"钱学森之问"的。特此交代该文写作时的特定心态，希望有助于读者对该文的理解和评论。

于是，“其人既假”，于是，“满场是假”“无所不假”的社会诞生了。

著名的“李约瑟之谜”则试图追问：自然科学为什么诞生于西欧而不是产生于有过灿烂古代文明的中国？道理很简单，“满场是假”“无所不假”、假人丛生的社会是不可能产生以真为指南的自然科学的。

钱学森去世前一再追问：为什么中国出不了拔尖人才？这引发了人们对中国高等教育的层层追问。其实“钱学森之问”不只是对中国高等教育的拷问，而是对整个中国教育的批评，是对整个中国社会的批评。

“李约瑟之谜”是对中国传统社会的质疑，而“钱学森之问”则是对中国社会现状的诘问。

其实，中国人不可谓不重视教育，以至于“虎妈”近些日子成为某些外国人眼中的中国文化标志之一。但是中国的教育缺少具有鲜明“现代”标记的灵魂：

其一，从教育内部的传统和现状来看，中国教育缺少教育学的现代立场和观念；

其二，从教育的社会环境来看，中国亟待为教育学的现代立场和观念容身创造文化条件和社会环境。

这就是最近朱清时①在深圳的大学改革屡屡遭挫的原因。钱学森晚年高度推崇加州理工学院的那种教育，那种生活。而朱清时试图将南方科技大学建成中国的加州理工学院。无论是钱学森还是朱清时，都认为中国要出拔尖人才，就必须按照在全世界著名大学通行的教育规律办学。然而，办这样的大学，真可谓牵一发而动全身。

中国的改革开放迄今主要是在经济领域展开的。从计划经济转变到市场经济，现在看来这是多么简单的、初级的经济学问题，可在20世纪后半期，中国的秀才们用了多少时间，经历了多少波折，中国的改革派领袖下了多大的决心，才抛弃了计划经济背后的假大空的伦理幻觉，西方经济学理论中市场那只看不见的手终于给中国经济总量带来了腾飞。

可见，只要按照经济发展的规律办事，经济的发展就会带来巨大的回报。

---

① 朱清时（1942— ），中国科学院院士。朱清时作为南方科技大学的首任校长，推出的高校办学模式引起社会强烈关注，成为中国高校改革的风云人物。

同样，只要按照教育规律办事，中国的教育就会立竿见影，培养出优秀人才。

在《忏悔录》中，卢梭自称已经认识到政治在文化中的核心地位："我发现，一切都从根本上与政治相联系，不管你怎样做，任何一国的人民都只能是他们政府的性质将他们造成的那样。因此，'什么是可能的最好的政府'这个大问题，在我看来，只是这样一个问题：什么样的政府性质能造就出最有道德、最开明、最聪明，总之是最好的人民?"

政府的性质是由其主张与推行的教育所体现的，而政府所主张和推行的教育又不断地生成政府的性质。政府与教育决定了整个国家的性质。这个政府是好的还是坏的，是高效的还是低能的，往往从其推行的教育中可以窥得。仅从当前中国教育已经暴露的问题便可得知，中国教育需要加大改革的力度；而要解决中国的教育问题，按卢梭上面的说法，那么，中国的政治改革便需要加大力度。这是巨大的挑战，也是难得的历史机遇。

仅仅三十余年，中国政府通过"改革开放"创造了举世瞩目的经济奇迹。我们相信，只要中国教育也能坚持与推进"改革开放"，那么，中国教育就能走出困局，进入教育现代化的新境界。

第三章

童心守护、教育变革与文化建设

儿童读经运动：反将“启蒙”变“蒙启”

“若某则不识一个字，亦须还我堂堂正正地做个人。”

——《陆九渊集》卷三十五，《语录下》

我反对不分青红皂白地提倡“读经”，那样可能会从小就培育原来传统政治体系所需要的奴性道德。

——李泽厚：《要启蒙，不要蒙启》

让儿童了解真理并不错，但其方法如果违背儿童理解、掌握真理的种种规律和前提条件，甚至破坏这些前提条件，这本身就是对真理体系的破坏，同时还是对儿童的“强暴”与“奴役”。

传统儒学和读经科主张圣人崇拜，在处理学派间的关系时排斥异端、唯我独尊，在教育上必然以圣人名义预定一目的，牢守经书，强迫学生就范。所以蔡元培在民国教育总长任上废止了中小学读经科。“儿童读经运动”的倡导者和支持者全都反对蔡元培当初的废止读经科。

对待读经科的不同态度，乃至目前对待“儿童读经运动”的不同态度，表现出不同形态的文化信念以及对中国文化未来发展方向的不同选择。

一、引言：“儿童读经运动”释义

儿童读经运动由语文教育学者王财贵先生于 1994 年首倡于台湾，并推广于海内外华人世界。“国学大师”南怀瑾先生对此运动表示赞赏并予以推动，其后教育学学者郭齐家先生积极响应，成为儿童读经运动的积极鼓动者。此次运动兴起之际，“新儒家”蒋庆先生正在探索政治儒学。为落实其“王道乐土”的理想，“蒋子”乘势介入其中，宣讲读经理论，大大增加了此次读经运动的政治学分量。

说到“儿童读经”概念，不少人会望文生义。其实，“儿童读经”概念在此次运动中有特别含义。为避免发生误释，我尽量引用儿童读经运动倡导者的原文来呈现这一概念的原义。

蒋庆先生曾专门解释“儿童读经”或“少儿读经”：

“读”字，按照《说文解字》的解释：“读，诵书也。”“读”的本义是背诵朗读的意思，后来“读”又引申为“阅读而理解”，……根据“读”的两重含义，“读经”也有两重含义：一是背诵经典，一是理解经典；背诵经典就是少儿读经，理解经典就是成人读经；也就是说，少儿读经的“读”是背诵义，成人读经的“读”是理解义。①

也就是说，“儿童读经”就是让儿童背诵经典。蒋庆又说：

有一点要强调的是，成人也可以像儿童一样不须理解而背诵经典，成人在指导督促儿童背诵经典的同时自己也可以跟着背，“一背两得”，儿童得成人也得。所以，我们可以提倡“母子同背经典”，“父子同背经典”，“爷孙同背经典”。②

由此可见，此次儿童读经运动不仅主张儿童背诵经典，而且主张成人背诵经典。也就是说，此次儿童读经运动不只是主张儿童背诵经典的运动，亦是主张全民背诵经典的运动。

此次儿童读经运动公然主张“强制”儿童背诵经典。这也是此次运动中“儿童读经”不容忽略的内涵之一。

蒋庆先生在《读经与中国文化的复兴》一文中提出了强制儿童读经的种种理由：

在现实层面圣人的理性与凡人的理性是不平等的，圣人之心无私欲障蔽，理性清明虚静，能知善知恶而为善去恶，凡人之心受私欲缠缚，理性浑浊重滞，不能知善知恶遑论为善去恶。职是之故，圣人有天然教化凡人的权利，曰“天

① 蒋庆．读经与中国文化的复兴——蒋庆先生谈儿童读经面临的问题［FB/OL］．［2004－08－22］．http：//www. confucius2000. com/confucius/jqxstetdjmldwt. htm.

② 蒋庆．读经与中国文化的复兴——蒋庆先生谈儿童读经面临的问题［FB/OL］．［2004－08－22］．http：//www. confucius2000. com/confucius/jqxstetdjmldwt. htm.

赋圣权”，而凡人只有生来接受圣人教化的义务。所以，圣人讲的话、编的书——经典——就具有先在的权威性，凡人必须无条件接受，不存在凡人用理性审查同意不同意的问题，因为凡人的理性没有资格审查圣人的理性，相反只能用圣人的理性来审查凡人的理性，来要求凡人接受。①

正因为圣人是圣人，圣人就有权用体现“天道性理”的善的价值强制性地教育凡人，使凡人改过迁善，实现自己生命的意义与价值，即提升凡人的生命使其做好人、做君子以至立人极而做圣贤。强制的方法除建立在道德基础上的政令法律外，最根本的是“经典教育”，即建立在圣人义理之学上的道德教化的教育。由此可见，一般成人尚无清明理性，不能与圣人平等而否认经典的权威，不能拒绝接受经典的教育，儿童哪里又有自觉的理性与自主的精神拒绝接受经典的教育呢？儿童之所以是儿童，是因为儿童的理性尚未发展成熟，自主性甚差，自觉性不够，不可能按照自己的理性自觉地进行经典学习。对儿童来说，经典的学习必须进行某种强制，家长老师的严厉要求与督促就是强制。②

教育者为实现预定目的强制受教育者就范，符合教育规律，天经地义。③

儒家所讲的学习、教化都是要通过强制的，只有圣人天纵之圣而尧舜性之，汤武尚且要反之，至于俗人则更需要强学勉之，方能变化气质入于士君子之列。④

可见蒋庆对强迫儿童读经不仅不做任何隐讳，而且颇为理直气壮。这与此次运动诸倡导者的观念是一致的。例如，由于王财贵提出“儿童读经”不求理

① 蒋庆．读经与中国文化的复兴——蒋庆先生谈儿童读经面临的问题［FB/OL］．［2004－08－22］．http：//www. confucius2000. com/confucius/jqxstetdjmldwt. htm.

② 蒋庆．读经与中国文化的复兴——蒋庆先生谈儿童读经面临的问题［FB/OL］．［2004－08－22］．http：//www. confucius2000. com/confucius/jqxstetdjmldwt. htm.

③ 蒋庆．读经与中国文化的复兴——蒋庆先生谈儿童读经面临的问题［FB/OL］．［2004－08－22］．http：//www. confucius2000. com/confucius/jqxstetdjmldwt. htm.

④ 蒋庆．读经与中国文化的复兴——蒋庆先生谈儿童读经面临的问题［FB/OL］．［2004－08－22］．http：//www. confucius2000. com/confucius/jqxstetdjmldwt. htm.

解经典内容，于是相应的教学方法便是“小朋友，跟我念”（被尊为“六字箴言”）。喊幼小儿童“跟我念”的时候，这些小朋友对于这些不识不懂的文字如何念？会心甘情愿地念吗？他们的“念”必然是在被生拉硬拽的情况下发生的，至少在心理上是被强制的。

儿童读经运动的倡导者们对于“读”的内容有不同的看法。王财贵、南怀瑾认为可让儿童“读”古今中西的任何能被称为经典的东西。而蒋庆认为只能“读”传统儒学公认的圣贤作品。而郭齐家先生对于“读”什么和怎样“读”均未宣示具有个人特点的见解，他表现的似乎是一个宽厚长者的风范：只要是“经典”，只要是“读经典”（例如某幼儿园发明的“拳打脚踢学经典”），他都用心理学、教育学理论周详说明，倾其所学予以支持。

王财贵先生、南怀瑾先生、郭齐家先生、蒋庆先生是儿童读经运动的精神领袖。尽管在“儿童读经”的某些问题上存在歧义，但是为了共同的事业，他们同气相求，相互支持，遥相呼应。蒋庆先生在《〈中华文化经典基础教育读本〉前言》中便曾劝导选购其《读本》的家长和教师：“向国内有关儿童读经的推广中心或网站索取王财贵先生与郭齐家先生关于儿童读经的文章和光盘，进一步了解儿童读经的理念和经验，这样，对开展儿童读经活动一定会大有裨益。”①

此次儿童读经运动对蔡元培当年废止读经科颇有微词，对赵朴初等九位“文化老人”以政协提案《建立幼年古典学校的紧急呼吁》表示激赏并引为同道。下面将对其中的是是非非进行评论。

二、蔡元培废止读经科是由于他已发现传统教育与现代教育的分野

1995 年 3 月，赵朴初等九位“文化老人”在第八届全国政协会议上，以第 016 号提案的方式发出《建立幼年古典学校的紧急呼吁》，期望通过幼年古典学校来拯救中国的“古典”文化。② 这表明他们认识到：1. 儿童教育在民族文化的传承上有无可替代的作用；2. 中国“古典”文化的传承非“古典学校”莫属。

---

① 蒋庆.《中华文化经典基础教育读本》前言［M］//胡晓明．读经：启蒙还是蒙昧？——来自民间的声音．上海：华东师范大学出版社，2006：12—13.

② 中国人民政治协商会议第八届全国委员会第 016 号提案《建立幼年古典学校的紧急呼吁》，提案人：赵朴初、冰心、曹禺、夏衍、叶至善、启功、吴冷西、陈荒煤、张志公。

一种文化与这种文化中的教育是互为表里的。九位老人的提案让人想起蔡元培。1917 年，蔡元培担任北大校长后提出一系列改革措施。他的“讲学自由”“兼容并包”等措施，只用几个月时间便把死气沉沉的官僚养成所，改造成了一所生龙活虎的近代大学。“学生还是那些学生，可是他们都好像变成了新人”①，冯友兰对此无比感慨：“其实，无论何时何地，人才都是不少的，要看教育他们的人怎样培养他们，指导他们，从这个意义上说，蔡元培是一个大教育家。他没有专门著作讲他的教育思想，但是他在北大的一切措施，就是他教育思想的实践。他的思想，不仅改造了北大，而且开创了新文化运动。”②

新文化运动的开创源始于蔡元培对大学教育的近代改造。其实蔡元培也曾改造过中国的小学教育、中学教育。1912 年 1 月 19 日，时任民国第一任教育总长的蔡元培下令“小学堂读经科一律废止”，1912 年 5 月又下了第二道法令“废止师范、中小学读经科”。蔡元培为什么废止读经科呢？1912 年，蔡元培在《全国临时教育会议开会词》中已经提出成熟的现代教育思想，我以为这篇开会词表明蔡元培已经从前清翰林转变为一个具有坚定的现代教育立场和观念的教育思想家。他写道：“民国教育与君主时代之教育，其不同之点何在？君主时代之教育方针，不从受教育者本体上着想，用一个人主义或用一部分人主义，利用一种方法，驱使受教育者迁就他之主义。民国教育方针，应从受教育者本体上着想，有如何能力，方能尽如何责任；受如何教育，始能具如何能力。……君主时代之教育，不外利己主义。君主或少数人结合之政府，以其利己主义为目的物，乃揣摩国民之利己心，以一种方法投合之，引以迁就于君主或政府之主义。如前清时代承科举余习，奖励出身，为驱诱学生之计；而其目的，在使受教育者皆富于服从心、保守心，易受政府驾驭。现在此种主义，已不合用，须立于国民之地位，而体验其在世界、在社会有何等责任，应受何种教育。”③ 蔡元培已经清楚地认识到，一种教育是相应地与一种文化互为表里的；民国教育与君主时代之教育是有差别的；民国政体要有牢固的文化基础和人才基础，便必须推行新教育（现代教育）。

---

① 冯友兰．中国现代哲学史［M］．广州：广东人民出版社，1999：52.

② 冯友兰．中国现代哲学史［M］．广州：广东人民出版社，1999：53.

③ 蔡元培．全国临时教育会议开会词［M］//高叔平编．蔡元培教育文选．北京：人民教育出版社，1980：10.

蔡元培还写道："从前瑞士教育家（沛斯泰洛齐）[①] 有言：昔之教育，使儿童受教于成人；今之教育，乃使成人受教于儿童。何谓成人受教于儿童？谓成人不敢自存成见，立于儿童之地位而体验之，以定教育之方法。民国之教育亦然。"[②] 可见，蔡元培已经认同，现代教育不只是教师教儿童，而且还要受教于儿童。这是非常彻底的思想变革，已经深触现代教育的灵魂。在一定意义上，这已经是儿童本位的教育观念了。

在1918年《新教育与旧教育的歧点》这篇文章中，蔡元培又系统发表了他对新旧儿童教育的看法："夫新教育所以异于旧教育者，有一要点焉，即教育者非以吾人教育儿童，而吾人受教于儿童之谓也。"[③] 这是再次申明《全国临时教育会议开会词》中的观点，可见这种有儿童本位气息的思想已经牢固植根于他的教育思想里。正由于有了这种观念，他才能深刻地批评那种"教者预定一目的，而强受教育者以就之"的旧教育。他写道，由于旧教育"预定一目的，而强受教育者以就之"，"故不问其性质之动静，资禀之锐钝，而教之止有一法，能者奖之，不能者罚之。如吾人之处置无机物然，石之凸者平之，铁之脆者煅之；如花匠编松柏为鹤鹿焉；如技者教狗马以舞蹈焉；如凶汉之割折幼童，而使为奇形怪状焉；追想及之，令人不寒栗"。[④] 这就意味着，蔡元培不只是在观念上彻底否定了旧教育，在情感上也彻底否定了旧教育。

蔡元培批评当时还有儿童教育"牢守几本教科书，以强迫全班之学生，其实与往日之《三字经》、四书、五经等，不过五十步与百步之相差"[⑤]。可见蔡元培已经深知旧教育"预定一目的"，牢守几本教材，强迫学生学习和就范，其害大矣。他明确提出了新教育的纲领或原则："知教育者，与其守成法，毋宁尚自

① 今译作"裴斯泰洛齐"。裴斯泰洛齐（Johann Heinrich Pestalozzi，1746—1827）是瑞士教育家，在现代西方教育思想史中具有重要地位。

② 蔡元培．全国临时教育会议开会词［M］//高叔平编．蔡元培教育文选．北京：人民教育出版社，1980：10.

③ 蔡元培．新教育与旧教育的歧点［M］//高叔平编．蔡元培教育文选．北京：人民教育出版社，1980：48.

④ 蔡元培．新教育与旧教育的歧点［M］//高叔平编．蔡元培教育文选．北京：人民教育出版社，1980：48.

⑤ 蔡元培．新教育与旧教育的歧点［M］//高叔平编．蔡元培教育文选．北京：人民教育出版社，1980：48.

然；与其求划一，毋宁展个性。”[1] 而这恰恰是现代儿童教育的核心观念和根本立场。

传统儒学和读经科主张圣人崇拜，在处理学派间的关系时排斥异端、唯我独尊，在教育上必然以圣人名义预定一目的，牢守经书，强迫学生就范。已经从旧营垒走进现代立场的蔡元培如何对待中小学读经科，已经没有悬念。事实也表明，他做民国教育总长后立即废止了中小学读经科。后来蔡元培在北大校长任上提出“讲学自由”“兼容并包”等主张，与他所持的这种教育观念、文化观念当然是一致的。这种文化信念与传统读经教育自然是势如水火。

三、评蒋庆对蔡元培废止读经科的批评

儿童读经运动的倡导者们也明白，教育与相应的文化是互为表里的。他们所要“复兴”的那种“文化”非靠“儿童读经”不可。在《读经与中国文化的复兴》一文中，当前新儒学的代表人物蒋庆先生就曾说：“儒家经典是中国文化之源，离开儒家经典就没有中国文化。既然儒家经典是中国文化之源，那么，复兴中国文化就自然成了复兴儒家经典。而要复兴儒家经典，第一步就只能是读经，而读经的第一步又只能是少儿读经。所以说少儿读经是中国文化复兴的开始或者说第一步。”“当代复兴中国文化的历史使命就具体落实成了少儿读经。”[2] 蒋庆为了推行读经，自知绕不过废止读经科的蔡元培，便拿蔡元培的《新教育与旧教育的歧点》作为批驳的靶子。

蒋庆写道：“蔡元培写了一篇很著名的文章，叫《新教育与旧教育的歧点》，所谓旧教育就是少儿读经的教育，所谓新教育就是自由主义的教育。”蒋庆自愿领受蔡元培所批评的“旧教育”，直接将其视为他所推广的“儿童读经”，并给蔡元培所主张的新教育戴上一顶“自由主义的教育”的帽子，然后说“自由主义的教育理论就是让学生‘放羊’”，以此批评蔡元培的新教育思想。

不知学术界哪位人士能从蔡元培的新教育思想里发现他主张“放羊”式教育。

---

① 蔡元培．新教育与旧教育的歧点［M］//高叔平编．蔡元培教育文选．北京：人民教育出版社，1980：49.

② 蒋庆．读经与中国文化的复兴——蒋庆先生谈儿童读经面临的问题［FB/OL］．［2004－08－22］．http：//www.confucius2000.com/confucius/jqxstetdjmldwt.htm.

蒋庆将蔡元培所批评的“旧教育”视为他所推广的“儿童读经”，这并非自作多情。在蒋庆心中，旧教育才是他心中美好的教育，所以他才公然为旧教育讴歌。如果学者有种心结，以为凡是古的都是坏的，凡是新的都是好的，这固然是片面的，而一切都翻转过来，以为新的便是坏的，旧的便是宝贝，那也是荒谬的。我读过蒋庆先生不少文字，知他试图恢复被新文化运动冲击过的旧文化，试图恢复中国传统文化的“家法”“书法”，试图让中国文化反转到未曾受到西方文化影响以前那种状态。他之所以对旧教育情有独钟，与此文化态度是一致的。

那么，蔡元培反对的旧教育是什么呢？蔡元培认为：“我国教育和西洋古代教育，多半是被动主义的、灌输主义的，……古人的著书，先生的教训，都是神圣不可非议，照此依葫芦，便是成功的妙诀。所谓儿童心理，所谓人类性灵，一概抹杀，无人理会。”① 其实蒋庆所推广的儿童读经教育确实具有这种旧教育的种种气质。然而，会让蒋庆失望的是，不只是中国传统教育是旧教育，西方古代的教育亦是这类旧教育。所以蒋庆先生便不宜将他所珍视的旧教育视为中国所独有的宝贝疙瘩。

那么，什么是新教育呢？新教育最先发端于西方，与旧教育相比，“是自动的而非被动的，是启发的而非灌输的”，“自幼稚园以至大学，无一不取启发的教授法，处处体贴学生心理作用，用种种方法启发他的性灵，养成他的自动能力，好叫人类固有的智能，得以自由发展，不像那被动主义、灌输主义的教育，不顾学生心理的状态，只管拼命教去；教出来的人物，好像人做的模型、能言的鹦鹉一般，依人作解，自家绝没有真实见地、自动能力。”② 可见这种新教育恰恰与蒋庆所推广的儿童读经运动是相悖相反的。蒋庆为了推广读经教育，便必然要敌视这种新教育或现代教育，必然视蔡元培为儿童读经运动的敌人。

为了批驳蔡元培的新教育思想，蒋庆提出“天赋圣权”等非常之论：“圣人有天然教化凡人的权利，曰‘天赋圣权’，而凡人只有生来接受圣人教化的义务。所以，圣人讲的话、编的书——经典——就具有先在的权威性，凡人必须

---

① 蔡元培．真正的近代西洋教育［M］//高叔平编．蔡元培全集：第四卷．北京：中华书局，1984：68.

② 蔡元培．真正的近代西洋教育［M］//高叔平编．蔡元培全集：第四卷．北京：中华书局，1984：68.

无条件接受，不存在凡人用理性审查同意不同意的问题，因为凡人的理性没有资格审查圣人的理性，相反只能用圣人的理性来审查凡人的理性，来要求凡人接受。”“儿童之所以是儿童，是因为儿童的理性尚未发展成熟，自主性甚差，自觉性不够，不可能按照自己的理性自觉地进行经典学习。对儿童来说，经典的学习必须进行某种强制……”① 说完这些，蒋庆没有忘记交代这些话的用意：“由于蔡元培的教育思想对现代中国的教育，特别是少儿教育还有很大影响，所以，我才讲了这么多，希望大家能看出蔡元培教育思想中存在的问题，并且克服之。”② 我们这些读者刚刚接受蒋庆先生关于人生下来就有圣凡之别的教诲，自知自己与蒋子有圣凡之别，只得“无条件接受”蒋庆先生说的话，得令后齐声唱个“喏”，将蔡元培认作异端。

不过蒋庆先生自己如果不是圣人，而是与我等均是“愚夫愚妇”的话，那么，我等与他平等为人，便也要审查一下他的话。他并没有让大家“看出蔡元培教育思想中存在的问题”，更难以“克服之”，反被蔡元培的教育主张所“蛊惑”。读了蒋庆先生的这些话，倒让人不知今夕何夕了。

不过，如果蒋庆先生是圣人，我等今日在走向现代化的途中，能有机缘亲聆圣训，也是莫大造化；我等凡人依然会掩盖愚昧，如同《皇帝新衣》里的平头百姓那样学着国王和大臣的模样去掩盖愚昧，所以满心欢喜地假装明白，将蒋庆先生刚才的那些“常理常道”背诵下来，放在心上，一生受用，有空便“反刍”（作者按：儿童读经运动倡导者提出“反刍”理论，主张儿童读经不必求懂，先装进去，用一生的时间去消化受用）一番，必得熏陶与开化，并收健智养生之功效。还有，我等不会只将这些圣训国粹独自享用，还要藏之名山，供之庙堂，传之万世，长诵不竭。——不过，这些话其实都是逗乐。我等凡人不以平凡为辱，但以自愚、蒙人为羞。

儿童读经运动的倡导者和支持者全都反对蔡元培当初的废止读经科。对待读经科的不同态度，乃至目前对待儿童读经运动的不同态度，表现出不同形态的文化信念以及对中国文化未来发展方向的不同选择。

---

① 蒋庆．读经与中国文化的复兴——蒋庆先生谈儿童读经面临的问题［FB/OL］．［2004－08－22］．http：//www.confucius2000.com/confucius/jqxstetdjmldwt.htm.

② 蒋庆．读经与中国文化的复兴——蒋庆先生谈儿童读经面临的问题［FB/OL］．［2004－08－22］．http：//www.confucius2000.com/confucius/jqxstetdjmldwt.htm.

四、评蒋庆"凡人只有生来接受圣人教化的义务"

中国历史上其实有悠久的"人生而平等"的思想。例如，陈胜在暴秦苛政高压下发出这样的质问——"王侯将相，宁有种乎"（《史记·陈涉世家》），以此激发同伴对王侯将相与普通百姓之贵贱相殊的说法相抗争，于是点燃秦末农民大起义的火焰，让沛丰布衣刘邦从暴秦手中夺取天下做了皇帝，那一大帮子跟从他"打江山"的布衣兄弟一变而为新的"坐江山"的王侯将相。由此可见，蒋庆"凡人只有生来接受圣人教化的义务"等说法，且不说是对人性尊严、自然权利的贬损与亵渎，单说这种观念若与政权相结合，就会出现这么一种社会格局：有人天生就有教化别人的权利，有人天生就被别人教训一辈子，这是一个阶级对另一个阶级的独裁与专政，是奴隶主阶级对奴隶阶级的奴役。其结果当然是陈胜们揭竿而起，以暴制暴，于是，历史进入"皇帝轮流坐"的恶性循环，历史难逃"何日到我家"的春秋大梦带来的周期性杀戮，永不言败的是"成者为王败者为寇"的丛林法则，那胜出者无一例外被尊为"圣王""圣上""天子"。

让我们看看蒋庆认为"有天然教化凡人的权利"的那些圣人是如何认识平民百姓的。

"子曰：'三军可夺帅，匹夫不可夺志也。'"（《论语·子罕》）在孔子眼里，匹夫之志与三军之帅相比较，是何斤两？三军之帅可夺，而匹夫之志不可夺；再大的荣华富贵可夺，而普通人的心志不可夺。普通人的尊严跃然纸上。

"若某则不识一个字，亦须还我堂堂正正地做个人。"（《陆九渊集》卷三十五，《语录下》）陆九渊所言的"若某则不识一个字"，这"不识一个字"之"某"便是匹夫无疑。"亦须还我堂堂正正地做个人"，这话说得刚性、硬气。"亦须还我"几个字，不正是要求成"圣"成"王"者归还"我堂堂正正地做个人"的自然权利与人格尊严吗？这个"某"显然难以接受"圣人有天然教化凡人的权利"，亦难履行"生来接受圣人教化的义务"，亦不会无条件接受"凡人的理性没有资格审查圣人的理性"。

说到这里，蓦地想到明代晚期的李贽。这个李贽主张"不以孔子是非为是非"，他不正是为陆九渊"若某则不识一个字，亦须还我堂堂正正地做个人"鼓与呼吗？不正是为孔子"三军可夺帅，匹夫不可夺志也"喝彩呐喊吗？李贽能提出“不以孔子是非为是非”这一主张，不正表明他是一个堂堂正正的人吗？

终生跪倒在孔子面前而不能自立者，实非孔门之人也。《论语》“曾点言志”那段，曾点侍坐一旁，边听讲边鼓瑟，很难看出他对孔子有亦步亦趋之态，而其“风乎舞雩”一段话，竟赢得孔子“吾与点也”的激赏。可见孔子这人并不是总端着一副圣人脸面教训人的。

再看《传习录》对王阳明言论的记载：

一日，王汝止出游归。先生问曰：“游何见？”对曰：“见满街都是圣人。”先生曰：“你看满街人是圣人，满街人到（倒）看你是圣人在。”

又一日，董萝石出游而归。见先生曰：“今日见一异事。”先生曰：“何异？”对曰：“见满街人都是圣人。”先生曰：“此亦常事耳，何足为异？”（《传习录》卷下）

王阳明的弟子受乃师思想的影响而发现“满街都是圣人”。这不就是说，每个普通人也是圣人；至少是说，每个人均有圣人潜质。

《传习录》还有这样的记载：

洪与黄正之、张叔谦、汝中，丙戌会试归，为先生道途中讲学，有信有不信。先生曰：“你们拿一个圣人去与人讲学，人见圣人来，都怕走了，如何讲得行？须做得个愚夫愚妇，方可与人讲学。”（《传习录》卷下）

王阳明认为“须做得个愚夫愚妇，方可与人讲学”，言下之意自然是，以圣人自认自任者，是没有资格与人交流学问的。蒋庆将王阳明视为大圣人，他一定会听命于王阳明的吧！而蒋庆“圣人有天然教化凡人的权利，曰‘天赋圣权’”的主张，却与王阳明的主张完全相悖。

接着上段话，《传习录》又有如下记载：

洪又言今日要见人品高下最易。先生曰：“何以见之？”对曰：“先生譬如泰山在前，有不知仰者，须是无目人。”先生曰：“泰山不如平地大，平地有何可见？”先生一言，剪裁剖破终年骛外好高之病，在座者莫不悚惧。（《传习录》卷下）

弟子钱德洪以是否信仰、景仰王阳明作为判别人品高下的法宝。钱德洪认为自己的老师王阳明如泰山在前，故不能识见者便是有眼无珠。然而王阳明却认为，“泰山不如平地大”。显然，王阳明将弟子眼中的圣凡之别譬之以泰山、平地的区别，是以发出“泰山不如平地大”之狮吼，以致“剪裁剖破终年骛外好高之病，在座者莫不悚惧”。

在《传习录》另一处还有相关记载：“或问异端。先生曰：‘与愚夫愚妇同的，是谓同德；与愚夫愚妇异的，是谓异端。’”（《传习录》卷下）王阳明将圣凡之别完全粉碎，将那些凡不能与愚夫愚妇站在一边的儒者统统判为“异端”。显然，王阳明若对蒋庆圣凡之别的观念有所知晓，他是否会判蒋子为儒学异端、名教罪人呢？

上面谈到，蒋庆认为“圣人有天然教化凡人的权利，曰‘天赋圣权’，而凡人只有生来接受圣人教化的义务”，这其中的“天然”“天赋”“生来”，都是用来强调圣凡之别的。然而，蒋庆又说：“正因为圣人是圣人，圣人就有权用体现‘天道性理’的善的价值强制性地教育凡人，使凡人改过迁善，实现自己生命的意义与价值，即提升凡人的生命使其做好人、做君子以至立人极而做圣贤。”如果说，凡人通过教育可以“立人极而做圣贤”，这就意味着，凡人不是“天生”就是凡人，圣人也不是“天然”就是圣人。说圣人通过教育可以将凡人提升至好人、君子，蒋庆还可自圆其说，可是，他又说圣人提升凡人至“立人极而做圣贤”，蒋庆的读经理论便自相矛盾了。

五、评蒋庆“对儿童来说，经典的学习必须进行某种强制”

蒋庆又说：“一般成人尚无清明理性，不能与圣人平等而否认经典的权威，不能拒绝接受经典的教育，儿童哪里又有自觉的理性与自主的精神拒绝接受经典的教育呢？儿童之所以是儿童，是因为儿童的理性尚未发展成熟，自主性甚差，自觉性不够，不可能按照自己的理性自觉地进行经典学习。对儿童来说，经典的学习必须进行某种强制，家长老师的严厉要求与督促就是强制。”①

蒋庆的儿童观在这段话中清晰地显现出来。在蒋庆看来，“一般成人尚无清明

① 蒋庆．读经与中国文化的复兴——蒋庆先生谈儿童读经面临的问题［FB/OL］．［2004－08－22］．http：//www.confucius2000.com/confucius/jqxstetdjmldwt.htm.

理性，不能与圣人平等”，“儿童哪里又有自觉的理性与自主的精神”，“儿童之所以是儿童，是因为儿童的理性尚未发展成熟，自主性甚差，自觉性不够”，——这都说明，蒋庆认为，儿童距离“与圣人平等”比成人更远。正因为如此，蒋庆强调，儿童学习经典必须受到“家长老师的严厉要求与督促”的强制。

蒋庆的儿童观与他所说的那些圣人们的儿童观相距甚远，其教育观与那些圣人们的教育观也是相悖的。

孟子云：“大人者不失其赤子之心者也。”（《孟子·离娄下》）孟子将赤子之心视为成就“大人”的本原与前提。这是对赤子之心的讴歌。

程颢云：“学也者，使人求于内也。不求于内而求于外，非圣人之学也。何谓不求于内而求于外？以文为主者是也。学也者，使人求于本也。不求于本而求于末，非圣人之学也。何为不求于本而求于末？考详略，采同异者是也。是二者皆无益于吾身，君子弗学。道无精粗，言无高下。”（《二程遗书·论学篇》）蒋庆的儿童读经主张其实就是程颢所批评的“以文为主者”，是“不求于内而求于外”。这里的“道无精粗，言无高下”，与蒋庆的圣凡之别，相距何其远也。

在赴鹅湖之会前夜，陆九龄为了支持其弟陆九渊的想法，特别作诗一首，有云：“孩提知爱长知钦，古圣相传只此心。大抵有基方筑室，未闻无址忽成岑。……”这可视为陆氏兄弟共同的思想。这是对孩提之心的唱颂，同时又指明，文明的大厦必须以孩提之心为基础。

“圣人之道，吾性自足”，这是王阳明“龙场悟道”的核心内容；而蒋庆严加圣凡之别。王阳明劝导凡人自信，蒋庆迫使凡人自觉自愿地自卑自贱。再看王阳明《咏良知四首示诸生》（《王文成公全书》卷二十）：

“个个人心有仲尼，自将闻见苦遮迷。而今指与真头面，只是良知更莫疑。”

“问君何事日憧憧？烦恼场中错用功。莫道圣门无口诀，良知两字是参同。”

“人人自有定盘针，万化根源总在心。却笑从前颠倒见，枝枝叶叶外头寻。”

“无声无臭独知时，此是乾坤万有基。抛却自家无尽藏，沿门持钵效贫儿。”

这里的每首诗都是对人性的唱颂，都是让人相信“吾性自足”，都是反对（哪怕是对圣人）无条件崇拜与盲从。这不只是与蒋庆的人性观、儿童观尖锐对立，亦与蒋庆的教育观相扞格。“自将闻见苦遮迷”“烦恼场中错用功”“却笑从前颠倒见，枝枝叶叶外头寻”“抛却自家无尽藏，沿门持钵效贫儿”，这都是对希圣希贤、学圣学贤、成圣成贤的错误方法的批评。而这些历史上的错误的教育方法不都与蒋庆鼓吹的读经教育若合符节吗？

蒋庆要求对儿童的学习必须进行强制，家长、老师必须对儿童进行“严厉要求与督促”。而王阳明等人是反对类似的强制学习的。王阳明在《训蒙大意示教刘伯颂等》（《传习录》卷中）一文中指出：“后世记诵词章之习起，而先王之教亡。”为了批评“记诵词章之习”，他阐述了自己对“先王之教”的理解。“大抵童子之情，乐嬉游而惮拘检，如草木之始萌芽，舒畅之则条达，摧挠之则衰萎。今教童子，必使其趋向鼓舞，中心喜悦，则其进自不能已。譬之时雨春风，沾被卉木，莫不萌动发越，自然日长月化；若冰霜剥落，则生意萧索，日就枯槁矣。”这是王阳明对儿童精神世界的认识。基于这种认识，王阳明认为，教育应当做到“顺导其志意，调理其性情，潜消其鄙吝，默化其粗顽，日使之渐于礼义而不苦其难，入于中和而不知其故。”并指出“是盖先王立教之微意也”。可以看出，在王阳明看来，“先王之教”是顺应儿童精神世界的特点和规律的，鼓励春风化雨般的那种教育，看不出半点“强制”来。

王阳明不只是明确主张“今教童子，必使其趋向鼓舞，中心喜悦”，而且还毫不掩饰地批评“近世之训蒙稚者”的“记诵词章之习”。他写道：“若近世之训蒙稚者，日唯督以句读课仿，责其检束而不知导之以礼，求其聪明而不知养之以善，鞭挞绳缚，若待拘囚。彼视学舍如囹圄而不肯入，视师长如寇仇而不欲见，窥避掩覆以遂其嬉游，设诈饰诡以肆其顽鄙。偷薄庸劣，日趋下流。是盖驱之于恶而求其为善也，何可得乎？”

“近世之训蒙稚者”的这种教育观念和方法，不正与蒋庆等人的儿童读经方法惊人地相似吗？蒋庆的儿童观、教育观乃至“经典”观是与他所敬服的圣人们相悖的。看来，蒋庆说“天赋圣权”，有天然教化的权利，然而他并不真正拿圣人的话当回事，他自己并未遵守自己的信条以垂范于世人。

让我们看看李泽厚怎样看待蒋庆的儿童读经理论。他说：“蒋庆先生公开谴责蔡元培先生当年取消读经。在我看来，如果五四那批人是‘启蒙’，那么现在一些人就是‘蒙启’：把启开过的蒙再‘蒙’起来。”“五四是启蒙，‘文革’是‘蒙启’，两者在精神上是背道而驰的。”① 显然，李泽厚将儿童读经运动与“文

① 李泽厚．要启蒙，不要蒙启［C］//李泽厚对话录·廿一世纪（一），北京：中华书局，2014：158.

革”相提并论，认为二者都与五四启蒙精神相悖，都是“蒙人”，都是把启开过的蒙再“蒙”起来，都是蒙昧主义。

六、评九位老人的政协提案《建立幼年古典学校的紧急呼吁》

九位文化老人主张：“在现今时代，不可能改变现行学制，不应要求广大青年学子抱残守缺，只从事古籍的阅读和研究。”“此幼年古典学校或幼年班可先在大城市中设立两三个，作为试点，以后也不必遍地开花，在我们这样一个古国、大国中，这方面的人才必不可少，但培养的数量也不必过多。”可见，他们只是出于对古典文化、古典教育的珍视和怀念，而主张建立“幼年古典学校或幼年班”。这与儿童读经运动试图在海内外华人社会全面恢复传统教育的主张是全然不同的。

即便如此，《建立幼年古典学校的紧急呼吁》的某些说法依然值得商榷。例如，《紧急呼吁》有云：“在此幼年古典学校或古典班中，适当采取传统的教学方法，历代重要的文史哲名篇都要背诵……”“幼年学校或幼年班的学生将来升入相当于中学的古典专科学校或师范大学附属中学内的古典班，最后升入大学的中文系、历史系、哲学系，这批人毕业后或进入各级学校从事教育工作，或分别进入文学、历史、哲学研究所及部分大学的古籍研究所从事研究工作，而有关部门则为其提供终身从事专业的必要条件和生活保障，使这只由少数人从小接受培养而形成的专业队伍不致流失。”这些说法可谓用心良苦。然而，这种古典教育让一部分儿童生下来就进“古典学校”，终身从事古典文化传承工作，真可谓让他们为古典文化而生，为古典文化而死。如果这便是“古典文化”的教育精神，那么，我个人倒是以为，还是暂缓让这种古典文化起死回生吧，至少不应让这种教育精神起死回生。我以为儿童生下来，除了作为自己民族中的一分子外，他更应当为自己而活，更应当让自己身上的“种族遗产”在自己身上按自然的顺序依次复活，他所处的民族的历史和文化应当是他的襁褓，是他的养育者，都应当帮助他肉身生命和精神生命的健全成长，而不应向他索取什么，更不应以牺牲他的天性和成长为代价而向他索取什么。等到他有了自由意志，再让他选择是否终身从事古典文化的建设事业吧。我想，如果古典文化能做到这些的话，何愁中华民族的子孙不热爱古典文化！“桃李不言，下自成蹊。”如果这样，全人类也会热爱中国的古典文化。如果这种古典文化不能“与时偕行”地自我更新，中华民族的子孙要么为它自殒其身（它会让中华民族在地球上消失），要么总有一天会抛弃它。为了中华民族的复兴，我们就不只是考虑如何单纯传承的问题，而是要考虑如何在继承中改造、如何通过改造而继承的问题，而不是让幼童一头扎进古书里死记硬背。

我以为，总会有人选择从事古典文化的研究、继承、改造和建设事业的。但自由选择职业，与周围的大人如同诱拐幼兽入罗网一般让他不自觉地进入这种职业，大概是截然不同的。那种天性健全地展现的人从事古典文化的研究工作，与那种从小便被古典文化包裹，注定要为其生为其死的人从事古典文化研究和建设，恐怕其治学态度、研究目的、学术建树等等都会有天壤之别。

七、儿童读经运动是对儿童的“强暴”与“奴役”

知识或真理要靠具体的个人发现或理解。主体发育水平尚未达到相应的高度，不消说去发现真理，即便是理解都难。这时，那自以为掌握真理的人如果强迫这些在生理和心理方面尚未成熟，或者还未做好精神文化层面的准备的儿童去接受真理，那就是“强暴”与“奴役”。他不只是糟蹋了教育内容，而且糟蹋了教育；最糟糕的是，他糟蹋了儿童的生活，糟蹋了天性，糟蹋了儿童成长的种种机会。

牛排有营养价值，这是对于有消受牛排的消化系统的人而言的。如果将牛排让新生儿吞食，那就荒唐了。儿童读经运动的倡导者将儿童视为“牛”，说什么牛有四个胃室，可供储存和反刍囫囵吞下的草料。然而，新生的牛犊尽管有四个胃室，但它们依然需要老牛哺乳。老牛们也不会强迫新生牛犊去吃草的。成牛的反刍也要当天完成，否则便会生病。儿童读经运动的倡导者提出儿童读经的“反刍理论”，主张儿童乃至新生儿去“读”古代经典（甚至还主张“胎教读经”）。这不只是不“人道”的问题，而且还是不“牛道”的问题。所以用牛之“反刍”理论作为比附的读经倡言是错误的。让儿童了解真理并不错，但其方法如果违背儿童理解、掌握真理体系的种种规律和前提条件，甚至破坏这些前提条件，这本身就是对真理体系的破坏，同时还是对儿童的“强暴”与“奴役”。

保全童心便是弘扬传统文化①

夫童心者，绝假纯真，最初一念之本心也。若失却童心，便失却真心；失却真心，便失却真人。人而非真，全不复有初矣。

——李贽：《童心说》

《中国教育报》编者按

近年来，随着传统文化热的涌动，一些幼教机构和家长把传统文化不加区分地传递给幼儿，以为诵读一些经文典籍、模仿古人礼孝仪式等，便是继承弘扬了传统文化，而忽视了幼儿的认知规律和学习特点。

幼儿阶段进行传统文化教育，应尊重幼儿身心发展规律，以科学的态度对传统文化进行鉴别、扬弃、转化和创新。自本期起，本刊将推出“优秀传统文化与幼儿教育的融合”系列报道，关注学前教育阶段开展传统文化教育的现实问题、发展难题和有益尝试。

“在幼儿园弘扬优秀传统文化，最好莫过于让幼儿园能体现我国优秀传统文化中的教育学精神。”日前，南京师范大学教授刘晓东接受《中国教育报》记者采访时这样说道。循着优秀传统文化中的教育学精神这一脉络，记者与其展开了对话。

一、中国的优秀传统文化是指什么

记者：2014年，教育部印发了《完善中华优秀传统文化教育指导纲要》的通知，鼓励各地大中小学充分挖掘和利用本地中华优秀传统文化教育资源，开设专题的地方课程和校本课程。我们想就幼儿园继承弘扬优秀传统文化这一问题进行采访。

刘晓东：从1990年代以来，中国传统文化的继承问题成为学界和民间的热点话题，于是读经运动逐步热闹起来。这里面牵涉到一些基础问题，例如，中国

① 该文是《中国教育报》记者常晶所做的访谈录，发表于该报头版头条（见记者常晶．保全童心便是弘扬传统文化——访南京师范大学教授刘晓东［N］．中国教育报，2016－01－17.）考虑到报纸读者的阅读特点，访谈录发表时删削了部分论证环节。这里发表的是访谈录全文。

的优秀传统文化是指什么。

记者：中国的优秀传统文化是指什么，您是如何认识这一问题的？

刘晓东：在历史上，什么是中国的优秀传统文化，是有争论的。改革开放前与改革开放后，人们对这个问题的认识就有天壤之别，我这里不谈这个问题。我想说说明朝时期的一个历史公案。明朝晚期的思想家李贽提出一套童心主义的思想体系，他在《童心说》中说："夫童心者，真心也。若以童心为不可，是以真心为不可也。夫童心者，绝假纯真，最初一念之本心也。若失却童心，便失却真心；失却真心，便失却真人。人而非真，全不复有初矣。"在李贽看来，童心是第一位的；经书、圣人之言等等均发源于童心，因而是第二位的；经书、圣人之言等等文化层面的东西均应守护童心而非障蔽之。他有这种观念，也就不难理解他为什么提出"不以孔子之是非为是非"的观点了。这一观点是关于文化的、伦理的、政治的观点，非常类似于改革开放伊始改革家们反对"两个凡是"的思想主张。他的"不以孔子之是非为是非"，其实质还是反对以外部文化障蔽人内在的天性。在他看来，只有如此，社会文化才能由于每个人童心的保全与充分表达而得以兴旺发达。

日本学者岛田虔次将李贽的思想看成是"中国近代思维的一个顶点"，认为李贽的"童心"说是"（王阳明）良知的成年"。它岂止是王阳明"良知的成年"，而且是中国思想史上心性学说的成熟，是中国天人合一说的成熟。然而就是这个李贽，被当时有权有势的知识分子官僚举报于朝廷，皇帝便以"非圣无法"之名将其逮捕下狱，李贽在狱中为免受辱而自戕。

当时已有不少人悄悄同情与支持李贽的思想，但更多的人将李贽视为异端。这就牵涉一个问题，到底哪一方代表中国优秀传统文化。我很认同岛田虔次将李贽的思想看成是"中国近代思维的一个顶点"的说法。也就是说，我认为李贽代表优秀传统文化，而导致李贽下狱自戕的顽固势力所代表的是传统文化中的糟粕。当然，从历史上看，两种对立的文化立场往往又会同时存在于具体的个人身上，例如，被我们视为进步思想家的黄宗羲、顾炎武、王夫之等人亦对李贽有所攻讦。历史是在复杂的乃至矛盾的文化力量的角力中前行的，这种角力甚至会体现在思想家的头脑里。

李贽代表了现代社会的方向，遗憾的是他的下狱自戕标志着中国的近代思维、现代思维甫一出场即遭扼杀，这就为后来“几千年未有之大变局”的发生埋下了祸根。亦可看出，在中国所拥有的文化传统中，有些文化传统是与文化专制、思想禁锢联系在一起的。我们不能弘扬这些东西。

我提出李贽下狱自戕这一公案，就是想指出，应当加强对“什么是中国优秀传统文化”这一问题的研究，这是能否在正确方向上弘扬传统文化的理论前提，否则有可能南辕北辙。

二、幼儿园弘扬传统文化宜持审慎态度

记者：是的，弘扬优秀传统文化，当然首先应当了解什么是优秀传统文化。据我所知，您一贯主张，儿童教育应当师法自然，尊崇天性。您认为在幼儿期开展中国优秀传统文化教育应当注意什么？

刘晓东：我注意到，教育部2014年印发的文件《完善中华优秀传统文化教育指导纲要》第三款，提到“分学段有序推进中华优秀传统文化教育”。文件中提到的这些学段分别是小学低年级、小学高年级、初中、高中、大学，而未提及幼儿园。可见，文件的制定者对于在幼儿园弘扬优秀传统文化，持审慎态度。我是赞赏这一审慎态度的，这是由我对幼儿园使命的理解所决定的。

“幼儿园”（Kindergarten）这一教育机构最早是由德国教育家福禄培尔创办并命名的。福禄培尔认为幼儿园与学校是不同的，学前儿童“不能（像大年龄儿童那样）接受训练与教学，而只需要单纯地发展”。幼儿园是按人性胚芽成长的自然法则来开展教育的地方。其实，从夸美纽斯、卢梭，再到福禄培尔的老师裴斯泰洛齐那里，就有类似的儿童观和教育观。福禄培尔发展了这些现代观念，以此为理论依托而创建了幼儿园。在福禄培尔之后，杜威提出的“教育即生长”其原则也与福禄培尔乃至夸美纽斯、卢梭、裴斯泰洛齐的观念是一致的。

福禄培尔超越前人的地方在于，他对童年有更为深刻的洞见，他发现童年在人生中具有崇高的位置。福禄培尔写道：“我把童年生活视为我的老师，向它学习，正像我在回顾自己的生活时将童年作为一个人并从中学习一样。”他甚至认为，如果成人不断发现童年的意义并满怀敬意地“与儿童一起生活”，便能开启人类的新纪元。可以看出，这与中国的童心主义思想是相似的。

记者：在福禄培尔之后，还有一位著名的幼儿教育家蒙台梭利。她是如何

理解幼儿教育使命的？

刘晓东：蒙台梭利将福禄培尔等人的观念又向前做了推进。蒙台梭利认为儿童与生俱来地拥有精神财富和心理能量，这是儿童成长的源泉和动力。她的“内在教师”概念其实是将儿童的这种先天的精神财富和心理能量做了拟人化的指称。蒙台梭利主张，教师应当听命于儿童的“内在教师”。蒙台梭利认为，大自然为了保护每一个年幼儿童免受成人观念的影响，从而给予促使儿童发展的那位内在教师以优先权。可见蒙台梭利非常重视儿童自身内的“内在教师”的地位，她主张外部的教师应尽可能了解、尊崇与遵从儿童的“内在教师”，这便抑制了外部教师在教育中的“任性”。

当然，教师这个角色应当与“内在教师”是统一的，这只是一种理想的说法。苏联时期的教育家苏霍姆林斯基自言将整个心灵都献给了孩子，其实就是试图实现这种统一。苏霍姆林斯基的教师生涯就是从开办学前班开始的。

在蒙台梭利看来，所有儿童都天生具有一种“吸收”文化的能力，而不需要任何直接的教学。她认为在幼儿园，“教育并不是教师教某些东西，而是人的本能发展的一种自然过程。它不是通过听讲，而是通过儿童作用于他的环境的经验而获得的。教师的任务不是讲授，而是在专门为儿童提供的环境中准备和安排一系列有目的的文化活动。”蒙台梭利强调：“我坚持认为，任何教育改革都必须依据人的天性。人自身必须成为教育的中心。”她认为通过教育改革，人的天性、人与生俱来的精神财富将引领人朝向新人、新人类的诞生。

蒙台梭利非常重视儿童在世界重建中的作用，因而曾满怀激情地写道：

“如果我们遵循这些原则，儿童就会以自然奇迹中最伟大和最感人的形象呈现在我们面前，而不会成为我们的一种负担！我们发现自己所面对的不再是一个被看作是不能自立的生命，不再像一个等着用我们的智慧去填塞的容器；而是一个越来越有尊严并被看作是我们自己心灵建构者的人，一个在他的内在教师的引导下按照精确的时间表在愉快和欢乐之中不屈不挠地工作的人，以创造宇宙中最伟大的奇迹——人类。我们教师只能对这个正在进行工作的儿童提供帮助，就像服侍主人的仆人一样。因此，我们成为人的心灵发展的见证人。”

显然这与中国的童心主义思想是可以相互会通、相互支援的。

蒙台梭利甚至认为，蒙台梭利教学法的真正秘密是对儿童的发现，蒙台梭利教学法的真正教师是儿童。当前备受瞩目的意大利瑞吉欧幼儿教育的观念与实践，究其实质，就是对幼儿“内在教师”的发现与利用。这个“内在教师”其实又与卢梭的“自然人”概念相通。“自然人”“内在教师”又与中国的“童心”“赤子之心”概念相通。

三、童心主义是当前需要弘扬的传统文化

记者：中国的童心主义强调童心是文化的本位，这一思想对于中国的教育改革会有所贡献吗?

刘晓东：当然会有所贡献。“童心”或“赤子之心”是中国童心主义思想中的核心概念。从春秋战国时期老子“复归于婴儿”、孟子“大人者不失其赤子之心”“人皆可为尧舜”，到宋代陆氏兄弟“孩提知爱长知钦，古圣相传只此心”，到明代王阳明的“吾性自足”“满街都是圣人”“个个人心有仲尼，自将闻见苦遮迷”，再到明末罗汝芳“赤子之心自能做得大人”，再到李贽的童心说或童心本体论，童心主义哲学的建设基本完成。

钱穆去世前作《中国文化对人类未来可有的贡献》一文，时年 96 岁。他总结中国传统文化可贡献于世界的核心思想是“天人合一”说。钱穆认为“天人合一”是儒学的最高命题，他自言屡屡对这一最高命题“专一玩味”，并因自己最终“彻悟”而感到“快慰”。我以为，在儒道释各家学说中，最能高明地体现“天人合一”说的，当属童心主义思想。童心主义思想是中国“天人合一”说最充分、最完全的体现，是中国“天人合一”说的思想高峰。

童心主义所强调的童心本位与现代教育学所主张的儿童中心、儿童本位可以相互会通、相互支援。这就意味着，中国的教育改革和现代教育学体系建设可以在本土思想资源中找寻到深厚而肥沃的土壤。在历史上，这一学说的代表人物李贽曾被视为异端，而历史已经表明，李贽等人的童心主义思想是可以与西方的现代思想相互通约、相互支持的。在我看来，童心主义是当前需要弘扬的优秀传统文化。

四、反对在幼儿园开展“读经”活动

记者：听您介绍幼儿园的教育使命，我能领会您为什么会赞同《完善中华优秀传统文化教育指导纲要》这一文件未提及幼儿园。我还想了解您对下面这个问题的看法。您肯定也看到，近年来许多家长让幼儿在家死记硬背《三字经》

《千字文》《弟子规》等等，或干脆送孩子去专门的“国学培训班”“国学幼儿园”，俨然一场幼儿读经运动。有些著名学者也在支持幼儿读经。您怎样看待幼儿读经这一现象？

刘晓东：前面已经谈到我对幼儿教育的理解，显然，幼儿读经热是与我所了解的现代幼儿教育观念相悖的。如果不了解现代幼儿教育的观念，在弘扬传统文化的浪潮中，出现幼儿读经热也是难免的。以弘扬传统文化为己任的学者如果不了解现代幼儿教育的观念，那么，他们中有人将鼓吹儿童读经作为自己的文化使命或道义责任，也在所难免。例如，某著名学者曾编订《中华文化经典基础教育诵本》十二册，并在某著名出版社出版发行。该学者提出“胎教诵读”“学龄前儿童诵读”等，声称听读《诵本》能够让人从娘胎里开始得到“经典的熏习与护持”。这就将读经变成了巫术，这种思维显然是原始思维。

这位学者主张幼童从学会说话开始，用不到两年时间背完《诵本》十多万字，然后反复复习，到学龄前阶段结束时。这种读经方法，其实是将外在的、与幼儿生活异质的东西，强行塞入幼儿的生活，这会破坏幼儿在其独有的生活中实现其成长的种种途径和时机，对幼儿成长非徒无益，而又害之。在幼儿园弘扬传统文化的这种做法是值得警惕的。我不主张幼儿读经。我反对在幼儿园开展所谓“读经”活动。

五、幼儿园应千方百计保全童心

记者：幼儿教育里蕴藏非常复杂而深奥的专业性学问，开展传统文化教育是不能违背幼儿成长规律和幼儿教育规律的。对于幼儿教育，不宜随性臆想、贸然指点。那么，您认为如何在幼儿园弘扬优秀传统文化呢？

刘晓东：在幼儿园弘扬优秀传统文化，最好莫过于让幼儿园能体现优秀的传统文化精神，体现我国优秀传统文化中的教育学精神。

我国最早的教育学文献《学记》即强调，“禁于未发之谓豫，当其可之谓时”。“禁于未发之谓豫”不应像以往那样，将其理解为“学生不良行为发生之前就注意预防即为防范”（否则就歪曲了与“已发”相对的作为中国古代哲学关键词的“未发”），而应理解为“教师不应当让年幼儿童接触难度较大的学问，这一原则称为豫”。所谓“豫”有丰富的意义，即：要让年幼儿童悠闲舒适，从容成长，让儿童享受当下的生活，避免有损于儿童的成长。《学记》篇幅虽小，但其义理博大精深，可谓中国教育思想史甚至人类教育思想史上健康的婴孩。我曾专文讨论其诠释问题。

这种教育观在中国思想史中未曾断绝。《传习录》这样记载王阳明的观点："为学须有本原，须从本原上用力，渐渐盈科而进。"①王阳明取譬婴儿来说明学与教都应当立足于本原：婴儿"出胎后方始能啼，既而后能笑，又既而后能认识其父母兄弟，又既而后能立能行、能持能负，卒乃天下之事无不可能，皆是精气日足，则筋力日强，聪明日开，不是出胎日便讲求推寻得来。故须有个本原。圣人到位天地，育万物，也只从喜怒哀乐未发之中上养来。"在王阳明看来，教育应当立足于本原。从王阳明的言论来看，用现在的话说，就是立足于人的天性；学与教"只从喜怒哀乐未发之中上养来"，让"未发"的自然天性按其自身的所受天命（当然是生命的进化历史所赋予的天命）而表达出来，让潜存的"未发"在"当其可"之时转变为现实的"已发"；面对人的天性，教育者应"勿助勿忘"，而非揠苗助长。这些思想体现了中国优秀的教育学传统，它们与现代教育学观念是可以相互会通、相互支援的。

《传习录》还有这样一段记载："'与其为数顷无源之塘水，不若为数尺有源之井水，生意不穷。'时先生在塘边坐。傍有井，故以之喻学云。"这里谈的依然是，学与教应当以人为本，以儿童为本，内得心源为先，外师造化为其次。《中庸》有"君子尊德性而道问学"的说法，不就是说以"尊德性"为先，以此为前提而"道问学"吗？"尊德性而道问学"不正是王阳明以上几段话的意思吗？这里特别值得注意的是，王阳明在此提到的"生意不穷"。此"生意"不就是指人的生命力、创造力和儿童茁壮成长中所体现的自然意志（中国古代哲学中有"天志""生生""春意""自化"等类似概念）与蓬勃朝气吗？这与西方现代幼儿园运动所体现的儿童观和教育观是可以相互通约的。

马克思认为未来的理想社会是通过向人的本性复归来达成的，这与中国古代"复性""大人者不失其赤子之心""赤子之心自能做得大人"等观念也是相

---

① "盈科而进"，其典出于《孟子》。孟子曰："源泉混混，不舍昼夜，盈科而后进，放乎四海。有本者如是，是之取尔。苟为无本，七八月之间雨集，沟浍皆盈，其涸也，可立而待也。故声闻过情，君子耻之。"（《孟子·离娄下》）盈，满；科，坎。此句可与王阳明"盈科而进"句互释。王阳明"为学须有本原，须从本原上用力，渐渐盈科而进"，是强调学有本原，学习应以本原为资源，以本原为起点，循序渐进。《大学》有云："物有本末，事有终始，知所先后，则近道矣。"

互支持的。

为幼儿的健康成长提供各种教育条件，让幼儿“从本原上用力”，对其不做过分要求，使其不受过多干扰，保全其童心，这便实现了幼儿园继承与弘扬中国优秀传统文化的任务。每个幼儿只要保全童心，便为弘扬中国优秀传统文化做了力所能及的贡献。幼儿园千方百计实现保全童心这一教育目的，便实现了优秀传统文化的要求；这也意味着优秀传统文化在幼儿身上、在幼儿园那里得以复活。还有比这更能继承和弘扬优秀传统文化的教育措施吗？

在儿童读经运动的背后

今之教者，呻其占毕，多其讯言，及于数进而不顾其安。使人不由其诚，教人不尽其材，其施之也悖，其求之也拂。①

——《礼记·学记》

从19世纪开始，中国在与西方列强的遭遇中弱势尽显，中国文化遭遇了几千年未有之变局。中国文化向何处去，成为中国人面临的首要文化难题。对这一问题的探寻和解答，历经波折，人们带着种种困惑进入21世纪。改革开放让古老的国家焕发青春，然而中西文化的全面接触与碰撞，又使人们担心文化自我的丧失。于是，弘扬传统文化，建设中国本位的文化，成为一种思潮。在这种背景中，儿童读经运动从20世纪90年代中期开始，在海内外华人世界蔓延开来。

一、儿童读经运动背后的文化弊病

儿童读经运动是一场教育运动。这场运动的教育方法就是王财贵所倡导的所谓“六字箴言”（“小朋友，跟我念”），这是公然主张死记硬背。蒋庆编订读经教材，鼓吹中小学生、学前儿童乃至母腹中的胎儿都应“读”经，这在历史上是登峰造极的。②

儿童读经运动从其开张那天起，其主张与行动就包含尖锐的矛盾而难以自圆其说。这一运动要求儿童死记硬背的经书就包括《礼记》中的《学记》，而《学记》是批评死记硬背的。儿童读经运动所推崇的朱熹、王阳明等人也是反对死记硬背的。如果儿童读经运动的倡导者真的推崇《学记》这样的经书、尊崇

① 文出《礼记》之《学记》篇。呻，诵读。占，同“苫”，竹简。毕，竹简。占毕，指课本。讯，信息、告知。多其讯言，大搞知识灌输。及，急于。数，同“速”。安，安适。悖，背离。拂，拂逆、违背。释文：如今的教师，仅知念诵书本，大搞知识灌输，急于追求快速前进，而不考虑学得是否安适。这就让人学不由衷，教人不尽其材。教育违背了规律，便会适得其反。

② 蒋庆.《中华文化经典基础教育读本》前言［M］//胡晓明.读经：启蒙还是蒙昧？——来自民间的声音.上海：华东师范大学出版社，2006：7.

朱熹和王阳明这样的“圣人”，他们就应当主动扯掉儿童读经运动的旗帜。

儿童读经运动也是一场文化运动。儿童读经运动是与一种特殊的文化观相伴随的，那就是，中国当前的文化问题和社会矛盾与中国传统文化的没落相关，尤其是与向西方学习或西方文化的入侵相关。于是，有些文化名人联名倡议国家设立幼童学校，将一些幼童养起来，专门读经，以继承传统文化的血脉；[①] 另一些文化名人联名发表宣言，倡导建设中国本位的文化；有的学者（如蒋庆）甚至主张“暂缓”中西文化沟通。

中国文化的路向是不是就一定要走回头路，走向所谓“传统”，这是一个复杂的问题。我们就生活在中国文化中，文化传统就在我们身上，就在我们心里，尽管它主要以文化无意识的形态而存在着。即便是传统本身，也不是单一的，而是多元的，不同的历史时期有不同的生活、不同的人物、不同的学派、不同的思想，你说弘扬传统，是弘扬诸子百家时期的文化气象，还是弘扬封建王朝几乎都推行的独尊一家的传统？这都是复杂的问题。

主张中国文化本位的人士担心中国会“全盘西化”。其实中国的文化是有自己的文化自我的，这是中国文化走向未来的逻辑起点，无论文化自我如何顺应时代，如何学习西方，她还是她，中国文化的身份并没有改变。没有听说过，谁吃了大米就变成水稻，吃了鸡肉就长翅膀的。中国人学习西方文化并不会变成西方人，与那种自我封闭的中国人相比，他们是开明的中国人。兼容并包，左右逢源，会大大强健中国文化的自我。

“江山代有才人出，各领风骚数百年。”在这个迅猛发展和激烈变革的时代，中国文化应当敞开胸怀，迈步向前，而不是向后转。试图在古代经书中找寻中国未来的发展方向，显然是错误的。

主张中国文化本位，很容易走向文化保守主义、狭隘民族主义甚至蒙昧主义。其文化胸襟不如“改革开放”的主张开阔，其境界低于“面向现代化，面向世界，面向未来”的主张。

崇拜经书的读经运动的倡导者们不应当忘记《诗经》里的这句话：“周虽旧邦，其命维新。”中国虽有悠久的文化传统，然而，中国文化的使命是开拓和创新，她要不断生长和发展，而不是走回头路。

---

① 刘晓东．评儿童读经运动［J］．学术界．2009（3）：93.

二、儿童读经运动背后的教育弊病

儿童读经运动从20世纪90年代中期折腾到现在，依然如火如荼，不只是文化研究的学者应当承担责任，中国教育学界也应当承担责任。对于儿童读经运动，中国的教育学界总体上来说是集体失语的，个别发声者有的是为儿童读经运动提供所谓的“理论”支援，有的则是对支持读经与反对读经的双方各打五十大板，而那些反对儿童读经运动的学者孤立无援，时而面临难言的尴尬与困扰。

儿童读经运动会破坏儿童的生活，阻碍儿童的成长。这一运动是与儿童教育的现代观念和现代立场相悖的。卢梭的《爱弥儿》一书在“发现儿童”的基础上提出了“教育即儿童的自然发展”的教育理论。此后，正如杜威所说，一代代教育改革家都是立基于这一观念而建设自己的教育理论的。[①] 杜威、蒙台梭利等人都是如此。儿童教育的现代观念和现代立场是以“发现儿童”为前提而发展起来的。[②]

遗憾的是，中国的教育学总体上来说不是建立在儿童研究的基础上的，这与中国的儿童研究的贫瘠是相关的。作为一个童年研究和儿童教育研究的从业人员，当我第一次进入纽约的哥伦比亚大学图书馆，那一排排、一架架研究儿童史、儿童哲学、儿童社会学、儿童心理学等的书籍展现在我的眼前，我为西方儿童研究方面的学术积累和学术成就而格外震撼，而我国的儿童研究与其相比，基本上还处于起步阶段。

没有对儿童的深入研究和了解，也就难怪中国的教育往往会将蛮力使在教材、“双基”、记诵、训练、“应试”等上面，大打“消耗战”“题海战”，然后陶然自得于中国基础教育比美国扎实，而恰恰忘记了儿童的世界是怎样的，儿童的成长规律是怎样的，儿童的成长真正需要什么，怎样才能有一个宽裕从容、体验丰富、健康成长的童年，儿童的成长究竟需要怎样的文化条件和教育条件，儿童教育的天职与使命究竟是什么……而在我看来，美国基础教育之不如我们

---

① 杜威．明日之学校［M］//杜威．学校与社会·明日之学校．赵祥麟等，译．北京：人民教育出版社，1981：221.

② 刘晓东．论儿童本位［J］．教育研究与实验，2010（5）：25—26.

“扎实”，恰恰是因为他们的基础教育是建立在大量的儿童研究基础上的。[①]

儿童的发展有其自然规律，有其复杂的自然辩证法。“我们历来就是这样教育小孩子”“这是我们的优秀文化传统”“棍棒底下出孝子”“鲁迅、沈从文等文化名人小时候个个都背过经书”“我们的孩子比美国的更会做‘奥数’难题”等说法或思维方式，是不能论证儿童教育学问题的。

有位作者说，儿童读经运动的倡导者极有可能是对于现代教育的一场蓄意反叛。[②] 我以为未必是“蓄意反叛”，而是他们根本就不知道何谓“现代教育”。他们用落后的封建教育思想来批判先进的现代教育思想。这里不说过去极“左”政治对杜威的批判，只说在今天的中国，有些专家不还是觉得杜威“反动”吗？即便不认为杜威“反动”的那些专家在肯定杜威的时候，不也“公允”地用“一分为二”的思想方法批评杜威吗？我不是说杜威不能受到批评，而是说杜威在中国常受的批评恰恰是现代教育的精髓和秘密。你认为那是杜威的缺点、美国教育的弱点的东西，恰恰是现代教育学的真谛，恰恰是两三百年以来世界上最顶级的教育思想家一代接一代不断重申的东西，恰恰是中国教育学应当发展的方向。

儿童教育的现代观念和现代立场是中国文化的盲点。儿童读经运动存在的弊病同样存在于我国的学前教育、小学教育、基础教育中。中国的基础教育改革为什么难以走出瓶颈，根本原因就在这里。

所以，蒋庆主张的“暂缓”中西文化沟通的说法是无法令我信服的，至少在我从事的儿童研究和儿童教育研究领域，中国是需要虚心向西方学习的，这种学习有益无害。

三、中国文化中的优秀传统与儿童读经运动是水火不容的

儿童读经运动号称其目的是弘扬中国文化传统，但事实上，它是反中国文化中的优秀传统的。对这一问题，我曾不止一次地讨论过。例如，先秦《学记》把“禁于未发”作为“大学之道”的内容之一，意思是不要让处于童蒙阶段的

① 刘晓东．摒弃“双基”理论，树立儿童本位的课程观［J］．全球教育展望，2010（6）：21.
② 丁海东．理性面对幼儿读经热，确保对幼儿天性的尊重［N］．中国教育报，2011－04－22.

那些应当学习“小学”的儿童，学习抽象难懂的学术著作。[①]《学记》甚至还有专门反对死记硬背和灌输教学的主张：“今之教者，呻其占毕，多其讯言，及于数进而不顾其安。使人不由其诚，教人不尽其材，其施之也悖，其求之也拂。夫然，故隐其学而疾其师，苦其难而不知其益也，虽终其业，其去之必速，教之不刑，其此之由乎！”在这里，《学记》指出了死记硬背和灌输教学的种种危害。而儿童读经运动恰恰是让儿童“呻其占毕”、死记硬背，完全违背了《学记》的教育精神和思想传统。先秦《学记》这段话，可对治当前的儿童读经运动的教育信念与行动，亦可对治流行于世的“千万不要输在起跑线上”等类似口号。

中国文化经典中反对死读经书的文化还有许多。为什么不继承这种优秀传统，反而继承传统中的糟粕呢？为什么非要继承蒙昧教育的传统？

如果某种文化传统不惜牺牲儿童的成长和幸福，不惜牺牲整个民族每一代人的童年来死背经书才得以苟延残喘，那么，我们就真的应当考虑把这种文化传统送入博物馆了，如同中国历史上曾经如火如荼过的裹足习俗被送入博物馆一样。“三寸金莲”是裹足习俗造就的，而儿童读经运动是一场裹头运动，它将造就畸形的“头脑”。不过，我相信，中国文化中那些优秀的文化传统是反对这种传统的。[②] 历史将会越来越清晰地向世人昭示，儿童读经运动是全球化、现代化背景中，一群中国人（这是一群成人）对儿童的大折腾、大捆缚。

---

① 刘晓东．先秦《学记》“禁于未发”章新诠［J］．南京师大学报：社会科学版，2008（2）：74.

② 关于中国的优秀文化传统，我曾写有《童心哲学史论——古代中国人对儿童的发现》一文，该文载《南京师大学报：社会科学版》2015 年第 6 期。

创新需要超越习俗常规

自我实现者的创造性在许多方面很像完全快乐的、无忧无虑的、儿童般的创造性。它是自发的、不费力的、天真的、自如的，是一种摆脱了陈规和陋习的自由。

——马斯洛：《存在心理学探索》

人类发展离不开创新。人们对创新活动已进行了大量的研究。遗憾的是，大多数学者只是围绕着创新性思维争论不休，却很少回首旁顾创新性人才的其他特点。创新能力的本质决定了一种创新性活动必然是与众不同的行为，也决定了具有高创新能力的人无论是在内在观念还是在外显行为方面都会偏离文化规范。由于缺乏这种常识，人们在他们身上看到的往往是“怪异的”思想和行为，却很少认识到他们对人类历史和社会生活产生的真正意义。结果，创新性人才不但得不到赞赏，反而常常受到恶劣的对待。善于创新的人物那种为众人不可思议的“怪异”之处，却正是他们的超常所在，也正是创新产物产生的动因之一。我以为，善于创新的人物的个性是超越习俗常规的个性，这种个性是创新的首要因素。

一、智力并非创新的首要因素

在社会背景和教育条件相似的情况下，就有些人而言，毫无疑问是智力超常的，但是他们却没有很高的创新能力；而有些人的智力并不一定出类拔萃，却有高度的创新才能。原因何在？

心理学研究表明，同创新能力相对应，智力有一个阈值，就是智商一百二十。智商低于这个值的人固然不可能具备创新才能，但智商高于这个值也无补于创新能力的提高。[①] 美国心理学家特尔门（L. M. Terman）对超常儿童的才能发展进行了半个多世纪的跟踪研究，结果表明：智力超常者并非人人都有成就，只有那些长年锲而不舍、精益求精的人才有可能获得成功。意味深长的是，一

① 周昌忠编译．创造心理学［M］．北京：中国青年出版社，1983：160.

些被称为天才的人却否认自己有什么天才，而多把成功归结于自己不屈不挠的奋斗等。爱因斯坦就曾说过："人们把我的成功归功于我的天才，其实我的天才只是刻苦罢了。"爱迪生则认为天才是百分之一的灵感加百分之九十九的汗水。在灵感与汗水之间，马斯洛更强调汗水，他幽默地说："灵感一角钱可以买一打"，但是"与托尔斯泰的《战争与和平》这样的最终产品之间，还需要大量艰苦的工作、严格的自律和训练"。[①] 综上所述，我们可以断言，智力只是创新能力的一种因素，创新能力除了包括智力因素外还包括非智力因素；创新能力要有一定的智力基础，但是智力高的人并非都有高度创新能力。

唯有孩子的眼睛才能看穿皇帝的新衣，而事实上他不可能比成人更博学更聪明，但是他却比成人更少一些盲从的习惯。由此可见，发明创新的首要因素不在于更多的智力。那么创新的首要因素是什么呢?

二、一个人的性格就是他的命运

古希腊的德摩斯梯尼原先患有先天性口吃，即使三言两语，他讲起来也是期期艾艾，气喘吁吁。然而经过数年苦练，他竟成了全希腊最卓越的演说家。性格就是命运，这是一个有力的证明。

性格是一个人个性特征的独特结合。有些心理学家把性格分为四个方面：一是表现在对人对己对现实的态度方面的性格特征；二是性格的意志特征；三是性格的情绪特征；四是性格的智慧特征。正是性格的这四个方面，使人所皆有的认识、情感、意志等心理活动具有了鲜明的个人色彩，从而决定了不同的人在认识自我和社会、改造自我和社会的过程中所采取的不同态度和不同动机。如果说大脑是神经系统的司令部，那么我们也可以说性格是心理活动的指南针。

性格不仅在心理学界受到重视，就是在文艺界也颇受偏爱。几乎所有伟大的小说家、剧作家都对性格有所探讨。如巴尔扎克说过，性格的研究涉及产生人的行为的动机问题，换句话说，就广义而言，人的行为、感觉、思考的方式，并不只是对现实的状况做出反应的结果，而是由人的性格特点所决定的。性格的倾向性是人的行为和许多思想展现其个人风格的根源，人是根据自己的性格

① 弗兰克·戈布尔．第三思潮：马斯洛心理学［M］．吕明等，译．上海：上海译文出版社，1987：29.

来行动和思考的，性格结构既决定了一个人的思想和观念，又决定了一个人的行为。赫拉克利特认为性格是人的命运，不可能立足于这个原因之外。

创新性思维是创新活动的核心，而创新能力的本质决定了创新性思维必然是超越常规的思维。超常规的思维绝不是无缘无故发生的。任何存在的东西必然有其存在的原因，创新性思维也不例外。我以为，创新性思维是在某种独特性格、独特个性的引导下产生的。

三、超越习俗常规的个性

善于创新的人物遍及社会的各个领域，他们有的喜欢默默工作，有的却锋芒毕露，有的善于言辞，有的却罕开其口……但只要是善于创新的人物，他们就共有一种本质的特征——超越习俗常规的个性。

超越习俗常规的个性首先表现在对人对己对现实的态度方面。善于创新的人物比一般人更容易接纳自我，较少压抑自己的思想和冲动。他们热爱人类，但又不允许人类文化中存在他已查明了的任何渣滓。当发现自己的朋友或同事有某种缺点时，善于创新的人物总是倾向于毫不保留地予以指出，这对一般人来讲通常是很困难的。他们不怕客观现实中那些神秘的、使人困惑的东西，总是积极进取，勇于挑战，并从中选择难题，全神贯注地进行思考。

超越习俗常规的个性还表现在善于创新的人物的智慧、意志和情感特征方面。他们总是力图洞察事物最深的层次，不愿让观念、意见、书本插在自己与事物之间，很少让认识受到既成文化规范的束缚。他们甘愿冒着压力、危险道出事物的本质，并努力按其规定的要求进行思考和行动。在情绪、情感的表达方面，善于创新的人物很少进行自私的遮遮掩掩，他们比一般人更倾向于自然表达。

超越习俗常规的个性的内涵决定了超越习俗常规的个性是一种先进的、和谐的、健康的个性。

1. 超越习俗常规的个性是先进的个性。法国学者列维·布留尔对原始思维进行了卓越的研究。在其专著《原始思维》一书中我们可以发现这样的叙述：原始人在安排自己的狩猎和捕鱼的活动中极为经常地表现出惊人的灵敏和巧妙。印地安人的儿童与白人的孩子一样学习得又快又好。但是，“另一些同样惊人的事实，又证明了原始思维在绝大多数场合不同于我们的思维。原始思维的趋向是根本不同的。它的过程以截然不同的方式进行着。凡是我们寻找第二性原因的地方，凡是我们力图找到前行因素（前件）的地方，原始思维却专门注意神秘原因，它无处不感到神秘原因的作用。”①

那么原始思维和“我们”的思维差别的原因是什么呢？原书作者并未提供任何答案。笔者认为这种差异的原因在于两种不同的社会性格。

所谓社会性格，指的是属于一个文化时期绝大多数人所共同具有的个性结构的核心。随着社会和文化的客观条件的进步，社会性格就会进步。个人的性格不同于社会性格。尽管人们生活在同一个文化时期，每个人的性格却是不同的。社会性格是绝大多数人身上的性格，是一种中间状态。而在这种社会性格的两端必然会出现落后的性格和先进的性格。如弗洛姆所言，20 世纪的社会性格由这样一些人来体现，这种人的目的是使用而不是占有。但在 20 世纪的今天，人们仍然能在一些较为落后的社会阶层中找到 19 世纪的社会性格——把占有作为自己的目的。很显然，这些人的性格落后于我们的时代。

那么什么样的性格先进于社会性格呢？尼采是这样认识社会的开创者的。他说：“我辈天生的猜谜者，我们好像在山上等待，置身于今日与明日之间，置身于今日与明日之间的矛盾里。我辈是正在来临的世纪的头生子与早生儿……”②一句话，善于创新的人物是时代的早生儿，他们是报晓的雄鸡、早起的虫儿，是新时代的引领者。

2. 超越习俗常规的个性是和谐、健康的个性。具有超越习俗常规的个性的人，他的思想行为当然会与众不同，似乎不可理解。而在一般人看来，与众不同就是过错，不可理解就是荒谬。这就是高创新能力人物大都被看作怪人、危险分子、精神病患者的主要原因。

弗洛伊德通过对艺术家、作家和诗人的分析，认为艺术的创作过程与精神病人的症状的形成极为密切。紧张、冲突和变态心理可在一个正常人身上导致精神病。然而在艺术家身上却以神秘的方式变成了工作的动力。而马斯洛则认为，创新性同健康、自我实现和充分的人性几乎是同义词。富于创新能力的人的一个特点就是很少有自我的冲突。“信任、善良和美在我们文化中的普通人身

---

① 列维·布留尔．原始思维［M］．丁由，译．北京：商务印书馆，1981：8.

② 周国平．尼采：在世纪的转折点上［M］．上海：上海人民出版社，1986：12.

上只是一般地相联着，而在神经病人身上这种互相关联更差。只有在进化的成熟人身上，在自我实现的、充分发挥作用的人身上，它们才高度结合在一起，以至于在所有实际活动中，它们都可以说是融为一体的。”①

据研究，杰出人物中虽然有些人体质状况较差，患有各种神经官能症，但只有极少数有精神疾病，所占比例并不比一般人高。没有证据表明精神疾病与创新活动有何必然联系。因此我们说，善于创新的人物并非是精神病患者，两者之间存在天壤之别。

四、超越习俗常规的个性与创新性思维

思维的本质是具有意识的人脑对于客体的反映。在对客体的反映过程中，起决定作用的是意识状况，而不是纯粹自然状态的人脑。因为纯粹自然状态的人脑，人与人之间基本上是一样的，但是思维效能却有很大的不同，原因在于意识状况不同。这种因人而异的意识状况在思维过程中相对稳定地活动，起着思维定势的作用，从而形成了个性的智慧特征。这种思维定势使个性的智慧特征在思维过程中得到具体表现；同时，个性的智慧特征又决定了每个人在思维过程中必然受思维定势的影响。由此可知，创新性思维是在超越习俗常规的个性的作用下出现的。

通常认为，创新性思维是由发散思维和集中思维构成的。发散思维是为了达到某一确定的目标，而设想出全部的或相当多可能性以供选择的思维过程，它表现出同已有体系的不调和性。超越习俗常规的个性决定了善于创新的人物在认识事物时，善于发现超越当时文化常模的问题。在外界信息流中，一般人通常只接受按已有知识和概念编排的文化规范里的信息，而善于创新的人物对文化规范以外的信息也能尽量接受。他们不受权威、评价的束缚，见别人之不能见，思别人之不能思，从而使思考方式呈立体型向各个方面尽可能发散。

在发散思维进行的同时，集中思维则对发散思维提出的各种可能性进行比较选择，并集中到某一可能性。当思维产物与文化规范相吻合时，他们当然会与众人一样乐于接受；当思维产物与文化规范相抵触时，他们也决不会放弃自

---

① 弗兰克・戈布尔．第三思潮：马斯洛心理学［M］．吕明等，译．上海：上海译文出版社，1987：29.

己的成果。一般人纵使发散思维已经充分展开，但由于他们易受于压力和干扰，会产生自我怀疑。唯有创新人物总是不惜一切地捍卫真理。

几乎每一个有创新产物的人，诸如苏格拉底、布鲁诺、弗洛伊德、爱因斯坦等，都为捍卫“自己的”真理而孤军奋战过。综上所述，没有超越习俗常规的个性就不会有完善的创新思维，也不会有所发明创新。

五、为超越习俗常规的个性辩护

对当代许多科学家来说，价值观与科学是互相排斥的。而马斯洛却一反当代科学的时尚，旗帜鲜明地指出人类具有共同的价值观和道德观，认为人类有一个终极价值，一个全人类可以努力争取的远大目标。基于这种思想，马斯洛乐观地描述创新人物的社会生活，认为创新人物同普通人并非水火不容。笔者以为，从最终的远大目标上来看，创新人物奋力的目标与普通人是一致的，但马斯洛却没有看到，在通向这一最终目标的路途上，即使同一时代的人们各自前进的速度以及各自与最终目标的距离，都不可能是相等的。如果一个人比其他成员向目标快进了一步，那么他必然失去一大群同伴。这就是创新人物在社会生活中易受挫折的原因所在。人们常常责备他们“过分自信”“特立独行”等，却很少认识到这种个性的内在实质。是故很有必要为他们个性中最不为人理解的品质进行一些辩护。

(一) 内在的孤独

由于人们把寂寞、无聊甚至怪僻都当作孤独的代名词，因此孤独的名誉在公众的心目中十分不佳，这是由于人们根本不理解孤独概念的缘故。所谓孤独不外乎两类。一类是外在的孤独，诸如寂寞、无聊等，它是一种机缘性的、具体的、浮在表层上的感觉。另一类是内在的孤独，它是心理深处无法排解的一种意识。创新人物的孤独属于内在的孤独。超越习俗常规的个性使善于创新的人物在任何场合都有与众不同的思想和感情，由于这些思想感情无法同众人交流，所以他们时刻感受到一种隐隐约约的孤独。远洋而归的人们一旦踏上海岸，寂寞之情可能顿然全消，善于创新的人物立身闹市，却可能更加孤独。这就是两种孤独的区别所在。

创新人物产生孤独是必然的。很显然，在真理的险峰上越攀越高，同伴必然越来越少，也就必然产生孤独。创新人物产生孤独也是必要的。内在的孤独感把创新人物从极强的外部依赖性和顺从性中解脱出来，帮助他们重新获得身心平衡，建立内在的价值尺度。同时，内在的孤独又会使人处于一种自我发现的紧迫状态，这种紧迫状态鞭策着他们交友书籍，苦苦地思索和创新。

善于创新的人物并不像一般人那样显得易于合作，然而他们却是人类中最富有合作精神的人。在他们行为和态度的某些方面，也许看不出其合作能力，但我们能从其生命的全程中看出它来。

（二）怀疑一切

创新过程通常是这样一种形式：为了获得正确的认识，人们开始重新怀疑一切并重新研究一切。确也如此，当马克思的女儿问马克思“您的座右铭”时。他毫不犹豫地写下了“怀疑一切”。

马克思在刚刚开拓自己道路的时候就曾断言：只有“批判旧世界”，才能创立新世界。马克思所开拓的崭新的方向，不是那种妄图建立“供未来各个世纪使用的一劳永逸”的学说，他认为自己的迫切任务是：“无情地批判现有的一切。所谓无情的批判，就是要有两个不怕：一不怕现有的结论；二不怕触犯最高权威。”[①] 与马克思相似，几乎所有创新人物都勇于怀疑现成结论，勇于发现新问题。弗洛姆就曾将弗洛伊德同马克思进行比较研究，发现这两位思想家有着共同的基本前提，“我们可以用短短的三句话把它们完美表达出来。这三句话是：1. 我们必须怀疑一切；2. 人所具有的我都有；3. 真理会使你获得自由。”[②] 由此可见，马克思和弗洛伊德之所以能够有所创新，怀疑一切的个性品质起了不可低估的作用。

说到怀疑一切，必然要牵涉到如何对待权威的问题。必须承认，权威们对一定社会的发展确实起了巨大作用。但还必须承认，权威们一旦完成其历史使命，权威就会以自己在普通人心目中的特殊地位和特殊权力，以令人迷信的身份裁决真理。所以，对权威的顶礼膜拜、迷信盲从，就是对自己创新能力的扼

---

① 蔡桂林．名人的座右铭［M］．济南：山东少年儿童出版社，1985：4.

② 埃·弗洛姆．在幻想锁链的彼岸——我所理解的马克思和弗洛伊德［M］．张燕，译．长沙：湖南人民出版社，1986：29.

杀。爱因斯坦从不迷信，当他成了盛誉盖世的科学家后，曾开玩笑地说："为了惩罚我蔑视权威，命运使我本人成为一个权威。"人们开始崇拜他，他却反目相对，严肃地说："在我看来，个人崇拜总是没有道理的。"创新人物总是这样，他们不仅勇于批判现存文化，而且能够超越自我，敢于批判自己，也希望别人怀疑和批判自己的一切，从而使自己的创新日臻完美。

怀疑一切并非完全否定一切。这一点我必须强调。善于创新的人物的个性特点决定了他们对待一切文化成果的慎重态度。他们只是不愿跪在权威面前，而是要站到巨人的肩膀上去。

（三）坚实的自信

只有当一个人相信自己有能力迎接各项挑战时，他才有可能战胜它。然而，很多领导、教师、父母并没有了解到这一点。他们对部下、学生、子女所定的奋斗目标太高而常常忧心忡忡，认为这是"过分自信"，有的甚至苛责他们"没有自知之明"，这就致使那些想充分发挥自己力量的人不得不花费很多精力去对付种种偏见。

一个人有了十分伟大的自信，才敢说出他将来要超过爱因斯坦；而把目标定得这么高的人必定也会有软弱的时候，因为人人都有不足之处。但我们应意识到，爱因斯坦也有软弱的时候，然而他还是奋斗下去了。"人皆可为尧舜"，我们不宜对人的潜力存有任何怀疑。为了使人类得到充分发展，我们就必须怀有充分的自信。

发明创新总是不可避免地受到社会和思想领域的重重阻力，遇到研究条件方面的困难，而且还面临失败的袭扰。很难想象，一个不信任自己的人如何去创新。

创新人物的自信并非自命不凡，而是把自己真正投入到人类当中去；它不是把自己凌驾于众人之上，而是深信人的力量，当然包括深信自己的力量。

（四）浓郁的幽默感

高创新能力人物富于浓郁的幽默感，这是因为创新人物的心灵是高度解放和自由的。但是由于人们认为从科研到人生都是严肃又严肃的事情，所以人们往往把这种浓郁的幽默感视为"玩世不恭"。至于高创新能力的低年级学生，人们便认为他们“调皮捣蛋”。马克思在中学时代以极端调皮而闻名全校，老师和校长把他列为中等的、希望不大的一类学生中。

善于创新的人物有时不能遵循文化所规定的思想和行为，因此常常面临着某种社会压力，而幽默感则可以用社会许可的方式表达被压抑的思想。这也是善于创新的人物酷爱幽默的原因之一。

六、具有超常个性的人并非神话里的超人

具有超常个性的人并非十全十美。由于一些思想行为得不到理解，他们有时会采取一些怪诞的心理防御措施，有时对同事含有敌意，嫉妒、粗暴、令人难堪等等也可以在他们身上表露出来。甚至连优秀的德国学者赫尔姆霍兹也有这种情况，并且还发现了一个这样的规律：“依据对待对手的粗鲁行为的强化程度，可以在一定程度上判断本身成就的规模。”①

“Nihil humani a me alienum puto（人所具有的我都有）”，这句名言原是两千多年前《自我折磨者》一戏中的台词，但到了马克思口中，便具有了更特别的意义。它既包含坚定的自信，也包含了马克思对自己的评价等等。当女儿问他：“您是否常受情绪的压抑而经常沮丧呢？”他诚恳地写道：“有点惘然若失，有时犯重忧郁症，像伟大的唐·吉诃德一样。”② 评价任何事物都应看到多面性，对创新人物的评价当然也不例外。

具有超越习俗常规的个性的人并非神话里的超人，他是一个平凡的人，是一个复杂的生活中的人，是一个生活中的复杂的人。

七、对超越习俗常规者的理解和宽容

对超越习俗常规的个性的认识之所以十分紧迫，是因为只有充分发挥创新性人才的积极性，我们才能解决所面临的政治、经济、社会和科学的难题，才能应付各种复杂的局面。然而善于创新的人物在社会上的遭遇却让人忧心忡忡。

创新型学生一般在班上不怎么受欢迎，他们中的一些人在校表现不好，考试分数或许不高。而传统的教育，考试分数是被奖励大会、荣誉称号和金钱仪

① A. H. 鲁克．创造心理学概论［M］．周义澄等，译．哈尔滨：黑龙江人民出版社，1985：97.
② 瓦连京·奇金．马克思的自白［M］．彭卓吾，译．北京：华龄出版社，1990：205.

式化了的。这必然会人为地使创新型学生倍受挫折。

考试分数与创新有什么关系呢？苏联学者鲁克认为，如果教师具有很高的创新能力，那么创新能力高的学生就会取得很好的成绩，而创新能力低的学生的成绩通常较差；反之亦然。由此可见，分数关系到师生双边的心理特点，它不能单独决定一个学生有无创新才能。但是，教师往往没有注意到这一点。教师和学生仍为高分奋斗。强大的随俗压力使创新性难以发挥。创新性思想和行为不但得不到承认和赞赏，反而要受到批评、指责和孤立。

由于家庭、学校、社会“不懈努力”的教育，终于培养了一批高分人才，但大都只会做出出色的、循规蹈矩的成绩，在集体里“和和气气”地共事，从不提出使气氛紧张的问题和建议。很显然，他们是可以预测和支配的。但是，陌生的未来并不是让人们以最听话的态度去死板地执行，而是要求创新性地做出无先例可循的崭新决定。未来社会要求我们改变教育的纯分数目标，树立培养创新能力的目标。

要想使创新成为教育和社会追求的目标，一个理想的对策就是：社会和文化应当宽容、允许和鼓励人们超越习俗常规，因而就要尽可能去除社会文化的保守成分，社会文化的开放将会为其自身的创新和进步提供最好的社会环境和文化氛围。

当然，任何文化、任何社会之所以稳定地存在，就是因为它有习俗和常规，因而在一定意义上，使超越习俗常规成为整个社会的性格和整个文化的个性那是不可能的，但是在一个社会、一种文化中对超越习俗常规的个性、行为有一种理解和宽容则是可以做到的。只要有这种理解和宽容，那么，将会诞生百花齐放、百鸟争春的社会，将会诞生和而不同、不断进步的文化。

“奥威尔问题”

“你的改造分三个阶段，”奥勃良说，“学习、理解、接受。现在你该进入第二阶段了。”

——乔治·奥威尔：《一九八四》第三章

“奥威尔问题”首先是认识论问题，它体现了人自身的认识论缺陷，然后才是在这种认识论基础上的文化问题、社会问题、政治问题。

按照奥威尔的原义以及乔姆斯基的说法，任何国家都存在“奥威尔问题”。

作为美国人，乔姆斯基对美国的内政尤其是外交方面的“奥威尔问题”进行了长期不懈的检讨和批评，因而被称为美国最大的异见人士。直面中国的“奥威尔问题”，对于进一步解放思想和推进改革开放事业意义重大。

一、“奥威尔问题”

乔治·奥威尔（George Orwell，1903—1950），原名艾里克·阿瑟·布莱尔（Eric Arthur Blair），英国左翼作家，新闻记者和社会评论家，以写作政治小说而闻名于世，其作品《动物农场》（Animal Farm，1945）和《一九八四》（Nineteen Eighty - Four，1949）等被翻译成多种文字畅销全球。仅《动物农场》一书销量便有数千万册。

《动物农场》这部政治寓言把矛头直指苏联和斯大林。奥威尔坦言，自己之所以写出这样一篇政治寓言，是因为当时以斯大林为首的苏联的做法已严重违背社会主义的原则。他写道，“自从1930年以后我很少看到有什么证据能够证明苏联是向我们可以真的称为社会主义的方向前进……今天的苏联已完全不同于1917年的它了”，所以他要“用一个故事来揭露苏联神话”[①]。

奥威尔的政治小说给诺姆·乔姆斯基（Noam Chomsky，1928—　）思考政治问题以不少启发，乔姆斯基因而提出著名的“奥威尔问题”（Orwell's problem）。

---

① 奥威尔（George Orwell）．《动物农场》乌克兰文版序//奥威尔．奥威尔文集．董乐山，译．北京：中国广播电视出版社，1997：103—105。

乔姆斯基是麻省理工学院退休的语言学教授，他在语言学界的地位，相当于科学界的爱因斯坦，文学界的莎士比亚。[①] 他的语言学对哲学、心理学、认知科学等有深刻影响。乔姆斯基也对政治极感兴趣，被称为美国最大的异见人士。从 1960 年评论越南战争以来，他的政治评论与他的语言学研究构成了他学术生活的两翼。乔姆斯基把自己归为自由社会主义者。他所有的政治评论的核心问题便是“奥威尔问题”。

乔姆斯基在与一位中国学者的交流中，对“奥威尔问题”进行了这样的界定：“It is the question how do we know so little given that we have so much evidence”[②]，即，为什么已有这么多的证据，而我们知道的还是如此之少。

乔姆斯基的弟子、哈佛大学语言学教授黄正德将乔姆斯基提出的“奥威尔问题”说成是：“罪行证据比比皆是，我们为什么仍视而不见?”[③] 前面引文中乔姆斯基的话是从认识论角度来界定“奥威尔问题”的，而黄正德是从政治学视角解释的。正如黄正德所解释的，乔姆斯基本人确实是从政治学视角为“奥威尔问题”反复举证的。

“奥威尔问题”与被乔姆斯基提出的另一个问题——“柏拉图问题”——是姊妹问题。乔姆斯基的全部学术生涯就是围绕这两个问题来展开的。[④] 乔姆斯基在语言学研究中有一种发现：在没有足够语料证据的情况下，人类个体能轻而易举地学会复杂的母语。——为什么呢？乔姆斯基试图找寻背后的原因，他将这一问题进一步延伸至认识论领域：在证据材料如此有限的条件下，为什么我们能知道如此之多（…how we can know so much given that we have such limited evidence. [⑤]）。柏拉图也曾有过这样的问题，罗素将其转述为：“尽管人类在其短

---

① 江文瑜．暴风雪中矗立的火鹤——读《论自然与语言：杭士基语言学讲演录》[A] //杭士基（Noam Chomsky）．论自然与语言：杭士基语言学讲演录．吴凯琳，译．台北：商周出版，2004：IV.（按，杭士基即乔姆斯基）

② 司富珍．乔姆斯基访谈录 [M] //司富珍．语言论题：乔姆斯基生物语言学视角下的语言和语言研究．北京：中国社会科学出版社，2008：183.

③ 黄正德．认识两个杭士基：启蒙运动的当代传人 [A] //杭士基（Noam Chomsky）．论自然与语言：杭士基语言学讲演录．吴凯琳，译．台北：商周出版，2004：XVI.

④ Noam Chomsky. Knowledge of Language：Its Nature，Origin，and Use. 北京：外语教学与研究出版社，2002：F37.

⑤ Noam Chomsky. Knowledge of Language：Its Nature，Origin，and Use. 北京：外语教学与研究出版社，2002：F37.

暂的一生中与世界的接触是如此之少，而他们的知识为什么如此丰富呢?”[①] 于是，乔姆斯基便将这一问题命名为“柏拉图问题”。

其实对“柏拉图问题”可以有更多的理解，例如，为什么可以说人人都是天才。而相应的，“奥威尔问题”也可理解为：作为天才的人，为什么那么容易被人愚弄？而奥威尔的政治小说试图描述和揭示的正是，人类群体中为什么一部分人在政治上竟然如此成功地用各种冠冕堂皇的理由来愚弄其他人。

乔姆斯基对奥威尔的小说是相当熟悉的。他对来访的中国学者谈到了奥威尔的小说《动物农场》。“那本小说当然是讽刺俄罗斯的。……他说我在写《动物农场》，讽刺一个极权主义的国家。”[②] 但是，奥威尔不只是讽刺极权主义国家，他也批评所谓自由国家。“他说虽然英格兰是个自由国家，但是在英格兰也同样可能在不使用武力的情况下使得一个不够流行的观点受到压抑。……奥威尔给出了一些例子，但是没有讲更多的原因。其中一个是良好的教育。他说：如果你上好学校，上牛津或剑桥等，你会被培养得理解有些东西是‘不能’说的。你可能会像完全的极权国家的人那样，在关于世界的本质的问题上无辜受害。”[③] 奥威尔为《动物农场》所写的导论搁置多年没能出版，这本身便“很有意思”，“如果你看看一些新的版本，你可能会找到它。但是我觉得直到 20 世纪 70 年代早些时候它才被发现，而那已经是那本书出现 30 年以后。有意思的是，它引发了那个问题，而它恰好没有被出版。”[④] 显然，奥威尔《动物农场》的导论受到了抑制，而《动物农场》却得到了西方国家的支持。再换言之，《动物农场》这部批评极权国家的小说受到西方政府、媒体的支持，但是引导奥威尔写作《动物农场》的基本思想却遭到西方官方的压制，这进一步为“奥威尔问题”的存在提供了新的铁证。

这就是说，“奥威尔问题”不只是可以发生在苏联这样的国家，也可以发生

---

① Noam Chomsky. Knowledge of Language: Its Nature, Origin, and Use. 北京：外语教学与研究出版社，2002：F37.

② 司富珍．乔姆斯基访谈录［M］//司富珍．语言论题：乔姆斯基生物语言学视角下的语言和语言研究．北京：中国社会科学出版社，2008：185.

③ 司富珍．乔姆斯基访谈录［M］//司富珍．语言论题：乔姆斯基生物语言学视角下的语言和语言研究．北京：中国社会科学出版社，2008：185.

④ 司富珍．乔姆斯基访谈录［M］//司富珍．语言论题：乔姆斯基生物语言学视角下的语言和语言研究．北京：中国社会科学出版社，2008：185.

在英美等国。

二、中国的“奥威尔问题”

中国是否存在“奥威尔问题”？这是多么幼稚的问题，可能还十分敏感。按照奥威尔的原义以及乔姆斯基的说法，任何国家都存在“奥威尔问题”。直面中国的“奥威尔问题”，对于进一步推进改革开放事业，进一步解放思想，意义还是重大的。

在秦代（公元前221年—公元前207年），有著名的“指鹿为马”的故事。据《史记·秦始皇本纪》记载：“赵高欲为乱，恐群臣不听，乃先设验，持鹿献于二世，曰：‘马也。’二世笑曰：‘丞相误邪？谓鹿为马。’问左右，左右或默，或言马以阿顺赵高。或言鹿者，高因阴中诸言鹿者以法（今译：赵高暗地里假借法律惩处那些直说是鹿的人）。后群臣皆畏高。”这不是“奥威尔问题”吗？有赵高这样的政客把持朝政，秦有不亡之理吗？仅此“指鹿为马”一项，便可窥见秦朝政治腐败到怎样的田地。“呜呼！灭六国者六国也，非秦也。族秦者秦也，非天下也。”

可见中国古代便有“奥威尔问题”。

“文化大革命”前夕，全国批判斯霞的母爱教育。2009年秋，我曾聆听与斯霞相识的鲁洁教授讲过相关情况：“以前在宣传斯霞的时候讲了一段，他的学生看见小白兔死了以后就淌眼泪。后来这个情节是被批判的，认为这种人性是不健康的。于是号召批判人性论和母爱教育。”鲁洁教授还讲过官方当时是如何组织大家进行批判的。

母爱教育有什么不对？然而举国对它批判。尽管也有人对这种批判困惑不解，然而无法扭转大局。但是我相信，绝大多数人还是愿意服从这次批判的号召的，而对批判大惑不解的人又不敢公开出来辩论，这是不是属于“奥威尔问题”？

前几年，华东政法大学教授杨某上课批评政府，被学生告发为“反革命”，经媒体报道后，引发了许多反思。上海大学历史系朱学勤教授在接受记者采访时称，告发的学生是“喝狼奶”长大的。朱学勤“狼奶论”引发了学术界的讨论和争议。我不是做历史研究的，对此无法置评。但是我记得一位20世纪60年代出生的人给我看的1990年他写的一首小诗的片段：

生下来父母就教我喊毛主席万岁
我懵懵懂懂咿呀学语
我喊过打倒邓小平打倒刘少奇
后来又开会为刘少奇一洗冤屈
我喊过林彪同志永远健康
后来又高喊口号打倒了“林副主席”
我学习“坚持两个凡是”
后来又听人传达“什么是真理”
……

作为生长在“文革”期间的同龄人，阅读这首诗如同打翻了五味瓶，我们在儿童时代遭遇的是什么性质的政治？接受了怎样的教育？

中国的“文化大革命”暴露了典型的“奥威尔问题”。

中共中央在《关于建国以来党的若干历史问题的决议》中指出：“‘文化大革命’所打倒的‘走资派’，是党和国家各级组织中的领导干部，即社会主义事业的骨干力量。党内根本不存在所谓以刘少奇、邓小平为首的‘资产阶级司令部’。确凿的事实证明，硬加给刘少奇同志的所谓‘叛徒’‘内奸’‘工贼’的罪名，完全是林彪、江青等人的诬陷。八届十二中全会对刘少奇同志所作的政治结论和组织处理，是完全错误的。‘文化大革命’对所谓‘反动学术权威’的批判，使许多有才能、有成就的知识分子遭到打击和迫害，也严重地混淆了敌我。”① 我相信，随着历史的进步，对“文革”的研究与反思会愈发显示其政治学的镜鉴意义，乃至对研究人的认识论缺陷亦具有重要价值。遗憾的是，它对后人所彰显的历史意义，是以“文革”自身向历史所付出的高昂“学费”为代价的。

经济领域也有大量证据表明中国存在“奥威尔问题”。例如，市场经济创造了那么多的奇迹，计划经济出现了那么多问题，然而当初进行经济体制改革时，我们对此却熟视无睹、视而不见。中国的经济体制改革绕了多大的圈子才获得

① 中共中央文献研究室．关于建国以来党的若干历史问题的决议注释本（修订）［M］．北京：人民出版社，1985：29.

今天的经济成就！现在看来那么简单的问题，当初认识它时却是异常艰难的。中国的经济、政治、文化、教育等方面的变革，在世界上有那么多的成功经验可资镜鉴，为什么我们视而不见？这都是典型的“奥威尔问题”。改革开放以来的巨大成就本身就证明：开放力度更大一些，视野更开阔一些，思想更解放一些，那么中国便会取得更多成就和更大进步。

三、“奥威尔问题”揭示了政治、文化对人性自然的压迫

乔姆斯基提出的“柏拉图问题”和“奥威尔问题”，再次揭露了人性自然（human nature，人的天性）与文化的矛盾。“柏拉图问题”是对天性的讴歌，而“奥威尔问题”则是对极权政治和“人造”文化的批评，是对政治、文化对天性的压迫提出的控告。

天性与文化的矛盾似乎是一种永久的矛盾。对这一矛盾的发现与关注，乔姆斯基之前最著名的人物当属卢梭（Jean-Jacques Rousseau）。

卢梭在《爱弥儿》一开篇便将人性中的自然与文化看作相互对立的东西：“出自造物主之手的东西，都是好的，而一到了人的手里，就全变坏了。……他不愿意事物天然的那个样子，甚至对人也是如此，必须把人像练马场的马那样加以训练；必须把人像花园中的树木那样，照他喜爱的样子弄得歪歪扭扭。”①

这种表述无论用在教育学还是政治学中都是合适的。尽管如此，人类依然离不开文化。卢梭并非不知，文化与人之间存在复杂的关系，人对文化具有依赖性。用中国的一句成语来说，人与文化的关系是“成也萧何，败也萧何”的关系，但是无论成败，总离不开“萧何”。卢梭对此十分清楚：“不这样做，事情可能更糟糕一些；……一个生来就没有别人教养的人，他也许简直就不成样子。”② 没有文化不行，有了文化又出现许多问题：“偏见、权威、需要、先例以及压在我们身上的一切社会制度都将扼杀他的天性，而不会给它添加什么东西。他的天性将像一株偶然生长在大路上的树苗，让行人碰来撞去，东弯西扭，不久就弄死了。”③ 在卢梭的以上话语中，似乎隐隐约约藏着“奥威尔问题”和

① 卢梭．爱弥儿［M］．李平沤，译．北京：商务印书馆，1994：5.

② 卢梭．爱弥儿［M］．李平沤，译．北京：商务印书馆，1994：5.

③ 卢梭．爱弥儿［M］．李平沤，译．北京：商务印书馆，1994：5.

“柏拉图问题”。

卢梭之后，乔姆斯基之前，还有位重要人物，对天性与文化的矛盾进行了深刻揭示，他就是哈耶克（Friedrich August von Hayek）。

哈耶克是20世纪捍卫市场经济制度最著名的思想家之一。他的学说不仅对人性自然本身的潜在能力充满信任，而且还对社会自身运行的自然规律、自然机制进行了阐释和讴歌。

1974年哈耶克因为杰出的学术研究而获得诺贝尔经济学奖，他在12月11日发表的获奖感言的最后几句话是：“人类在改善社会秩序的努力中，如果不想弄巧成拙，他就必须明白，在这件事上，就像以性质复杂的有机体为主的任何领域一样，他不可能获得主宰事务进程的充分知识。因此他不能像工匠打造器皿那样去模铸产品，而是必须像园丁看护花草生长的进程。……社会研究者认识到自己的知识有不可逾越的障碍，便应懂得谦虚为怀的道理，不至于再去充当那些极力想控制社会的狂妄之徒的帮凶；这种做法不但会使他成为自己同胞的暴君，并且可以使他成为一种文明——它不是出自哪个头脑的设计，而是通过千千万万个人的自由努力成长起来的——的毁灭者。”[①] 也就是说，无论是复杂有机体，还是社会系统，都有其自身运行的机制和规律，人类应当尊重和利用这些机制和规律，而不是任意妄为、“瞎折腾”。哈耶克多次批评constructivisitic（中文译者将constructivisitic译成“建构主义”，似有不妥，因为心理学中有“建构主义”的说法，而与哈耶克的观点是毫无相关的，我将其译为“人为主义”或“设计主义”），他高度赞赏大卫·休谟（David Hume）、亚当·斯密（Adam Smith）和亚当·弗格森（Adam Ferguson）的以下观念：大量的社会形态虽然是人类行为的结果，却不是人类设计的结果。[②]

哈耶克著名的《致命的自负》等著作，如同奥威尔的《动物农场》一样，是对苏联等国家错误的意识形态、政治经济等政策的批驳。

其实，中国也有思想家早就提出过解决人性自然与文化矛盾的思想方法，最著名的是黄老之学。黄老之学在汉朝（公元前202年—220年）前期曾经在全

① 哈耶克．知识的狂妄［M］//哈耶克．哈耶克文选．冯克利，译．南京：江苏人民出版社，2007：415.

② 哈耶克．建构主义的错误［M］//哈耶克．哈耶克文选．冯克利，译．南京：江苏人民出版社，2007：536.

社会的休养生息方面大收成效，在唐代（618 年—907 年）曾经也发挥过一些作用。然而总起来说，黄老之学在几千年历史中是吃不开的，吃香的学说是支撑“秦政”的政治学说，是外儒内法的哲学，是“为天地立心，为生民立命，为往圣继绝学，为万世开太平”的圣贤之言。[①] 而历史上黄老之学命悬一线却未断绝，表现在不断有人写出《郭橐驼传》《病梅馆记》等类似的作品，宣传尊重天性、崇尚无为的政治思想和教育思想。

“为天地立心，为生民立命，为往圣继绝学，为万世开太平。”这是著名的“横渠四句”。对“横渠四句”提出批评，会被视为“非圣无法”“轻侮圣贤”。但是我不认同“横渠四句”的立场和观念。[②] 从“天视自我民视，天听自我民听”（《尚书·周书》），再从“圣人无常心，以百姓之心为心”（《老子·第四十九章》），到“为生民立命”——其立场完全翻转过来。孰是孰非，一望便知。

“为往圣继绝学”，必然要维护儒学正统，排斥异端学说，必然独大独尊儒家学说，试图让所谓正统儒学万世不灭。“为万世开太平”，是一种文化的设计主义观点，试图一劳永逸地解决问题，试图做人类的救星和历史进程的设计者，狂妄而傲慢。

总之，“横渠四句”认为圣人是自然界的主宰、民众思想的塑造者和控制者，认为儒家学说独大独尊、万世不灭，是人类社会的救星和历史进程的设计者。这与平等、自由、民主、科学等现代思想的基本原则、基本观念和基本立场是截然对立的。“横渠四句”不只是人类中心主义的，而且是专制主义的温床。

但我要声明，我是尊孔的，——孔子是伟大的思想者、教育家。但我反对将孔子圣化、神化。孔子自己便不承认自己是圣人，——“若圣与仁，则吾岂敢，抑为之不厌，诲人不倦，则可谓云尔已矣”（《论语·述而》）。后人为什么非要给他戴个“圣人”帽子?！我也认为儒家思想是中国文化的重要思想资源，它作为中国文化的主要源流之一，在不断“扬弃”的过程中将继续为中国发展提供文化滋养，但是，如果独尊儒术，尤其是将其作为手段（“术”，统治术），

---

① 刘晓东．“横渠四句”献疑［M］//刘晓东．蒙蔽与拯救：评儿童读经．南京：江苏教育出版社，2009：7—39.

② 刘晓东．“横渠四句”献疑［M］//刘晓东．蒙蔽与拯救：评儿童读经．南京：江苏教育出版社，2009：7—39.

那么儒学便会成为自由民主的敌人、社会进步的障碍。

“独尊儒术”这种主张，其重点是将“儒”“儒学”作为“术”，其实并未使儒学得享真正的尊严。在“罢黜百家”、贬损百家以后，视“儒”“儒学”为“术”，其本身便是对儒学的贬损，儒学自身的思想资源不再是自身的目的，因而必然失却儒学的自我、自性，沦为帝王之术，沦为皇权的奴婢。

尊崇“横渠四句”的社会只能是一个封闭的、专制的社会，不可能是一个开放的、自由的社会。“横渠四句”是极权政治、封闭社会的朋友，是自由民主和开放社会的敌人。这样的社会其实就是奥威尔揭露的社会，这样的社会就是乔姆斯基批评的社会。在这样的社会，人们不是公民，而是臣民。

据报道，“被”字被中国网民票选为“2009 汉语第一字”。自杀、增长、就业、自愿、代表……这些本都该是主动行为，可是在“被时代”的 2009 年它们却无一例外地被戴上了“被字帽”。“被自杀”“被增长”“被就业”“被自愿”“被代表”……“被”字无处不在，“被”字无孔不入。似乎 2009 年是最“被”的社会。错了，几千年来的中国人都是“被××”的。而“被”字被中国网民票选为“2009 汉语第一字”，恰恰表明中国民间已经感受到了自己“被××”了，而“被”字在网络等媒体上能够成为年度汉语第一字，恰恰说明公民的权利意识在一定程度上觉醒了，恰恰表明中国社会、中国政治进步了。而在过去，中国人“被××”并不鲜见，只是人们觉得自己“被××”是天经地义，甚至“被××”后还要“谢主隆恩”。

“为生民立命”，必然使得生民“被”立命、“被××”。而“为天地立心”则是不满足于对生命的精神统治，连自然界和天地神灵都要被圣人统治、控制、“被××”。所以我主张将“横渠四句”彻底改造：

为天地立心⟶天地自有其心；

为生民立命⟶生民自立其命；

为往圣继绝学⟶学说竞放，兼容并蓄，自我超越，当可绝处逢生；

为万世开太平⟶扬弃、创新乃开万世太平。

四、“奥威尔问题”有解吗

解决“奥威尔问题”，其实就是要解决文化中对人进行奴役的成分，减少甚至去除这些有害的文化成分。但要认识到，“奥威尔问题”不可能被一劳永逸地彻底解决。人性与文化存在永恒地矛盾。即便解决了一个“奥威尔问题”，但还会有别的“奥威尔问题”继续存在或新的“奥威尔问题”不断生成。只要保持警惕，我们还是可以通过改良文化、改造政治使“奥威尔问题”处于最少最弱的状态。这样的社会便是相对理想的社会，便是现实中幸福的社会。

在《忏悔录》中，卢梭自称已经认识到政治在文化中的核心地位：“我发现，一切都从根本上与政治相联系；不管你怎样做，任何一国的人民都只能是他们政府的性质将他们造成的那样；因此，‘什么是可能的最好的政府’这个大问题，在我看来，只是这样一个问题：什么样的政府性质能造就出最有道德、最开明、最聪明，总之是最好的人民？”① 政府的性质是由其主张与推行的教育所体现的，而政府所主张和推行的教育又不断地生成政府的性质。政府与教育决定了整个国家的性质。这个政府是好的还是坏的，是高效的还是低能的，往往从其推行的教育中可以窥得。仅从当前中国教育已经暴露的问题便可得知，中国教育需要加大改革的力度；而要解决中国的教育问题，按卢梭上面的说法，那么，中国的政治改革便需要加大力度。

鲁洁对当前中国教育暴露的严重问题进行过深入揭示：“教育本是要对人进行人性和生活的启蒙、启明的，……现在的教育却是蒙上了人的眼睛”，“教育只是在使人变成一条被蒙上眼的推磨驴子”。② 这种教育现状如果不能得到改变，那么，中国就难以拥有深厚的现代人才基础，中国的“创新型国家建设”便只能是泡影，中国就难以在国际竞争中取得优势地位，中国国内的长治久安和国际安全便会出现问题。

钱学森去世后，“钱学森之问”一度得到社会热议。“钱学森之问”表面上批评的是中国没有一所大学按照教育规律培养人才，而其深层的批评则是针对我们整个社会系统的。中国如何“能造就出最有道德、最开明、最聪明，总之是最好的人民”？按照卢梭前面的观点可以推知，中国的政治确实到了要进一步解放思想，加大自身改革的时候了。用邓小平在南巡讲话中出现频率颇高的话来说就是“等不得了”。

---

① 卢梭．爱弥儿［M］．李平沤，译．北京：商务印书馆，1994：500.

② 鲁洁．超越性的存在——兼析病态适应的教育［J］．华东师范大学学报：教育科学版，2007(4)：10.

乔姆斯基曾向来访的中国学者举例说明什么是“奥威尔问题”：“比如说，以某国的政府政治宣传为例，人们都相信它，即使拥有足够的证据证明其不真实性，人们仍然会相信它。所以，问题是：为什么人们所拥有的有效证据如此之多，但他们对于自己所生活的社会却知道得如此之少？答案往往可以从灌输和宣传的形式那里找到。”乔姆斯基在此不只是简要地说明了什么是“奥威尔问题”，而且还简要地指出了“奥威尔问题”背后的根源：“权力结构所到之处，都会有这种现象。任何时候，只要有等级结构、权力结构，你就会找到它。那正是为什么人们即便是在没有必要的时候也会一直保持压抑状态的原因所在。”①

乔姆斯基还给出了打破“奥威尔问题”的方法：“你可以去看一看，比方说，最近一些年来的妇女运动，看它是怎么发展的。我的意思是，它的发展只是近些年的事情，妇女们一起聚会、讨论，……她们讨论是不是真的有必要做男权人物的附庸，或是不是有可能自由；而在很多情况下人们意识到你其实完全可以不做附庸。那时她们就会从这种角色中冲出来。这甚至也符合奴隶制的事实。曾经有很长时间，奴隶们只是接受它，而终于有一天他们说，我们不一定非得做奴隶的！”② 在我看来，前半段讨论并抵制的问题应当属于中国传统思想中“夫为妻纲”的话题，后半段讨论的还应当包括“君为臣纲”“父为子纲”等话题。“当你不再接受那种灌输的、过去曾经是要求必须去服从的东西的时候，事实往往证明强权武力其实是不堪一击的。只要挑战它，它就会土崩瓦解。”③ 乔姆斯基此处打破“奥威尔问题”的方法似乎很简单，那就是不再接受灌输，不再服从，而是去挑战它。然而，事情并非如此简单，但这并不意味着乔姆斯基解决“奥威尔问题”的途径是错误的。

任何国家都有“奥威尔问题”。要解决中国的问题，其核心应当是人的解放，确切地说，是对个人的解放。而解放个人，要从解放个人的童年做起。其实这也是卢梭《爱弥儿》著作中探讨的问题，解决好这个问题，便可以减少和

---

① 司富珍．乔姆斯基访谈录［M］//司富珍．语言论题：乔姆斯基生物语言学视角下的语言和语言研究．北京：中国社会科学出版社，2008：186－187.

② 司富珍．乔姆斯基访谈录［M］//司富珍．语言论题：乔姆斯基生物语言学视角下的语言和语言研究．北京：中国社会科学出版社，2008：187－188.

③ 司富珍．乔姆斯基访谈录［M］//司富珍．语言论题：乔姆斯基生物语言学视角下的语言和语言研究．北京：中国社会科学出版社，2008：187－188.

弱化“奥威尔问题”。

解放天性，其实就是守护童心。为什么要解放天性、守护童心？我曾经写有《童心引领中国》一文[①]，这里不再赘述。为了简要表述我对解放天性、解放儿童之意义的认识，在此引述自己写在别处的一段话：“‘儿童是成人之父’，解放了的儿童必然能‘创造’保留了丰富天性的成人。换句话说，能够保障儿童解放的教育条件、文化条件、社会条件，就是能够保全人的天性的生活条件，在这种生活中，成人自然得到解放。所以说，儿童的解放不只是解放了儿童，而且也解放了成人，这是人性的全面解放，这是全体人的解放。”[②]

可见，解放天性，不只是教育学的问题，也是政治学的问题。

进入新世纪以后，中共提出了“以人为本”的政治方针，将“保护人权”写入宪法修正案，提出建设“创新型国家”的方略，等等；中共中央总书记提出“不折腾”以及“以人民为中心”，国务院总理提出“让人民生活得更加幸福、更有尊严”，等等。这些新政策、新话语标志着中国政治已经开始进入改革开放的新境界。只要坚持“不折腾”，只要坚持“以人民为中心”，只要进一步解放思想，只要坚持和扩大改革开放，中国就会不断发展和进步。

---

① 刘晓东．童心引领中国［M］//刘晓东．蒙蔽与拯救：评儿童读经．南京：江苏教育出版社，2009：355－371.

② 刘晓东．我们为什么要解放儿童［N］．中国教育报，2010－01－07（6）．

教育与启蒙

唯一方法是顺应人民的天性，消除弊害，排除障碍，使全体人民的智德自然发展，使其见解自然达到高尚的地步。

——福泽谕吉：《文明论概略》

作者按

该文原题为《道德教育的文化使命》，写于 2005 年，距今已逾 10 年。当时的写作背景如今已大大改观，可见改革开放政策对中国的兴旺发达已做出巨大贡献。该文乍看已失去现实意义，其实不然。

“文化大革命”起始于 1966 年，到今年（2016 年）刚好 50 周年。中共中央在《关于建国以来党的若干历史问题的决议》（1981 年 6 月 27 日中国共产党第十一届中央委员会第六次全体会议一致通过）中指出：“一九六六年五月至一九七六年十月的‘文化大革命’，使党、国家和人民遭到中华人民共和国成立以来最严重的挫折和损失。”① “历史已经判明，‘文化大革命’是一场由领导者错误发动，被反革命集团利用，给党、国家和各族人民带来严重灾难的内乱。”我们应当居安思危，不忘历史教训，不让“文革”重演。②

改革开放以来，党和国家领导人多次反思与批评“文革”带来的危害。例如，2011 年 4 月 23 日，时任国务院总理温家宝在与香港客人会面时，谈到阻碍内地改革的两股势力：一股是中国封建社会所残余的，另一种则是“文革”遗毒；两股势力影响了人们不敢讲真话，喜欢讲大话，社会风气不好，应该努力纠正。③ 2012 年 3 月 14 日，时任国务院总理温家宝在人民大会堂中外记者见面会上说，粉碎“四人帮”后，党虽然做出“关于解决若干历史问题的决议”，并

---

① 中共中央文献研究室．关于建国以来党的若干历史问题的决议注释本（修订）［M］．北京：人民出版社，1985：28.

② 中共中央文献研究室．关于建国以来党的若干历史问题的决议注释本（修订）［M］．北京：人民出版社，1985：30.

③ 温家宝与吴康民谈阻碍内地改革的两股势力［FB/OL］．［2015－11－15］．http：//news.qq.com/a/20110503/001497.htm.

实行改革开放，但"'文革'的错误和封建的影响并没有完全清除"。温家宝还说，任何一项改革必须有人民的觉醒、人民的支持、积极性和创造精神；改革不能停滞和倒退。①

想起这些话，感到十多年前所写的这篇文章依然具有现实意义，于是稍做修订放在这里。

2016 年 1 月 10 日

从鸦片战争开始，解决"几千年未有之大变局"的问题是中国 19 世纪以来的最高任务。应对"几千年未有之大变局"的根本出路，在于文化变革。而中国文化变革的核心在于启蒙。启蒙是中国教育的文化使命。

一、"几千年未有之大变局"及其应对

在当前中国，有人意欲否定"五四"，有人主张儿童读经，有人主张传统文化本位论，这是值得反思的。在近代以来的全球化背景中，在"几千年未有之大变局"的背景下，中国的出路依然是承继五四启蒙的旗帜，继续反思和改造民族文化传统，继续向西方学习，继续进行文化变革。中国社会和中国文化依然需要继续建设科学和民主，但建设科学和民主的前提是尊自然、崇天性、张个性、尚自由，是依此进行民族文化心理的改造和建设。启蒙依然是中国文化改造和建设的重要任务。

从鸦片战争开始，中国长久以来的天朝上国的美梦被西方列强和东邻日本给粉碎了，从此进入了动荡年代。中华民族从未面临如此危险的局面（以至《义勇军进行曲》有言："中华民族到了最危险的时候"），此危险的局面被史家称为"几千年未有之大变局"。从鸦片战争开始，一代一代优秀中华儿女为了救亡图存，不断为中国的生存和发展寻求出路、谋求方略。显然，这个"几千年未有之大变局"至今尚未结束。解决"几千年未有之大变局"的问题是中国 19 世纪以来的最高任务，尽管当前已经在这方面取得了伟大成就。在具有深厚文化传统和巨大文化惯性的中国，我们依然需要以史为鉴。

---

① 温家宝：政治体制改革不成功　文革悲剧或重现［FB/OL］．［2015－11－15］．http：//news. sina. com. cn/c/2012－03－15/163424121073. shtml.

这里讨论两个话题。

(一) 张志新事件和连环画《张志新》的遭遇

2005 年 8 月在中国美术馆开展的刘宇廉作品展上，其中有一组 14 幅的连环画《张志新》。这组连环画作品本应在 1979 年 10 月出版发行，然而 26 年后的 2005 年 8 月 23 日，它才第一次面对公众。当时因为政治风向的变化，对张志新的宣传和报道戛然而止，完成了的连环画作品便失去刊发的机会。时隔 26 年，第一作者刘宇廉已于 1997 年病逝，“张志新”也已变成需要解释的名词。然而不少观众还是在这组作品前驻足不前，阅读当年刘宇廉为连环画《张志新》所做的文字说明——

你曾经一腔激情，投入那史无前例的岁月
热烈和真诚，像沸腾的整个中国
可是你
你怀疑了……
你为那空前的浩劫痛哭
谁都能有几种选择，或抗争或趋附或投书
或是无声的愤怒，死一般的沉默
你却选择了呐喊的真理
面对着全国共讨，全党共诛
人民的监狱里，囚禁着人民的儿女
因为你，说出了勇敢的真理
民主的旗帜下，扼杀了民主的声音
因为你认清了虚伪的“高举”
该审判的，是勇敢的思索还是思想的禁锢
真有罪的，是你还是现代的封建主义
你坚持了承受着黑暗压迫凌辱
你坚持了面对着二千年的恶势力现代化的奴隶主
要革命吗你就应当是强者
要革命吗你就必须是强者

卑怯而残忍的扼杀
不能扼杀强者的声音
这不是你的屈辱，却是我们民族历史的屈辱
这恰是你的光荣我们民族的惨痛的光荣
你倒在血一般殷红的旗帜下
你倒在旗一般殷红的血泊里
你牺牲在新中国的祭坛上
供奉给明天的共产主义

《中国青年报》2005 年 9 月 7 日发表的记者冯玥采写的报道，全文转录了这篇有特殊学术含量和特殊历史分量的诗作。①

1979 年 5 月 25 日，《人民日报》刊登了题为《敢为真理而斗争》的长篇报道，介绍张志新事迹。其后，《光明日报》从 6 月 5 日开始，在 3 个多月的时间里相继刊发了《一份血写的报告》《走向永生的足迹》《她是名副其实的强者》等报道，披露了张志新因思想而获罪，以及在狱中所受的非人待遇。就在这个纪念的浪潮刚刚涌起时，当很多细节尚未见诸报端、广为人知的时候，刘宇廉、李斌、陈宜民就已接到《连环画报》编辑部的约稿，前往关押张志新的监狱调查采访。

据回忆，张志新的囚服号码很大，像一件男人的衣服，印象最深的是领子、前胸的一大片，全都是被血洇湿的痕迹；被枪毙的前一个晚上，4 月初，东北的天还很冷，犯人都还穿着棉衣棉裤，张志新提出要解手，看押她的犯人去请示管理员，得到的回答是："让她尿裤子里。"在行刑前，在没有任何麻醉的情况下，张志新被割断喉管。为了防止行刑前犯人呼喊口号，曾经用过的办法是用铁丝勒住犯人的舌头和嘴巴，后来一位医生发明了割气管的方法，张志新是第 41 个。行刑前，张志新跪在地上，五花大绑，面容扭曲，脖子上挂着一块"现行反革命犯张志新判处死刑立即执行"的牌子。……②

人们往往将张志新事件看作是"文化大革命"错误政治的一个典型，只由

① 冯玥．张志新：终有一天见天日［N］．中国青年报，2005－09－07．
② 冯玥．张志新：终有一天见天日［N］．中国青年报，2005－09－07．

那些犯罪的政治家承担责任；往往只将其看作是一个政治事件，没有将其放入中国文化传统的大背景中来考察。其实那些政治家是不可能凭空造就群众性的“红海洋”的，“红海洋”是由绝大多数中国人积极参与而形成的。铺天盖地的大字报，武斗，手摇“红宝书”的疯狂人群，头顶高帽、胸前吊着砖头的人在游街，“现行反革命犯”的字眼……是当时中国人司空见惯的日常生活。

因此，只将“文革”看作一个政治事件是不正确的。其实，它也是一个道德事件，是民族道德风貌的一个体现。

在领袖错误发动文化革命的情况下，为什么“领袖挥挥手，亿万人民跟着走”？

为什么绝大多数人不动脑筋，不进行独立思考？

为什么大多数人自己不思考，还不允许别人思考？

为什么张志新这样独立思考的人士被捕？

为什么对因思想获罪的张志新割断喉管和处以极刑？

穿着棉衣棉裤的犯人张志新提出要解手，看押她的犯人去请示管理员，得到的回答是：“让她尿裤子里。”为什么不能有起码的人道主义？

……

文化学者和伦理学家应当对这种中国式“道德”生活进行研究。显然这种“道德”是背离道德的。“文革”结束几十年了，中国人的道德认识、道德思维、价值取向真的彻底改变了吗？如果我们的民族还多多少少存在这样的“道德”惯性、生活惯性，我们又应当如何救治？

张志新凄惨的牺牲不只是对错误政治的拷问，也是对整个民族的拷问，是对民族文化和民族道德素质和道德风貌的拷问。写到这里，我油然想到备受欺侮却又欺侮更弱者小尼姑、小D的阿Q，突然想到用沾着革命者鲜血的人血馒头为儿子治病的华老栓……

为什么在一个“读经”的国度，为什么在一个鼓吹“王道政治”的国度，为什么在一个“文明古国”“礼仪之邦”会发生这一切？

连环画《张志新》的第一作者刘宇廉为这本连环画所做的文字说明，就有这样的诗句：“这不是你的屈辱，却是我们民族历史的屈辱/这恰是你的光荣我们民族的惨痛的光荣。”刘宇廉已经将张志新事件与“我们民族”联系在一起。还有人将张志新事件等类似现象与民族文化联系在一起。高名潞在《中国当代美术史：1985—1986》一书中认为，“无论是‘伤痕绘画’或‘星星画会’，对所批判的现实的理解都有表面和狭隘之处，似乎现实的批判意义仅在于将结果归罪于某些人或民众环境和氛围（这种认识是必然的和不可避免的）。这些被归罪的对象不过是文化的表层，其根蒂在于深层的无形文化，而这无形文化乃是一个文化圈民族共同创造的，其荣辱与全体民族包括自身是分不开的。所以真正的现实在于自身，在于自我的批判、反省和自明，而不仅是控诉和悲怨。”①

一些诗人以富于思考的作品纪念张志新。韩瀚在诗歌《重量》中写道：“她把带血的头颅，放在生命的天平上，让所有苟活者，都失去了——重量。”所有苟活者认真思考了吗？雷抒雁在《小草在歌唱》中写道：“……正义呵，怎么变得这样软弱，软弱得无处伸张！”熊光炯在《枪口，对准了中国的良心》中写道：“……中国的良心啊，岂能忍受这种奇耻大辱，清明雨，洗不净不清明的时候——野心取代了良心，兽性代替了人性，权力枪毙了法律，暴政绞杀了自由……”这些思想尖锐的诗歌均为《中国青年报》的文章《张志新：终有一天见天日》所引用。这篇文章其中的一个小标题还用了这样的设问句：“该审判的，是勇敢的思索，还是思想的禁锢?”这个标题其实是刘宇廉为《张志新》这本连环画所做的文字说明中的诗句之一。根据《中国青年报》报道，1979 年刘宇廉这样评论张志新事件：“该审判的，是勇敢的思索还是思想的禁锢/真有罪的，是你（张志新）还是现代的封建主义”。

从张志新被捕和处死，到张志新事件的纠正和披露；从对张志新的宣传和报道戛然而止，到连环画《张志新》不能出版，再到 26 年后“终有一天见天日”；从连环画《张志新》不能出版，到《中国青年报》大篇幅报道它的遭遇，以及中国美术馆决定对其收藏。从这些事件的历史进程中，可以看出中国前进中的包袱有多么沉重。然而，从此处也能看出，中国改革开放的启动、深入，取得今天的成绩又是多么不易。让我们为中国改革开放政策所带来的进步叫好。

（二）20 世纪 90 年代以来的复古思潮

20 世纪 90 年代以来，复古思潮相伴弘扬传统文化的旗帜匆匆而来。单从几出描画清朝皇帝和朝廷的著名电视剧便让人眼花，田中禾曾在《随笔》杂志发

① 冯玥．张志新：终有一天见天日［N］．中国青年报，2005—09—07．

文评论：

“将近一百年过去了，人们兴高采烈欢庆21世纪的时候，失去老佛爷的遗憾仿佛仍在我们心中回荡。民国共和以来，人们大谈民主、自由、平等、博爱，以谈清说皇为耻，使我们眷念大清、怀念皇上的情感在孙中山这帮革命党的尘封下沉睡了半个多世纪。90年代以来，我大清威仪才得再现辉煌，电视上满屏的清朝戏算满足了我们对皇恩、皇权的追慕之情，皇帝重现天威，宰相、道台、府县的老爷们也都出来清正廉洁、刚正不阿地表演了一番。能原汁原味地对着老佛爷行三跪九叩大礼，嘴里重新喊几声‘喳’‘奴才’的确是十分过瘾的事啊。看起来，‘五四’时期提出的德先生（民主）、赛先生（科学）历经将近一百年之后，还是不如贤臣、明主更适合中国国情。国家大事让天下人都操心，当然不如皇上一人操心好。不但省事，也免得乱套。他老人家帮我们操心，帮我们决断，我们就用不着思想，用不着胡说八道。十八口人乱当家，天下就会大乱。皇上勤政亲民，励精图治，夙兴夜寐，殚心苦虑，孙中山们为什么非得让他下台？没了皇上，世道混乱，人心浇漓，腐败滋蔓，贪官横行，谁来为我们做主？”①

从田中禾的这篇文章中能够读出他调侃里深藏的对这种复古主义的批评和嘲讽。

这种复古主义其实也从反面进行了自我揭露，那就是中国人离了皇帝不能活，离了皇威、经书等所谓“优秀传统文化”不能活。大家有了皇帝，就能够自由地跪着（而不是自由地站着），这才心安理得。如果真的恢复了三跪九叩等等标明中国“文明”的礼仪，大概中国人腰酸腿疼颈椎病会大大减少，三跪九叩可以强健国民的筋骨，也节省“全民健身运动”的开支，利国利民，何乐不为？然而三跪九叩会导致国民在精神上更加缺钙，最终的结果必然是积贫积弱，这也已被充斥“王道”统治、“治隆唐宋”等“盛世”景象的中国历史所证实。在这种文化中，最终没有自发诞生近代科学革命，而科学革命反在西欧最早发生，何也？这就是著名的“李约瑟之谜”。“李约瑟之谜”不只是在拷问中国的科技发展，而且是拷问中国传统文化，拷问中国官僚和百姓的日常生活和道德取向。

① 田中禾．眷念皇帝［J］．随笔，2003（2）：66.

中国传统道德生活是离不开皇帝的，没有皇帝，天不就塌了吗？连中国的绿林好汉离了皇帝都不能活，觉得对不起圣人的教谕。《水浒传》中那个响应招安的绿林首领宋江，读过经书，熟悉孔孟之道，做过官僚，居梁山水泊而忧庙堂之上的当朝天子。他受招安了，但他不知这是天子“圣明”的一个幌子，旋即让“仁慈”的大行“仁政”的皇上略施小计，将“梁山贼寇”给灭了！

时下复古思潮甚嚣尘上。朱学勤在《南方周末》为2004年传统文化思潮盘点，就列出以下文化事件：蒋庆主张儿童读经，而且主张不要读孔孟道统以外的经书；参加北京“2004文化高峰论坛”的著名人士签署和发布《甲申文化宣言》，主张中国文化本位论（所谓中国文化本位论，其实就是以中国传统文化为本位），反对文化普世主义；中华人民共和国成立以来曲阜孔子文化节首次官方主导“公祭”孔子，曲阜市市长颂读祭文。五四时期的文化批判和民主启蒙难道真的就断裂了？重评“五四”不应当是否定“五四”，而是总结“五四”的经验教训，继续进行“五四”未竟的启蒙事业，走传统未曾规定的新路。

中国文化的历史和现实是中国文化的先验图式，中国人无法逃避中国的文化传统和社会现实，因此，中国的文化命定地先验地历史决定地是中国文化本位的。这就带来了中国文化变革和文化转型的极大困难。无论文化革命是怎样彻底反传统，然而，传统却在相应的强度上表现在反传统的行动中。中国的文化变革和转型是极其艰难的。中国的文化变革和转型恰恰是对它的先验图式进行改造，自觉地调整和改造自己的本位文化，而不是将传统文化事先划定一个保护圈而反对文化变革对文化本位的改造和建设。仅仅量的变动，不能称其为变革，变革的本义就是调整和更新。

二、道德变革与中国文化变革

中国文化变革的核心是道德变革，也即是建立新的好恶标准、新的价值取向、新的道德观念。

我以为，道德是普遍的、客观的，因而从道德的本质来说，道德本身就是全球伦理、普遍道德。为什么各种文化中又存在道德规范、道德取向的差异性呢？那是因为各种文化都将自己的道德价值取向笼统称为“道德”，尤其是统治者将那些要求被统治者受压迫者驯顺、服从的种种规矩作为“道德”，因而道德也就显得不再是纯粹的。道德本来是对所有人都有益的，是“兼相爱”“交互利”的，它不是更不应当是一部分人压迫另一部分人、一部分人欺骗另一部分人的工具。纯粹的道德其实就是跨文化的道德底线，是全球伦理、普遍道德。

中国的礼教、中国的道德文化中，有许多伪道德和反道德的成分，例如中国传统社会对“三寸金莲”的崇尚。也许有人说，“三寸金莲”问题大概不是道德问题、伦理学问题。是的，它是习俗问题，但是它牵涉日常生活和价值判断上的好与坏的标准，因而也是道德问题、伦理学问题。再例如“岳母刺字”的传说，这是典型的传统道德教育题材，但是，它有爱国（民族主义、爱国主义）和忠君的伦理学意味，但同时，它又是以在儿童身体上刺字这样明显违反人道、人权的方式而实现的，因而“岳母刺字”便是道德、反道德、伪道德杂糅在一起的结果。① 中国传统社会还存在着明代哲学家李贽所批评的“阳为道学，阴为富贵，被服儒雅，行同狗彘”的社会现象，李贽大概是中国文化“潜规则”的较早的发现者。如果“潜规则”真的存在的话，那道德便是皇帝的新衣了；如果“潜规则”真的存在的话，我就对中国的“礼教”和“礼仪之邦”的美誉产生怀疑了。

时下道德教育中有所谓“中华传统美德”教育的说法。我以为，如果去除忠君敬圣的昏话，大概都是全球伦理，是全人类的共同准则，不单是中国拥有这些道德，其他民族同样拥有这些道德。

道德存在于人与人相互联系的社会生活中，在人与人的社会联系中须臾离不开道德规范，人与人的社会联系隐藏着道德联系。正因为道德对人的这种普遍而深刻的影响，所以，传统道德中的伪道德和反道德的成分才会深刻而普遍地压制了中国人的天性、权力和创造性。在这方面，五四时期的新文化运动中，不同的人士从不同的方面对中国传统道德提出了质疑，例如鲁迅在五四时期喊出“礼教吃人”“救救孩子”的口号，胡适、陈独秀等人对中国旧礼教和传统文化有过旗帜鲜明的评论。

20 世纪 90 年代以来，不少人要重新评价“五四”，甚至要否定五四时期鲁迅等人对传统文化的批判。有的人甚至主张儿童读经，回到孔孟原典上去。

重新评价“五四”是正确的，但是否定“五四”对传统文化的批判和对新

① 刘晓东．“救救孩子”以及如何“救救孩子”——中国幼儿道德教育之改造［J］．学前教育研究，2004（11）：30—33.

文化的探索和建设则是错误的。将回到孔孟原典视为弘扬传统文化甚至视为解决中国的现实和未来的文化、社会问题的法宝更是错误的。重新评价“五四”是为了总结五四启蒙的经验教训，为今后的启蒙工作寻找更妥善的方略，而不是否定“五四”。李泽厚称五四运动是启蒙，称时下的儿童读经运动是“蒙启”。所谓蒙启，就是将“五四”已经启蒙的东西再度蒙蔽起来。我赞同李泽厚的这种意见。其实打着弘扬传统文化旗号的复古主义都是“蒙启”。弘扬传统文化的精华不是不对，而且十分必要，但是，在打着弘扬传统文化旗号的队伍中，确实鱼龙混杂。有的人士打着弘扬传统文化旗号却在鼓吹复古主义，儿童读经运动的鼓吹者们就是代表。

中国经济变革、政治变革、文化变革的核心离不开道德变革。对与错的价值判断不能重新评定，那么先觉者和改革者就会成为常规社会和改革运动的殉道者。只有历史终于翻开新篇章的时候，人们才会发现他们享受的改革成果是建立在思想者和改革先驱者的受难殉道之上的。张志新事件就是一个小小的例证。

道德教育的主要对象是儿童。他们接受什么样的道德教育将决定着中国未来的道德风貌，也决定着中国未来的政治、经济、文化的路向。研究中国历史、文化传统和社会现实，展望中国未来的道路，是人文社会科学学者的使命。伦理学学者和道德教育学者更应当肩负历史重任，为中国现代化服务。当然，也应当看到，中国不只是面临现代化的任务，我们在某些方面，尤其是在精神文明领域（也就是人文社会科学方面）还面临近代化的任务，我们不仅要跟在别人后面“赶超”现代化，我们还要补课，不补上近代化的课，我们就弄不明白什么是现代化。其实中国教育，尤其是儿童教育就缺少近现代立场。①

其实这很容易理解，有什么样的文化就有什么样的教育，文化及其有生命的载体——人——是教育再生产的结果，而人的文化活动是他所体现的文化的外化，这就造成惰性的循环。在我们这个后发国家，要想走出这种惰性循环，就必须有仁人志士尝试走超越本民族文化传统和本民族教育传统的道路，那就是同时进行文化变革和教育变革。

---

① 刘晓东．“儿童读经运动”质疑——与南怀瑾先生商榷［J］．南京师大学报：社会科学版，2004 (3)：69—70.

三、启蒙与革心：前人的探索

应对“几千年未有之大变局”的根本出路，在于文化变革，而文化的变革在于人心（民族文化深层心理）的变革。这也是过去百年中国仁人志士提出的疗救中国文化的药方。

（一）梁启超：“新民之道”

梁启超在《新民说》的《叙论》中便问：“夫同是日月，同是山川，同是方趾，同是圆颅，而若者以兴，若者以亡，若者以弱，若者以强，则何以故？”他自问自答曰：“吾知其由：国也者，积民而成。国之有民，犹身之有四肢、五脏、筋脉、血轮也。未有四肢已断，五脏已瘵，筋脉已伤，血轮已涸，而身犹能存者；则亦未有其民愚陋、怯弱、涣散、混浊，而国能立者。”他由此得出《新民说》全书的主旨：“欲其国之安富尊荣，则新民之道不可不讲。”①

梁启超看到了国家繁荣富强的根本是国民强健与否。这也就是何以外部条件几乎相同的情况下，一国能兴而另一国则衰的原因。

国之强弱在于国民。然而强国和弱国的国民“同是方趾，同是圆颅”，表面上看是一样的人，而国民之强弱在于国民之心。这国民之心，实际上就是国民性，或曰民族文化心理结构。从梁启超《新民说》之总共二十节内容来看，谈的全是国民心理应当向何处变革的内容。

“新民之道”其实是革心之道，是“换心术”。新民实际上就是更新国民之心，新民实际上就是改造一国之文化心理结构，新民实际上就是移风易俗、更新观念，新民实际上就是去除旧道德、建设新道德，新民实际上就是除旧布新、脱胎换骨。

（二）孙中山：“欲收革命成功，必有赖于思想之变化”

当袁世凯为称帝而通告全国“祭孔读经”时，中山先生当即发布《讨袁檄文》加以斥责：“祭王祀孔，议及冕旒。司马之心，路人皆知。”尤其是五四新文化运动来临的时候，孙中山先生立即表示欣喜、赞扬和支持。他对党人说：“自北京大学生发生‘五四’运动以来，一般爱国青年，无不以革新思想为将来

---

① 梁启超．新民说［M］．郑州：中州古籍出版社，1998：46.

革新事业之预备……此种新化运动，在我国今日，诚思想界空前之大变动……倘能继续增高，其将来收效之伟大且久远者，无可疑也。吾党欲收革命成功，必有赖于思想之变化。兵法‘攻心’，语曰‘革心’，皆此之故。故此种新文化运动，实为最有价值之事。”①

孙中山提出“孙文学说”，其实也是一种“革心”学说。中国人是一个过分推崇实用的民族，“学以致用”与中国人的知行关系观念紧密联系着。对知的贬低，影响了中国的进步。孙中山深深感到，此种认识定势、心理传统必须改变。“知之非艰，行之惟艰”之说数千年来深埋于中国人的民族文化心理之中，似已牢不可破。“知之非艰，行之惟艰”这一说法，实际上贬低了“知”的地位、理性探究和理论认识的地位。这种观念严重地阻碍了中国人的探究的兴趣。事实上，“知”是非常重要的。“知”关涉世界观，统领着人的精神世界。“知”是“心”的机能与活动。兵法有云：“攻心为上。”由此可见“知”的重要。

也许正是因为如此，孙中山慷而慨之曰：“国民！国民！究成何心？不能乎？不行乎？不知乎？吾知其非不能也，不行也；亦非不行也，不知也。倘能知之，则建设事业亦不过如反掌折枝耳。”② 孙中山颠覆了中国“知之非艰，行之惟艰”这一古老的信条，提出“行易知难”的口号，认为中国人的变革首当其冲的不在行动而在文化心理的转换上。他将此称为“孙文学说”，与物质建设、社会建设并称为三大建国方略，并在三者中居于首位。可见孙中山对中国人心理建设的极端重视。

（三）鲁迅：中国的“第一要著”是改变国民性

少年鲁迅已感受到当时中国社会的腐朽，决心“走异路，逃异地，去寻求别样的人”，于1898年5月离开绍兴去南京，先在江南水师学堂后改入南京陆师学堂附设的矿务铁路学堂求学。鲁迅赴日后，开始依然是抱着“科学救国”的理想，在仙台医学专门学校学医。鲁迅在《呐喊·自序》中表白，他的目的是“预备毕业回来，救治像我父亲似的被误的病人的疾苦，战争时候便去当军医，

---

① 孙中山．致海外国民党同志函（1920年1月29日）［M］//孙中山．孙中山全集：第五卷．北京：中华书局，1985：209—210.

② 孙中山．建国方略［A］．孙中山选集［C］．北京：人民出版社，1981：117.

一面又促进了国人对于维新的信念”。一次偶然的机会与日本同学一道看新闻片，看到了这样的镜头：日俄战争期间，一个中国人，据说当了俄国人的侦探，被日军抓获，要拉去枪决，刑场周围有不少中国人在看热闹，脸上显出麻木的神情。一些也在观看影片的日本学生狂呼“万岁”，鲁迅不堪忍受这种侮辱和刺激：“……从那一回以后，我便觉得医学并非一件紧要事，凡是愚弱的国民，即使体格如何健全，如何茁壮，也只能做毫无意义的示众的材料和看客，病死多少是不足以为不幸的。所以我们的第一要著，是在改变他们的精神，而善于改变精神的是，我那时以为当推文艺，于是想提倡文艺运动了。”

可以看出，鲁迅少年时代就已经对中国传统文化和中国现实社会产生了怀疑和不满，他要“走异路，逃异地，去寻求别样的人”，实际上已经试图寻找新生活、新天地了。而在日本留学时所受到的刺激，使他入骨三分地看清了中国之国弱民穷的根本，那就是：中国常态文化、中国民众的一般精神或心理，或曰中国人的国民性出了问题。鲁迅认识到，科学对中国确有帮助，它可以使得父亲那样重病的人起死回生，然而比科学更重要的是人的精神，也就是福泽谕吉在《文明论概略》中谈到的“人心”。于是鲁迅便开始从医疗中国人的肉身，改为医疗中国人的精神。他不是医疗哪一个变态精神患者，而是医疗显示中国常态文化的民族文化心理或曰民族性或民族精神。

于是，鲁迅立志启蒙的工作。鲁迅选择“文艺”，是为了致力于改造社会、改良人生的思想启蒙工作，追求人的个性解放，探索国民愚弱的病根，以启迪民众的觉醒。

近百年来，不只是梁启超、孙中山、鲁迅等人提出类似“革心”的主张，史无前例的“文化革命”也有类似“革心”的理论。这就不能不促使我们思考：如何才能使“革心”走在正确的路上？

四、中国需要自己的福泽谕吉

在文化变革等近代化、现代化建设方面，日本无疑是一个值得我国参考和借鉴的榜样。日本变革的成功是与它自己的思想家们的热情探索分不开的，其中福泽谕吉被称为“日本的伏尔泰”，是明治维新前后最有影响的思想家。也是这个福泽谕吉积极主张侵略中国，当获知甲午战争中日本大败中国之后“喜极而泣”。但这位“世仇”为日本变革提出的思想却是值得我们学习的。

福泽谕吉在《文明论概略》中指出日本的变革既不能单靠政府命令的强制，也不能依赖宗教的说服，更不能仅仅通过衣食房屋等的改革从表面来引导。“唯一方法是顺应人民的天性，消除弊害，排除障碍，使全体人民的智德自然发展，使其见解自然达到高尚的地步。”① 也就是说，福泽谕吉认为，日本变革唯一的办法就是启蒙，而启蒙的主要任务和内容就是上面这段话所说的：顺应人民的天性，使全体人民的智德自然发展。

可见，福泽谕吉倡导的日本明治时期的变革一开始就与清政府的中学为体、西学为用不同。福泽强调先学习西方文明的精神，而不是学习其物用。学习西洋文明的精神固然难于学习西洋的物用文明，但一旦习得西洋文明的精神，则“文明的基础才能建立起来”，于是“物质文明”必将随自然的趋势，“不招而至，不求而得”。② 因此，在福泽那里，日本变革的顺序应当是：“首先变革人心，然后改革政令，最后达到有形的物质。”③ 他认为如果颠倒了这一次序，看起来似乎容易，实际上是此路不通。

所谓学习文明的精神，实际上就是改造人心。

就在日本紧锣密鼓进行变革的时期，中国的第一批官方留学生来到美国，清政府要求他们留着长辫子，每周都要拿出不少时间反复阅读和背诵四书五经和当时的天子圣谕。即便在那个时代，清政府这种蒙昧、愚民、专制的治国手段已经是大大落后于西方民主政治了，以这种方式治国不知压制了多少中国人的自然天性，以这种方式治国不知束裹了多少中国人正常的头脑，以这种方式治国不知内耗掉多少中国人的探索精神、批判精神和创新能力，……这种治国方式阉割了本民族在文化上常变常新和自我超越的勃勃生机。这与日本变革采用的启蒙方式是相背相离、水火有别的。

福泽谕吉在《文明论概略》中有一些对中国文化的研究和中日文化的比较。他曾断言：“假设现在让华盛顿做中国的皇帝，让惠灵吞（按，惠灵顿）做他的将军，率领中国军队作战，结果胜负如何呢？即使中国拥有大量的军舰大炮，也要被英国的土枪和帆船打败的。……战争的胜败，既不在于将帅，也不在于

① 福泽谕吉．文明论概略［M］．北京：商务印书馆，1995：14.
② 福泽谕吉．文明论概略［M］．北京：商务印书馆，1995：14.
③ 福泽谕吉．文明论概略［M］．北京：商务印书馆，1995：14.

武器，而完全在于一国人民的精神力量。”① 福泽谕吉已经洞见一国文化的强弱与其战争胜负、经济贫富之间的决定性关系，亦可见他对中国国民的总体评价是不高的。不过，不久之后的甲午战争的胜负却不幸被其言中。在这次中日对决中，当时中国的北洋水师的军舰、武器是从德国进口的，比日本海军的军舰、武器还要先进，然而结果却是日本全胜，中国大败。中国与日本签订了屈辱的割地又赔款的条约。这一事件背后的因果关系其实值得现在上上下下全体中国人保持警醒。

与福泽谕吉之日本变革的顺序“首先变革人心”一致，鲁迅则认为救国的“第一要著”在于改变“愚弱国民”的“精神”。后来孙中山在《建国方略》中将“心理建设”作为建国立国的基础，实际上正与福泽的观念有神肖之处。

福泽谕吉认为，若倡导向西方学习，则应学习西方文明的精神。这是其高明的地方。文明的精神是“本”，清朝的洋务派似乎也知道文明的精神是本，但他们抱残守缺，认为自己祖宗的“中学”在世界上是最好的，比“西学”高明，所以要“中学为体”，而不愿学习“西学”之“本”，而仅以“西学”为“用”，仅学习“西学”之“用”。这从一开始便是舍本逐末。如果舍其本而逐其末，那么即便是末，也难以得到。没有本，何来末？没有根茎，何来枝叶花果？皮之不存，毛将附焉？即便学得一鳞半爪，也不能得其文明的真精髓，自己的文化依然不能产生西学所产生的“用”？弃西学之本而逐西学之末、西学之“用”，如此这般，自己文化的“本”依然会万古不变，又如何产生西学之“用”？于是，中国就只能跟在别人屁股后面学习，永远比别人落后，最终还是不能实现“师夷长技以制夷”的初衷，最终还是落后挨打。

所以向西方学习，一开始便应当从西方之所以富强的根本处学习，而这正是与中国同为东方国家的日本经过明治维新而实现富强，并能够与西方竞争，甚至在某些方面超过西方的重要原因。

福泽谕吉主张日本文化进行彻底变革：“今天我国的文明，将是一种所谓从火变水，从无到有的突变，这种变化似乎不应单纯叫作革新，而应称为首创。”② 这种主张日本文化“所谓从火变水，从无到有的突变”，与当时清朝士大夫“中

---

① 福泽谕吉．文明论概略［M］．北京：商务印书馆，1995：56.
② 福泽谕吉．文明论概略［M］．北京：商务印书馆，1995：2—3.

学为体，西学为用”的主张是截然不同的。白狗吃玉米面不会变成黄狗，黄狗吃白骨头也不会变成白狗。日本人努力向西方学习，非但没有变成西方人，反而变成了更富强的日本人，甚至在经济发展等方面赶超了西方人。

多年生活在西方文化中的海外华人，天天说洋话，天天吃洋饭，照样是那首著名的歌曲所唱的：“无论如何都改变不了我的中国心!”中国本土上的同胞们为什么惧怕全面学习西方呢？科学家是有国界的，但科学是无国界的。不论是卢梭、杜威还是祖冲之，不论是四大发明还是近代科学，都是属于全人类的，我们都应当兼容并蓄，而不是还没有了解，就先贴上标签以自欺欺人。中国不应当故步自封，更不应当走回头路，而是应走传统文化未曾规定的新路。

1920 年，郭沫若曾写下诗歌《凤凰涅槃》，寄托他对中国文化变革的希望。据说，天国古有凤凰，满五百岁后，集香木自焚，复从死灰中更生，不再死。郭沫若以凤凰来喻指古老之中国，以凤凰死而复生寄寓中国文化复兴之厚望：“我们更生了。/我们更生了。/一切的一，更生了。/一的一切，更生了。/我们便是‘他’，他们便是我。/我中也有你，你中也有我。”现在看来，郭沫若的这一诗篇颇为深刻，仍然具有现实意义。中国文化必须有凤凰涅槃之决心来彻底变革，必须有福泽谕吉促使日本文化“由火变水”进行质变的那种决心，必须开放地对待和吸收其他民族其他国家的文化，只有如此，中华民族才能真正如传说中的凤凰涅槃那样起死回生、实现复兴。

中国有幸拥有了一个鲁迅，而且还需要更多的鲁迅。中国也需要拥有自己的卢梭、自己的伏尔泰、自己的康德、自己的福泽谕吉。

任何充满真知灼见的学说都不只是由它的发表者的祖国所拥有，它还属于全人类。正如康德是德国的康德，但也是世界的康德、全人类的康德。因此，对中西古今人类一切优秀成果应当为我所用，不应因它的来源地而是其非或非其是。

五、结语：启蒙是中国教育的文化使命

“本”是什么？就是“人心”，就是精神文明，就是“文明的精神”，就是哲学、文学、艺术等人文社会科学领域的东西，而道德风尚和价值观念在精神文明中占据重要的位置。

中国传统社会和传统文化缺少近现代意义的科学和民主，五四新文化运动

时期建设科学和民主的口号依然具有重要的现实意义，这一口号产生近百年的今天，中国依然亟待建设科学和民主。但是也应当注意到，科学和民主固然重要，固然亟待建设，然而还不够，中国文化的变革和改造更根本的应当是尊自然、崇天性、张个性、尚自由。① 只有崇尚自然，崇尚“无为”，尊重客观规律，不妄加干涉宇宙人生，只有崇尚自然天性和自由人权，保障人民心智的自然成长和自由表现，科学和民主才可能强盛起来。而这就是中国面临的启蒙任务。

在中国，启蒙就是革心，革心需要启蒙。启蒙与革心是中国文化变革的根本任务。中国现代化建设需要经济、政治、文化的近现代立场和观念，这其中包括自由经济、民主政治、科学精神和人权观念。而这些近现代观念在中国文化中的扎根工作需要从“心”做起，需要从教育着手。特别值得强调的是，在中国社会和文化发展的某些方面，我们甚至还需补上“近代化”的一些功课。

故曰：中国变革首在启蒙，教育在启蒙上应当有所作为。

---

① 刘晓东．论教育与天性［J］．南京师大学报：社会科学版，2003（4）：69－70.

童心与创新

我深深感到我的心灵充满着对人的内在尊严和自由的尊重，唯有自由符合这种尊严。

——洪堡：《论国家的作用》

这篇文字可视为本章《创新需要超越习俗常规》一文的按语，亦可视其为续篇。

1.《创新需要超越习俗常规》一文的原稿《试论超常规性格是创造的首要因素》是我大二时写的。1987年春天，利用五一劳动节假期的时间，我在南京师范大学电教楼206教室写出该文，约一万字篇幅。这是自己尝试写作论文的初次练笔。

当时南京师范大学教育系有一份供学生们学术交流的油印刊物《教育家》。《试论超常规性格是创造的首要因素》便首发在《教育家》上。后来投到学术期刊《江西教育科研》，编辑部要求删减为4500字左右，也就是说至少削减一半内容；删减的版本遂发表于该刊1988年第6期。后来将印在《教育家》上的原稿稍做修订，全文发表在《学术交流》1995年第3期。这里将发表在《学术交流》上的稿子再拿出来稍做修订收入此集。

该文是我发表的第一篇论文，当然也是一篇未脱稚气的论文。该文只是自己当时读书和思考的一份笔记，是一位低年级大学生杂糅各家研究资料以试图表达自己观念的一份习作。尽管多次修订，但该文依然保留了初稿的特点与气息。

2. 我为什么会写作这一笔记？这与当时的社会背景有紧密的关系。

改革开放以后，人们被压抑的心灵获得解放，社会出现欣欣向荣的景象；“科学的春天来了”，尊重知识，尊重人才，成为新政策、新风尚。20世纪80年代初期，有人提倡人道主义的社会主义，提倡以人为本，由此引发了后来的争论和风波；学术界大量译介西方学术名著，一时间欧风美雨激荡神州，“文化”热浪一波高过一波；年轻人如久旱禾苗幸遇甘霖，白昼与星夜里一节节拔高使劲往上蹿长，对个人和民族的未来充满美好憧憬，《我们是八十年代的新一辈》成为当时年轻人传唱的流行歌曲……在这种背景下，不少教育学、心理学等学科的学者对“创造力”问题进行研究，以至成为当时的学术热点之一。当时还出现了一阵阵的“文化热”，诸如弗洛伊德热、皮亚杰热、马斯洛热等纷至沓来，我就是在这种背景下写作这篇文章的。

当时改革开放推陈布新的风气，对应试教育的反抗，青年人自命清高急切建功立业的需要……所有这些交集杂糅在一起，便是该文写作的动力。

而当时的社会见闻以及大学前三个学期所读的弗洛伊德精神分析学、马斯洛的人本心理学、鲁克的《创造心理学概论》、列维·布留尔的《原始思维》、弗洛姆的《在幻想锁链的彼岸》、周国平的《尼采：在世纪的转折点上》等书籍，则是该文构思加工的主要材料。该文与其说是写给读者的，不如说是写给自己的。现在读来，该文还多多少少有些“心灵鸡汤”“励志篇”的气息。

一位作者无论在学术道路上想走多远，能走多远，都难以走脱那最初的步伐。当我回首阅读该文，在汗颜于其中稚气、莽撞的同时，竟然发现，后来硕士生阶段的“儿童的伦理学”研究以及博士生阶段的“儿童精神哲学”研究，以及当前我所思考的“童心主义”话题，不正与该文有所呼应吗？当前对“童心主义”的思考，正是对该文相关问题的进一步解答。[①]

3. 我原稿所谓“超常规性格”显然是借鉴了“智力超常”中的“超常”一词，当时觉得不好说“性格超常”，便造了“超常规”一词。现在看来所谓“超常规性格”，其实就是摇曳于社会、文化的疾风劲雨中的“定海神针”，——是所谓“童心”，是“赤子”“自然人”，是社会人的自然人性（human nature，人的天性）、“自然人格”，是人的根本，当然也是社会、文化的“根”与“本”。孟子所谓“大人者不失其赤子之心”，亦可解读为伟大的人、大写的人、圣贤、

---

① 参见刘晓东．儿童本位：从现代教育的原则到理想社会的生成［J］．全球教育展望，2014（5）；刘晓东．童心哲学史论——古代中国人对儿童的发现［J］．南京师大学报：社会科学版，2015（6）．

自我实现的人，是保存有“自然人格”、先天的人性财富的人。

马斯洛提出的“自我实现的人”对我原稿的写作有很大的影响。具有所谓“超常规性格”的人，就是那些自身条件足以使自己“自我实现”的人，就是那些能够保持自然人性直至成年依然“童心”未泯的“老小孩”“老顽童”“老愤青”。所谓“超常规性格”的人在自己的生活——天性与文化的互动——中，坚守自己的天性，以自己的天性来同化文化、吸收文化、对抗文化、改造文化，他们必须在文化的庇护中生存，但又不被文化所束缚，他们会对文化中的异化成分保持警惕，随时会对抗和改造那些有可能伤害自然人性的文化。也就是说，所谓“超常规性格”的人尽管生活在社会文化的习俗常规之中，但又能超越习俗常规。他们的这种“超越”其实就是“创造”“创新”。

“创造”“创新”是在既定文化的基础上进行的，但是“创造”“创新”的主人试图超越既定文化规范，追求普适性或普世性。这种普适性或普世性其实就是“人的自然化”，是人对自然规律的追求，是人对自然的回归，在这种回归中，“人不断行走在成为自然人的途中”。而那创造、创新的产物其实就是“自然的人化”，是自然界以创造、创新人物为中心而做的凝结，是人自身的超越，即，是人在新质的水平上的“生长”和突破，——是人自身的突破，也是科技、艺术等文化的新发展和新突破。

4. 其实，“名可名非常名”，所谓“超常规性格”是我以传统社会、传统文化为背景提出的概念。在思想同质、社会封闭、个性被泯灭的传统社会，那些具有创新天赋、创新品格的人遂显得“超常规”、不正常了。例如，中国古代一些知识分子要么隐居，不让人发现自己的行踪，要么尽管依然生活在人群中，为了苟全性命，也要“佯狂”，装疯卖傻，将自己装扮成对官家不再具有精神的杀伤力。也有人不懂“规矩”或者漠视“规矩”，“顶风作案”，例如明末提出著名的“童心说”的李卓吾就是例子。不过，李卓吾无法逃脱他这种人的必然命运，他最终被其他正统文化人视为非圣无法、有违圣教，被告密于朝廷而关进大牢。李卓吾为免遭受进一步的侮辱，在狱中借理发的机会夺过剃刀而刎颈自杀。在西方的中世纪，像布鲁诺、伽利略等人都曾因说真话，而遭到当权者的各种处分，甚至处死。

5. 所谓超常规性格，其实质就是不为任何外在的见识、风俗习惯、各类权威、文化传统所控制，而一任本心，一切以我为主，此“我”即“童心”者也，就是与外部文化相对峙的“自然人”。所以，当初我提出超常规性格，其秘密还是在于“童心”，在于“自然人”。当初所谓“超常规性格乃创造的首要因素”，现在想来，探讨的就是“童心”或“自然人”对于创造的重要意义。

拥有童心的现实人必然受各种见识、世俗、历史传统等影响，但在形成自己的观念和立场方面，则是以“我”为主，以外在文化为食粮，以自我、童心消化和评判这些食粮，不以外伤内，不以文化伤天性，不以文化伤自然。这是李贽童心说的大义。最具典范的超常规性格人物就是李贽。他力倡正道，却被污异端；是正统儒者，却出入佛老，乃至落发出家做和尚，而又不守佛家清规。李贽一生读书、做官、辞官、论辩，多有不俗之论，以致被污异端。李贽自己对自我有清醒的认识。在《焚书》中《与耿司寇告别》的信中，李贽写道：“论载道而承千圣绝学，则舍狂狷将何之乎？……传道而非此辈，终不可以语道。有狂狷而不闻道者有之，未有非狂狷而能闻道者也。”他将自己称为狂者，又视为狷者，指出狂者气力雄健而狷者性质坚韧。这就一反儒学对狂狷远离中道中正而遭贬黜的传统看法，认为非狂狷之人不能弘道。有此不俗性格乃有此不俗之见。李贽七十六岁古稀之年以乱道祸世之名被捕入狱，自刎而亡，所作所为多有超出常态想象。

1925 年，鲁迅感叹道：“中国一向就少有失败的英雄，少有韧性的反抗，少有敢单身鏖战的武人，少有敢抚哭叛徒的吊客；见胜兆则纷纷聚集，见败兆则纷纷逃亡。”鲁迅此处所赞叹的这些品格，都是超越常规的，而李贽兼具所有这些伟大品格。可见李贽之不俗。

6. “创造力就是童心不灭”，智者如是说。英国著名的人类学家莫理斯在其名著《人类动物园》中指出童心与创造力的关系。他将儿童和成人的心智进行了比较：儿童喜欢提出新问题，一般成年人则喜欢现成的答案，但童心不灭的成年人却能为新问题找到新答案；儿童喜欢创造，一般成年人则喜欢按部就班地生产，但童心不灭的成年人却能创造性地生产；儿童喜欢探索环境，一般成年人则喜欢安排环境，但童心不灭的成年人却能探索性地安排环境，使之更加有序，更加适宜。因此他写道：“创造力就是童心不灭”，“创造力从根本上说就是儿童品性在成年时期的延续”。

而日本学者福岛章也认为，创造性是在“成人和孩子一致的状态下”才成为可能的，“成人的心与小孩的心的一致”是“创造的母胎”。成人的创造性活动是通过“梦”“幻想”等“返童”方式而获得许多发现和设想的，随后靠研究和实际操作而形成作品或体系。他引述了日本学者安永浩的一个观点：莫扎特、库勒、凯撒、拿破仑等人具有像“一般顺利发展的5至8岁孩子”一样的“自然儿”的精神状态。

有人认为，天才只是向童年的回归。例如，波德莱尔就认为：“天才只不过是借助意志的行动而被重新发现的童年。”克尔凯郭尔也说：“为了进入天国，就要重新成为儿童。”重新成为儿童的人已经不是儿童，他是成年人，是拥有童心的成年人。可以看出，这与中国老子所谓圣人的心智宛若婴孩的说法颇为相似。

一些著名的艺术家主张向儿童的艺术学习，向儿童的心智学习。这是因为他们发现，儿童的生活充满了符合艺术家所追求的最高真谛的成分。王国维甚至在其《人间词话》中明确指出，伟大的词人之所以能够写出伟大的作品，是因为他们拥有童心（“赤子之心”）。

儿童出生后有一段自我与客体融合与互渗的状态。这种状态可能与创造性有关。福岛章认为，即便是生物学上的生殖行为，即爱的行为中，成人不仅要把衣服脱掉，而且连面具也都抛掉来撒娇、忘我，从而与另一个人融为一体。于是，“在生物学意义上的生殖性也不是与孩子的心毫无机缘，在这里也如同精神领域里的创造一样，只有靠成人返回当初孩子那样的心智，才有可能予以解释”。也就是说，人在表达爱的时候是有童心的。

人在表达爱的时候，歌颂童年，歌颂母亲，歌颂故乡的时候，是有童心的。

但是他也指出，富于创造性的成人绝不是单纯的“小孩”，而是“向超过小孩的既丰富而又广泛的智力、感情和欲望相融合的世界发展着的人物”。富于创造性的成人是马克思所谓“在一个更高的阶梯上把自己的［儿童时代的］真实再现出来”的成人。泰戈尔所说的“上帝等待着人在智慧中重新获得童年”，则是说人只有通过童年回归才能实现自我拯救，才能真正实现成熟。

美国心理学家马斯洛研究证实了保留童心对于人生的意义。他写道：“我不得不面对这样的事实，即我所研究的那些自我实现者，他们因为成熟才被挑选出来，但他们同时也很幼稚。……我把自我实现者的那种幼稚称为‘健康的幼稚'，一种'返老还童的天真、再度的天真'。"这种"返老还童的天真、再度的天真"被一些心理学家看作是"促进自我发展的回归"，是"心理健康必须具备的条件"。

所以童心是非常值得研究，非常值得珍视和保护的。

究竟什么是童心？童心是人的根。它是自然之心、赤子之心，是天赋的、先验的人心，是人之初，是未被异化的人心，是李贽所谓"最初一念之心"，是"真心"，是"真人"的心。它是人的天性的总和。

童心是哲学的概念，不是心理学的概念。童心可以指儿童的心，但又不专指儿童的心，它还可以指成人心中保存完好的儿时的心，被生命的年轮包裹着的童年的心。因而，童心是为儿童所拥有的，但也可以为成人所拥有。但成人所拥有的那颗童心依然是他童年天赋的、先验的心。

童心是从哪里来的？或者说，童心的发生学来源是什么？童心是自然的造化，是进化的结果，是上天的赐予。

童心是人之为人的本质，是个人不断提升的生长点和根基。童心也是文明的生长点和根基。由于童心是根，它那里有营养，有尺度，有关于人之为人和人何以按本性而存在的规定性，因而，不论个体的人还是社会文化都应当不断回归童心，从人的根性中获得营养，在回归中获得提升。

7. 在春秋战国时期，中国曾出现过诸子竞鸣、学说层出的文化繁荣局面。后来秦始皇为了自己统治的方便，采取措施来禁止读书人说三道四，开了以政治权力干预学术研究的先河。到了汉武帝接受董仲舒的建议，中国社会的学术发展更是不走开放的大道，偏偏走封闭的"罢黜百家，独尊儒术"的狭路。历代统治者将改造了的儒学作为政治哲学。说这种政治哲学是被歪曲了的儒学，是有证据的。例如，皇家主张仁政，却偏要将侍奉皇室的男仆（太监）"去势"，这是明显有违"仁"尤其是"万物一体之仁"的。后来皇帝还允许孔府使用太监，直接以此大不仁的方式损人利己地对待侍奉衍圣公的那些仆人。

为了维护自己的江山不倒，皇帝用所谓"儒学"作为刀子，为读书人的精神系统的创生能力"去势"，因而中国的整个文化系统就很难具有生成、生长和突破的能力。可以说文化垄断和思想禁锢是创新的敌人。

秦汉以后，精神统治往往相对开明和宽松，或者王朝处于乱世而无暇充分禁锢读书人的时期，常常是思想文化相对繁荣的时期。蔡元培任北大校长时期，提倡学术自由、兼容并包的思想政策，整个北大便从官僚养成所变成思想繁荣、生机勃勃的现代大学。这进一步证明，思想自由、独立人格、兼容并包的制度原则，是创新活动的必要条件。

创新需要那种保障与支持创新的精神、文化、舆论、氛围和制度。

8. 其实，在一个开放的社会，在真正的以人为本的社会，在追求人的全面发展的社会，人性、人格的充分成长、表达、表现是再正常不过的了。那种在封闭社会显得“超常规”的人，在这种开放社会却如鱼得水，每个人的天性和创新精神无论在制度设计，还是在精神、文化、舆论、氛围上，都得到了全面充分的保障和支持，从而成为每个社会成员的共同的人格特征。这时候，超常规性格就不再是个别人的性格，而是一个社会的公共品格，一个民族的公共品格，一个国家的公共品格。

在 21 世纪初，中国共产党和人民政府就提出将中国建设成“创新型国家”的口号。我以为，建设创新型国家，并不是培养人的创造性，因为创造、创新是人的天性，是生物进化历史赋予每个人的天赋，它只需要保护，而不是培养；只有爱因斯坦所谓“斯宾诺莎意义上的上帝”才有资格培养人的天赋，任何人都是无力培养他人的天赋的。莎士比亚、牛顿是谁培养的？他们不是培养的，而是所处的社会文化和时代精神赋予他们成长的机会。

建设创新型国家，应当建设以人为本的、尊崇天性的、尊重个性的开放型社会，这种社会的精神文化生态是多姿多彩、个性纷呈、思想竞鸣、互相包容、互相激发、互相吸收和融合的；在这种社会，每个人都有条件走向自我实现，每个人都有条件走向全面发展。这不正是马克思所向往的理想社会吗？那些具有创新精神的人不再是封闭社会虎口脱险的异类，创新精神成为每个社会成员的共同品格，在这些社会成员中，自然而然会涌现出更为杰出的创新人物。

9. 创造、创新是自然而然的，就像人能长高、人能生育一样。但是与生物体的生长或生育功能有些不同的是，文化层面的创新、创造往往要遭遇文化自身的保守性的抵抗，因而创造、创新人物必须能战胜这种抵抗。这也是为什么我说：如果创新精神是每个社会成员的共同品格，那么，在这些社会成员中自然而然会涌现出更为杰出的创新人物。

创新人物是在既定文化基础上创造、创新的，但他的创造、创新又试图超越创造、创新的文化基础。他的创造、创新一方面是对既定文化常规的反叛，同时也是对既定文化的突破和丰富，他促使既定的文化得到了新的拓展。所以，创造、创新人物自身的个性结构和他的个人生活以及他的创造、创新过程，都是充满矛盾和张力的，这种矛盾和张力导致了创造和创新的成果。

也正因为创造、创新人物自身的个性结构和他的个人生活以及他的创造、创新过程，都是充满矛盾和张力的，所以，一些伟大人物的内心世界和个人生活也充满矛盾和紧张。这就是为什么这些人物有的被视为怪人、异类，个别人物在已取得巨大成就后自己的身心走向了崩溃，像荷尔德林、尼采、梵·高便是代表。

10. 尼采的哲学其实就是创新的哲学。尼采反对庸人，反对庸人的虚无主义，强调“will to power”。我们过去将 will to power 译成“权力意志”，大大窄化了 will to power 的内涵。尼采恰恰不主张统治别人、操纵别人。他在《作为教育家的叔本华》(*Schopenhauer as Educator*，德文的英译本）中的第三自然节曾经说：Nobody can build the bridge for you to walk across the river of life, no one but you, yourself alone（没人能为你架桥来让你跨越生活的河流，除非你自己架这座桥)。在《快乐的科学》（*The Gay Science*，德文的英译本）中，尼采又写道：Lured by my style and tendency, you follow and come after me? Follow your own self faithfully, take time, and thus you follow me (我的风格和喜好打动了你，你就做我的跟屁虫吗？忠实地跟从你的自我，从从容容，不急不忙，这才是真的跟从我)。类似的说法几乎遍布尼采的所有著作。

许多人，尤其是中国人，认为尼采是狂人，其实尼采的狂，只是试图超越自己，同时让每个人都能超越习俗常规、文化惯性、基督教的现成说教，而成为自己，从而自我实现，即成为“超人”。这是尼采哲学的核心秘密。

而拙文所谓“超常规性格”的人其实就是有一些类似尼采“超人”概念的人。其实，任何具有超常的创新能力的人，多多少少有一些“超人”的意味，因为他们不只是对文化，而且对自我，也是能够不断超越的。古代中国人所谓“三军可夺帅也，匹夫不可夺志也”“天行健，君子以自强不息”“死亦为鬼雄”

等等说法，所描述的都是强大的生命意志和不断超越的精神力量。

然而，尼采哲学与中国的传统哲学有很大不同。所以此前我读尼采哲学从来没有读懂过。我想，没有读懂尼采的不至于就我一个人吧。总体上看，尼采哲学在中国是被许多人误读甚至歪曲了的。我的这篇文章想表达的思想完全可以被尼采的哲学包容过去，或者说，我当年用这篇拙文试图言说的，从哲学的理路来看，其实是尼采已经表达过的思想。

11. 用以赛亚·伯林的“消极自由”和“积极自由”也可以阐释所谓“超常规性格”的人及其依赖的环境。那就是这种人不只是需要“消极自由”——社会文化要为他解开人性的锁链，更有能力呈现“积极自由”。两种自由均得到保障，人才有可能自我实现。

可以看出，一个社会只有“以人为本”，只有自由民主，而不是文化本位或社会本位，也不是政治决定一切，不是用所谓政治、文化、社会的条条框框捆缚人，那么，所谓“超常规性格”的人才有存在的可能和生存的空间。我不认为所谓“超常规性格”的人、“自我实现的人”是反社会的。恰恰相反，根据马斯洛对自我实现的人的研究，这种人恰恰保留了丰富人性，实现了爱与归属的需要，有强烈认知需求，生活在审美、宗教层面，他们是真正的自己人性的占有者和社会文化的建设者，是富有创新精神和创新能力的人，他们是全社会良心的体现者，是社会的柱石和栋梁。

12. 钱学森去世后，“钱学森之问”成为人们思考的热点问题。表面上看，钱学森是批评中国没有一所大学按照教育规律培养人才。深层来看，钱学森是批评整个社会系统。我对他的一些话很感兴趣。我以为他所推崇的人才，他希望大学培养的人才，就是所谓“超常规性格”的人。为什么如此说呢？请看钱学森是怎样介绍和评价他的母校美国加州理工学院的：

“创新的学风弥漫在整个校园，可以说，整个学校的一个精神就是创新。在这里，你必须想别人没有想到的东西，说别人没有说过的话。拔尖的人才很多，我得和他们竞赛，才能跑在前沿。这里的创新还不能是一般的，迈小步可不行，你很快就会被别人超过。你所想的、做的，要比别人高出一大截才行。那里的学术气氛非常浓厚，学术讨论会十分活跃，互相启发，互相促进。我们现在倒好，一些技术和学术讨论会还互相保密，互相封锁，这不是发展科学的学风。你真的有本事，就不怕别人赶上来。我记得在一次学术讨论会上，我的老师冯·卡门讲了一个非常好的学术思想，美国人叫‘good idea’，这在科学工作中是很重要的。有没有创新，首先就取决于你有没有一个‘good idea’。所以马上就有人说：‘卡门教授，你把这么好的思想都讲出来了，就不怕别人超过你?’卡门说：‘我不怕，等他赶上我这个想法，我又跑到前面老远去了。’所以我到加州理工学院，一下子脑子就开了窍，以前从来没想到的事，这里全讲到了，讲的内容都是科学发展最前沿的东西，让我大开眼界。”

钱学森还特别提到时任化学系主任、获得过诺贝尔奖的L. 鲍林。鲍林对钱学森这个航空系的研究生去听他的课、参加化学系的学术讨论会，一点也不排斥。他比钱学森大十几岁，后来却成为好朋友。他晚年主张服用大剂量维生素的思想遭到生物医学界的普遍反对，但他仍坚持自己的观点，甚至和整个医学界辩论不止。他自己就每天服用大剂量维生素，活到93岁。钱学森评论说：“加州理工学院就有许多这样的大师、这样的怪人，决不随大流，敢于想别人不敢想的，做别人不敢做的。大家都说好的东西，在他看来很一般，没什么。没有这种精神，怎么会有创新!”

钱学森上述谈话表明，他所推崇的加州理工学院的那些大师大概就是我之所谓“超常规性格”的人。——“加州理工学院就有许多这样的大师、这样的怪人，决不随大流，敢于想别人不敢想的，做别人不敢做的。大家都说好的东西，在他看来很一般，没什么。”这不是可以原封不动地拿过来描述“超常规性格”这一概念嘛?!

13. 钱学森还谈到这些创新人物的生存和生成应当具备怎样的社会条件和文化氛围：

“加州理工学院给这些学者、教授们，也给年轻的学生、研究生们提供了充分的学术权力和民主氛围。不同的学派、不同的学术观点都可以充分发表。学生们也可以充分发表自己的不同学术见解，可以向权威们挑战。过去我曾讲过我在加州理工学院当研究生时和一些权威辩论的情况，其实这在加州理工学院是很平常的事。那时，我们这些搞应用力学的，就是用数学计算来解决工程上的复杂问题。所以人家又管我们叫应用数学家。可是数学系的那些搞纯粹数学的人偏偏瞧不起我们这些搞工程数学的。两个学派常常在一起辩论。有一次，数学系的权威在学校布告栏里贴出了一个海报，说他在什么时间什么地点讲理论数学，欢迎大家去听讲。我的老师冯·卡门一看，也马上贴出一个海报，说在同一时间他在什么地方讲工程数学，也欢迎大家去听。结果两个讲座都大受欢迎。这就是加州理工学院的学术风气，民主而又活跃。我们这些年轻人在这里学习真是大受教益，大开眼界。今天我们有哪一所大学能做到这样？大家见面都是客客气气，学术讨论活跃不起来。这怎么能够培养创新人物？更不用说大师级人才了。……”

“像加州理工学院这样的学校，光是为中国就培养出许多著名科学家。钱伟长、谈家桢、郭永怀等等，都是加州理工学院出来的。……”

“今天我们办学，一定要有加州理工学院的那种科技创新精神，培养会动脑筋、具有非凡创造能力的人才。我回国这么多年，感到中国还没有一所这样的学校，都是些一般的，别人说过的才说，没说过的就不敢说，这样是培养不出顶尖帅才的。我们国家应该解决这个问题。你是不是真正的创新，就看是不是敢于研究别人没有研究过的科学前沿问题，而不是别人已经说过的东西我们知道，没有说过的东西，我们就不知道。所谓优秀学生就是要有创新。没有创新，死记硬背，考试成绩再好也不是优秀学生。……”

“我说了这么多，就是想告诉大家，我们要向加州理工学院学习，学习它的科学创新精神。我们中国学生到加州理工学院学习的，回国以后都发挥了很好的作用。所有在那学习过的人都受它创新精神的熏陶，知道不创新不行。我们不能人云亦云，这不是科学精神，科学精神最重要的就是创新。”

钱学森说：“我在加州理工学院接受的就是这样的教育，这是我感受最深的。回国以后，我觉得国家对我很重视，但是社会主义建设需要更多的钱学森，国家才会有大的发展。”也就是说，钱学森自言社会主义中国很重视美国的大学培养出来的钱学森，但是社会主义中国需要更多的钱学森，然而目前为止，社会主义中国“还没有一所这样的学校”能培养出钱学森这样的人才，所以社会主义中国需要找原因，需要向美国的加州理工学院学习，社会主义中国的大学乃至整个社会系统需要学习和改革。

钱学森生前最后一次系统谈话其实是一份教育学遗嘱，更是一份政治遗嘱。

14. 我们应当培养什么样的人才？我们应当创办怎样的大学？我们应当建设怎样的社会风尚？政治家应当为创新人物的培养创造怎样的政治条件？一个社会、一个民族、一个国家，应当为加州理工学院这样的大学建设提供条件，才能保证大量所谓“超常规性格”的人的养成，才能出现大量创新人物；一个社会如果有大量所谓“超常规性格”的人，这个社会才是富有创新精神、创新氛围的社会。“鸡生蛋，蛋生鸡”，这是一个活的系统。其实钱学森的这次谈话已经暗中给出了“钱学森之问”的答案，他是自问自答。钱学森讲究大成智慧，表现在这份谈话中就是，讲得十分犀利，却又点到为止，令人回味无穷，感慨万千。我倒是觉得钱学森这个伟大的科学家是一个十分尊重习俗常规的人，但他确乎又对当前的习俗常规进行了批评，甚至对某些“禁忌”进行了抨击。例如他讲：“还没有一所大学能够按照培养科学技术发明创造人才的模式去办学，都是些人云亦云、一般化的，没有自己独特的创新东西，受封建思想的影响，一直是这个样子。我看，这是中国当前的一个很大问题。”

可见“超常规性格”的人并不是轻视习俗常规的人，他们是真正的建设者。

15. 在春秋战国时期，中国曾经出现“百家争鸣”的繁荣文化。正如恩格斯评论文艺复兴时期之所以出现一批巨人一样，春秋战国时期也出现了孔孟老庄荀等一批批思想巨人。可见人才的出现是需要“时节”的。王充、嵇康、李贽这样的人物，独具只眼，却不为中国社会所容，这是悲剧。不能说中国没有创新的文化传统，春秋战国、汉初盛唐、魏晋南北朝、民国北洋政府时期，创新人群不也如繁星璀璨过吗？

李贽在狱中自戕，中国出现的第一个现代人遭到扼杀，说明明代的中国还没有现代人生存的空间。而现代社会先后出现于欧洲和日本，专制帝国与现代社会冲突，当然会捉襟见肘，力不从心。鸦片战争、甲午战争以中国失败告终，似乎是先验地被决定了。一群奴隶与现代人搏击，不败何待？“秦人不暇自哀而后人哀之，后人哀之而不鉴之，是后人复哀后人矣！”（贾谊：《过秦论》）

16. 在一本名为《寻找大师》的报告文学集中，作者卞毓方在《自序》中以问答形式表达了大师难觅、天下无人之慨，这与钱学森为什么中国没有培养出拔尖人才之问有惊人相似，卞毓方甚至为“大师难觅”这一问题找寻背后的原因。这里原文照录，存而不论。

问：一路采访过来，你最大的感慨是什么？

答：堂堂中华，难觅大气象者。

问：你想过为什么吗？

答：社会缺乏实际需要。一切都是应运而生，客观上没有这个运。

问：请再具体一点。

答：思维禁锢，创造力被画地为牢。体制要求大一统，要求和谐，成大师者，思维要求突破，要求不拘一格，这就产生了矛盾。体制是管生存的，人生的要务首先是生存，于是乎，人格萎缩，东方版的犬儒主义占据绝对上风。

问：还有呢？

答：金钱的压力。社会从崇尚精神滑到膜拜物质，人都成了经济动物。本来我以为，钱多了有利于产生大师，实际情况却是，钱把中国人压垮了，形而下的意志让形而上俯首称臣，官员垮于钱，知识分子也垮于钱。

问：关于这个话题，网上有篇袁绪程的文章——《今日中国为何出不了大师》，你看过吗？

答：看过。袁绪程认为，大师近乎绝迹由来已久，不只在某一领域，而是全方位的短缺。我们缺少伟大的思想家及杰出的科学家、音乐家、小说家、戏曲家、影视艺术家、画家、雕刻家、建筑师、哲学家、经济学家、社会学家、政治学家等等。总之，我们在自然科学、人文科学和文学艺术各领域里全方位地缺少大师，这是前所未有的。

问：现实就是这般无奈，这是一个没有大师的时代，那么，你还找什么呢？

答：大师是一种社会坐标，天地元气。对一个以文化复兴为重任的社会来说，大师的存在，不是可有可无，而是至关紧要，不可或缺。[①]

《寻找大师》这本书中的这段话表达的是一种观点。而韩愈的《马说》表达了另一种观点：

---

① 卞毓方．寻找大师［M］．北京：作家出版社，2013：2—3.

世有伯乐，然后有千里马。千里马常有，而伯乐不常有。故虽有名马，祗辱于奴隶人之手，骈死于槽枥之间，不以千里称也。……策之不以其道，食之不能尽其材，鸣之而不能通其意，执策而临之，曰："天下无马！"呜呼！其真无马邪？其真不知马也！

是呀，真的没有千里马吗？《寻找大师》的作者感叹大师难觅，天下无人；而韩愈认为不是缺少千里马，而是缺少发现千里马的伯乐。然而，在一些中国人眼里，人天生就具有成为大师的潜质。

例如，战国时期孟子说："大人者，不失其赤子之心者也。"只要不失赤子之心，人自然而然就是"大人"。明代罗汝芳认为"赤子之心自然能做得大人"。王阳明的弟子赶集归来，向老师报告："见满街都是圣人。"在他们看来，每个人都有成为"大人""圣人""千里马"的潜质，只要有适当的外部条件，人人可以成为"大人""圣人""千里马"。

"大人""大师"的成长，需要一种氛围、一种条件。尊崇童心，护佑童心，不失赤子之心，那么，人自然而然能使"大人""大师"的潜质充分展现。

"我劝天公重抖擞，不拘一格降人才。"（龚自珍诗句）笔者介绍自己第一篇练笔的所谓论文，以至拉拉杂杂说了这么多。现在党和政府提出建设创新型国家，有了这种政治条件的许可，才有了这些讨论。

皇天后土，明日高悬。希望这些讨论能激发读者对创造欲望、创新思想的思考，尤其是对"赤子之心""童心""自然人"，以及"大人""大师""自我实现的人""超越习俗常规的人"等概念的了解与会通。

参考文献

《老子》

《论语》

《孟子》

《荀子》

《庄子》

《中庸》

《大学》

《学记》

《四书集注》

《近思录》

《传习录》

《焚书》

《续焚书》

“活教育”调查组．前上海市立幼稚师范学校调查记［J］．人民教育，1953.

C. 爱德华兹，L. 甘第尼，G. 福尔曼．儿童的一百种语言［M］．罗雅芬等，译．台北：台湾心理出版社，2000.

E. H. Wright. The Meaning of Rousseau［M］. London：Oxford University Press，1929.

马拉卡奇等．孩子的一百种语言［M］．张军红等，译．新北：光佑文化事业股份有限公司，1998.

玛丽亚·蒙台梭利．发现儿童［M］．吴玥玢等，译．台北：及幼文化出版有限公司，2001.

玛丽亚·蒙台梭利．新世纪的教育［M］．李光裕，译．台北：及幼文化出版有限公司，2000.

Noam Chomsky. Knowledge of Language：Its Nature，Origin，and Use. 北

京：外语教学与研究出版社，2002.

丽塔·克拉默．玛丽亚·蒙台梭利：第三部蒙台梭利教学法与运动［M］．魏宝贝，译．台北：及幼文化出版股份有限公司，1998.

奥威尔（George Orwell）．《动物农场》乌克兰文版序//奥威尔．奥威尔文集．董乐山，译．北京：中国广播电视出版社，1997.

博伊德，金（合著）．西方教育史［M］．任宝祥，吴元训，主译．北京：人民教育出版社，1985.

布留尔．原始思维［M］．丁由，译．北京：商务印书馆，1981.

布约克沃尔德．本能的缪斯——激活潜在的艺术灵性［M］．王毅，孙小鸿，李明生，译．上海：上海人民出版社，1997.

蔡元培．全国临时教育会议开会词［M］//高叔平编．蔡元培教育文选．北京：人民教育出版社，1980.

蔡元培．新教育与旧教育的歧点［M］//高叔平编．蔡元培教育文选．北京：人民教育出版社，1980.

蔡元培．真正的近代西洋教育［M］//高叔平编．蔡元培全集：第四卷．北京：中华书局，1984.

陈鹤琴．陈鹤琴全集：第六卷［M］．南京：江苏教育出版社，2008.

陈鹤琴．批判杜威反动教育学的哲学基础：我向资产阶级大骗子杜威回击三枪［M］．上海：新知识出版社，1956.

陈鹤琴．我对“活教育”的初步检讨［N］．人民日报，1951－10－08.

陈鹤琴．我对“活教育”的再检讨［J］．人民教育，1952（4）．

陈鹤琴．我控诉杜威这个大骗子［N］．文汇报，1955－02－28.

陈寅恪．陈寅恪集·诗集［M］．北京：生活·新知·读书三联书店，2001.

岛田虔次．中国近代思维的挫折［M］．甘万萍，译．南京：江苏人民出版社，2008.

杜威．儿童与课程［M］//杜威教育论著选．赵祥麟等，编译．上海：华东师范大学出版社，1981.

杜威．教育哲学［M］//沈益洪编．杜威谈中国．杭州：浙江文艺出版社，2001.

杜威．经验与教育［M］//杜威教育论著选．赵祥麟等，编译．上海：华东师范大学出版社，1981.

杜威．明日之学校［M］//杜威．学校与社会·明日之学校．赵祥麟等，译. 北京：人民教育出版社，2005.

杜威．学校与社会［M］//杜威．学校与社会：明日之学校．赵祥麟等，译. 北京：人民教育出版社，1994.

对金女院同学的爱国斗争，南大四千师生集会支援，陈鹤琴教授以亲身经历，痛斥美帝在华办教育的所谓“友谊”［N］．新华日报，1950－12－06.

恩格斯．自然辩证法［M］．中共中央马克思恩格斯列宁斯大林著作编译局，译//马克思恩格斯选集：第4卷．北京：人民出版社，1995.

方直．写在陈鹤琴先生的“初步检查”之后［N］．人民日报，1951－10－08.

丰子恺．丰子恺文集：文学卷一［M］．杭州：浙江文艺出版社，1992.

冯友兰．中国现代哲学史［M］．广州：广东人民出版社，1999.

冯玥. 张志新：终有一天见天日［N］．中国青年报，2005－09－07.

冯周卓．儿童哲学与思维训练［J］．现代教育研究，1992（1）.

弗洛姆．在幻想锁链的彼岸——我所理解的马克思和弗洛伊德［M］．张燕，译. 长沙：湖南人民出版社，1986.

福禄培尔．人的教育［M］．孙平复，译. 北京：人民教育出版社，1991.

福泽谕吉．文明论概略［M］．北京：商务印书馆，1995.

戈布尔．第三思潮：马斯洛心理学［M］．吕明等，译．上海：上海译文出版社，1987.

郭海军．温家宝清华演讲称各方面改革须逐步推进［FB/OL］．［2012－09－16］．http：//www.chinanews.com/gn/2012/09－15/4185677.shtml.

哈耶克．哈耶克文选［M］．冯克利，译．南京：江苏人民出版社，2007.

江文瑜．暴风雪中矗立的火鹤——读《论自然与语言：杭士基语言学讲演录》［A］//杭士基（Noam Chomsky）．论自然与语言：杭士基语言学讲演录．吴凯琳，译．台北：商周出版，2004.

蒋庆.《中华文化经典基础教育读本》前言［M］//胡晓明．读经：启蒙还是蒙昧？——来自民间的声音．上海：华东师范大学出版社，2006.

蒋庆. 读经与中国文化的复兴——蒋庆先生谈儿童读经面临的问题［FB/OL］.［2004－08－22］. http：//www. confucius2000. com/confucius/jqxstetd-jmldwt. htm.

卡西勒. 卢梭问题［M］. 王春华，译. 南京：译林出版社，2009.

康德. 纯粹理性批判·第一版序［M］. 杨祖陶，译//康德. 康德三大批判精粹. 北京：人民出版社，2001.

康德. 纯粹理性批判·第一版序［M］. 杨祖陶，译//康德. 康德三大批判精粹. 北京：人民出版社，2001.

康德. 康德著作全集（第3卷）［M］. 李秋零，主编主译. 中国人民大学出版社，2004.

柯小卫. 陈鹤琴传［M］. 南京：江苏教育出版社，2008.

孔佩雷. 教育学史［M］. 张瑜，王强译，济南：山东教育出版社，2013.

夸美纽斯. 大教学论［M］. 傅任敢，译. 北京：教育科学出版社，1999.

邝孔秀，张辉蓉. 双基教学：摒弃还是发展［J］. 教育学报，2013（3）.

昆体良. 昆体良教育论著选［Z］. 任钟印，选译. 北京：人民教育出版社，1989.

劳伦斯. 现代教育的起源和发展［M］. 纪晓林，译. 北京：北京语言学院出版社，1992.

李刚. 现代知识分子的话语转型（1949—1959）［M］. 合肥：合肥工业大学出版社，2007.

李泽厚. 要启蒙，不要蒙启［C］//李泽厚对话录·廿一世纪（一），北京：中华书局，2014.

梁启超. 新民说［M］. 郑州：中州古籍出版社，1998.

林英才. 希望倡导活教育的先生们进行自我批评［J］. 人民教育，1951（4）.

刘晓东. “儿童读经运动”质疑——与南怀瑾先生商榷［J］. 南京师大学报：社会科学版，2004（3）.

刘晓东. “双基”理论有悖于教育学的现代观念［J］. 全球教育展望，2010（11）.

刘晓东. 2013年度中国儿童文化理论研究述评［J］. 浙江师范大学学报：社会科学版，2014（5）.

刘晓东．摒弃“双基”理论，树立儿童本位的课程观［J］．全球教育展望，2010（6）．

刘晓东．儿童本位：从现代教育的原则到理想社会的生成［J］．全球教育展望，2014（5）．

刘晓东．儿童教育新论［M］．南京：江苏教育出版社，1998.

刘晓东．儿童精神发生学对儿童教育研究和儿童文学创作的影响［J］．上海师范大学学报：社会科学版，2008（1）．

刘晓东．儿童精神哲学［M］．南京：南京师范大学出版社，1999.

刘晓东．儿童文化与儿童教育［M］．北京：教育科学出版社，2006.

刘晓东．解放儿童［M］．北京：新华出版社，2002.

刘晓东．“救救孩子”以及如何“救救孩子”——中国幼儿道德教育之改造［J］．学前教育研究，2004（11）．

刘晓东．论教育与天性［J］．南京师大学报：社会科学版，2003（4）．

刘晓东．蒙蔽与拯救：评儿童读经［M］．南京：江苏教育出版社，2009.

刘晓东．童年资源：从贫乏的童年到丰饶的童年［J］．人民教育，2014（4）．

刘晓东．童心哲学史论——古代中国人对儿童的发现［J］．南京师大学报：社会科学版，2015（6）．

刘晓东．文化与儿童身体的发育［J］．教育理论与实践，1997（1）．

刘晓东．我们为什么要解放儿童［N］．中国教育报，2010－01－07.

刘晓东．先秦《学记》“禁于未发”章新诠［J］．南京师大学报：社会科学版，2008（2）．

刘晓东：华兹华斯《颂诗：忆幼年而悟永生》的儿童哲学意蕴［J］．教育学报，2015（4）．

刘绪源．1960年，为何突然批判陈伯吹［N］．南方周末，2012－05－11.

卢梭．爱弥儿［M］．李平沤，译．北京：商务印书馆，1994.

卢梭．论科学和艺术［M］．何兆武，译．北京：商务印书馆，1997.

卢梭．致博蒙书［M］．吴雅凌，译．北京：华夏出版社，2014.

鲁洁．超越性的存在——兼析病态适应的教育［J］．华东师范大学学报：教育科学版，2007（4）．

鲁洁．教育的原点：育人［J］．华东师范大学学报：教育科学版，2008（4）．

鲁克．创造心理学概论［M］．周义澄等，译．哈尔滨：黑龙江人民出版社，1985.

陆九渊．陆九渊集［C］．北京：中华书局，1980.

洛克．自然法论文集［M］．刘时工，译．上海：上海三联书店，2012.

马克思．1844年经济学—哲学手稿［M］．刘丕坤，译．北京：人民出版社，1979.

蒙台梭利．蒙台梭利幼儿教育科学方法［M］．任代文，译．北京：人民教育出版社，1993.

蒙台梭利．童年的秘密［M］．马荣根，译．北京：人民教育出版社，1990.

裴斯泰洛齐．葛笃德如何教育他的子女［M］//裴斯泰洛齐教育论著选．夏之莲等，译．北京：人民教育出版社，2001.

皮亚杰．儿童的语言与思维［M］．傅统先，译．北京：文化教育出版社，1980.

皮亚杰．发生认识论原理［M］．王宪钿等，译．北京：商务印书馆，1995.

奇金．马克思的自白［M］．彭卓吾，译．北京：华龄出版社，1990.

钱德洪．刻文录叙说［M］//王阳明全集（下）．上海：上海古籍出版社，1992.

荣格．怎样完善你的个性［M］．刘光彩，译．北京：中国国际广播出版社，1989.

邵博．邵氏闻见后录：卷四［C］．北京：中华书局，1983.

司富珍．乔姆斯基访谈录［M］//司富珍．语言论题：乔姆斯基生物语言学视角下的语言和语言研究．北京：中国社会科学出版社，2008.

苏霍姆林斯基．把整个心灵献给孩子［M］．唐其慈等，译．天津：天津教育出版社，1981.

苏霍姆林斯基．给女儿的信//苏霍姆林斯基．苏霍姆林斯基选集：第5卷．刘伦振，译．北京：教育科学出版社，2001.

苏霍姆林斯基．苏霍姆林斯基选集：第 3 卷［C］．北京：教育科学出版社，2001.

苏霍姆林斯基．苏霍姆林斯基选集：第 5 卷［C］．北京：教育科学出版社，2001.

苏令．别在儿童教育的道路上南辕北辙（刘晓东访谈论录）［J］．中国教育报，2010－05－07.

孙中山．建国方略［A］．孙中山选集［C］．北京：人民出版社，1981.

孙中山．致海外国民党同志函（1920 年 1 月 29 日）//孙中山．孙中山全集：第五卷．北京：中华书局，1985.

田中禾．眷念皇帝［J］．随笔，2003（2）.

涂元季，顾吉环，李明整理．钱学森最后一次系统谈话：大学要有创新精神［N］．人民日报，2009－11－05.

王守仁．传习录中·训蒙大意示教读刘伯颂等［M］//王守仁．王阳明全集（上）．上海：上海古籍出版社，1992.

王守仁．年谱一［M］//王阳明全集（下）：卷三十三，上海：上海古籍出版社，1992.

王泰然．活教育的主张能使中国旧教育变活吗？——与活教育社商榷［J］．人民教育，1951（5）.

威廉·克伯屈．回忆杜威和他的影响［C］//简·杜威．杜威传．单中惠，编译，合肥：安徽教育出版社，1987.

维果茨基．维果茨基教育论著选［M］．余震球，选译．北京：人民教育出版社，1994.

温家宝．在二〇一〇年春节团拜会上的讲话（二〇一〇年二月十二日）［N］. 人民日报，2010－02－13.

温家宝：政治体制改革不成功　文革悲剧或重现［FB/OL］．［2015－11－15］．http：//news. sina. com. cn/c/2012－03－15/163424121073. shtml.

温家宝与吴康民谈阻碍内地改革的两股势力［FB/OL］．［2015－11－15］. http：//news. qq. com/a/20110503/001497. htm.

吴康民．总理邀我“一晤”［N］．南方都市报，2011－05－03.

吴盘生．苏霍姆林斯基夫人安娜·伊凡诺夫娜访问札记［J］．外国中小学教育，2001（4）.

严仲连．中国学前教育的殖民与后殖民［J］．学前教育研究，2009（4）.

杨东平．钱学森的教育遗产［FB/OL］．［2009－11－26］．http：//blog. sina. com. cn/s/blog _ 492471c80100fuzr. html？ tj＝1.

俞可平．思想解放与政治进步［M］．社会科学文献出版社，2008.

张焕庭主编．西方资产阶级教育论著选［M］．北京：人民教育出版社，1979.

张凌光．评“活教育”的基本原则［J］．人民教育，1951（6）.

张文洁．中国幼儿教育价值取向的历史演变及其启示［J］．教育导刊（下半月），2010（5）.

张锡金．陈鹤琴终生未了的心愿［J］．钟山风雨，2010（3）.

中共中央文献研究室．关于建国以来党的若干历史问题的决议注释本（修订）［M］．北京：人民出版社，1985.

中国人民政治协商会议第八届全国委员会第016号提案《建立幼年古典学校的紧急呼吁》，提案人：赵朴初、冰心、曹禺、夏衍、叶至善、启功、吴冷西、陈荒煤、张志公［FB/OL］．［2015－12－31］．http：//www. dujing. org/ClCms/Article/ShowInfo. asp？ InfoID＝1093.

周昌忠编译．创造心理学［M］．北京：中国青年出版社，1983.

周国平．尼采：在世纪的转折点上［M］．上海：上海人民出版社，1986.

说　明

这里对本书所收各文的刊发情况做如下说明。

第一章：

《童年的意义》是一篇访谈录。该访谈录由《人民教育》记者朱哲主持，访谈录的部分内容以《童年的意义》为题发表于《人民教育》2014 年第 11 期。此处发表的是访谈录的未删节稿，其字数比已发表文字多出一倍以上。

《自然教育学史论》，刊于《南京师大学报：社会科学版》2016 年第 6 期。

《天性为教育立法》，刊于《湖南师范大学教育学报》2016 年第 3 期。

《对教育自然法的寻求》，未刊。

《论儿童教育学的古今中西问题》，刊于《南京师大学报：社会科学版》2010 年第 6 期。

《反对反自然的无儿童的教育学》，以《评反自然的无儿童的教育学》为题刊于《全球教育展望》2016 年第 1 期。

《儿童教育的现代立场和现代观念》，以《教育观念现代化是教育现代化的内核》为题刊于《未来教育家》2014 年第 4 期。

第二章：

《别在儿童教育的道路上南辕北辙》，发于《中国教育报》2010－05－07 第 4 版。

《树立儿童本位的课程观》，原题《摒弃“双基”理论，树立儿童本位的课程观》，刊于《全球教育展望》2010 年第 6 期。

《建设现代形态的课程理论》，原题《“双基”理论相悖于教育学的现代观念》，刊于《全球教育展望》，2010 年第 11 期。

《教学：全方位面向宇宙和人生》，作为刁培萼教授主编《智慧型教师素质探新》（教育科学出版社 2005 年版）一书的第四章“教学的智慧”首次发表。

《政治与学术的双重变调》，以《政治改造背景下陈鹤琴的生活与思想》为题刊于《南京师大学报：社会科学版》2012 年第 6 期。

《教育学的异化与回归》，原题为《教育学在中国的异化与回归——评鲁洁教授的论文〈超越性的存在〉和〈教育的原点：育人〉》，见《静水流深见气象——鲁洁先生的教育思想和教育情怀》，教育科学出版社 2010 年版。

《走出教育的困局》，以《中国教育的困局与出路》为题刊于《江苏教育》2011 年第 29 期。

第三章：

《儿童读经运动：反将“启蒙”变“蒙启”》，以《评儿童读经运动》为题刊于《学术界》2009 年第 3 期。第四、第五部分为新添内容。

《保全童心便是弘扬传统文化》，该文是中国教育报记者常晶所做的访谈录，发表于该报头版头条，见记者常晶：《保全童心便是弘扬传统文化——访南京师范大学教授刘晓东》，中国教育报 2016 年 1 月 17 日第 1 版。考虑到报纸读者的阅读特点，访谈录发表时删削了部分论证环节。此处发表的是访谈录的未删节稿。

《在儿童读经运动的背后》，以《“儿童读经”背后的文化弊病与教育弊病》为题刊于《教育导刊》2012 年第 4 期。

《创新需要超越习俗常规》，以《超常规性格：创造的首要因素》为题刊于《学术交流》1995 年第 3 期，这里多有修订。

《“奥威尔问题”》，以《论“奥威尔问题”》为题刊于《学术界》2010 年第 11 期。

《教育与启蒙》，以《论道德教育的文化使命》刊于《南京师大学报：社会科学版》2005 年第 6 期。

《童心与创新》，未刊。

跋

回首来时路，或许有助读者了解该书所由出。

在读学士、硕士学位期间，我所学专业都是学前教育学。读博士学位时所学则是教育学原理。获得博士学位后留在学前教育学学科工作。不过，无论是学习学前教育学，还是学习教育学原理，我从未忘记教育是与社会大系统、文化大系统血肉相连的，从未忘记教育与儿童具有本末关系。教育系统的核心是儿童，现代教育学体系就是以“发现儿童”为起点的，就是以儿童为“太阳”的（杜威语）；教育作为特殊的社会、文化概念，它通过面对、包涵和提炼全部的社会和文化系统，以便为人的天性资源（可人格化为中国的“赤子”、西方的“自然人”概念）的展开（即儿童的成长的内部因素的展开）提供必要的外部条件，与此同时，作为儿童成长外部条件的社会要素与文化要素在教育过程中得以传递与再生。

既然是研究学前教育学，当然首先应当了解和研究学前教育的对象即学前儿童。而学前教育、学前儿童都是与学制相关的概念，而研究学前儿童，有时需要聚焦“学前儿童”发展的社会层面；有时又必须去除“学前儿童”概念上社会学、文化学、教育学的涂抹，而将学前儿童还原为新生儿、婴儿、幼儿等概念，这些概念只是儿童概念的时间向度的一部分；而要深刻理解新生儿、婴儿、幼儿等概念，就必须深刻理解“儿童”这个“大”概念而不只是新生儿、婴儿、幼儿等“小”概念；要深刻了解学前儿童、学生、受教育者等教育学概念，又必须了解其背后的“儿童”这个“自然”概念。

当然，在面对托儿所、幼儿园、小学现场和身边的儿童时，在试图走进儿童世界时，我的童年、我曾经是的那个儿童再度登场，——或许它从未离开。与其这样言说，毋宁说，我再度复归到我的童年，复归到我们共同拥有的永恒的童年。——“天生德于予”（《论语·述而》），这是一笔多么珍贵的赐予。命运的赐予！天命的赐予！

可以说，读学前教育学专业，促使我研究“儿童”，——不得不研究“儿童”。

而“儿童”这个概念引领我进入儿童教育学研究。现在看来，我以儿童研究作为儿童教育学的入口是十分幸运的。为什么这样说呢？上面已经提到，现代教育学的演进历史表明，传统教育之所以转变为现代教育，正是因为对儿童的“发现”。选择儿童研究作为儿童教育学的入口，使我免入各种旁门左道。

我的学士学位论文是研究幼儿创造性及其培养问题，其实质就是保护儿童的天性，保护儿童天生的创造性问题。硕士学位论文是将儿童看作“伦理学家”而研究“儿童的伦理学”，而博士学位论文则是研究“儿童精神哲学”。可以看出，我对儿童研究的兴趣由来已久。

拙著《儿童精神哲学》提出的“精神层论”，是说儿童拥有从肉身层面到本能与无意识层面再到意识层面的精神系统。《儿童精神哲学》第六章的第一节还就“生物发生与精神发生：融会与整合”这一专题进行阐述。思考与写作这些问题，时在20世纪90年代，我还完全不知有梅洛·庞蒂此人（当时没有相关的汉译文献，汉语世界尚未关注此人），而梅洛·庞蒂便是试图将人的生物学层面与精神层面实现统整、同一的学者。

现在看来，“精神层论”的这一进路反过来，就是从意识层面到本能与无意识层面再到肉身层面，于是，“精神层论”反身即为“身体层论”。也就是说，《儿童精神哲学》这部书在某种意义上亦可谓“儿童身体哲学”。

儿童精神哲学研究对于我教育学研究的推进便是拙著《儿童教育新论》书稿的诞生，尽管该书的出版早于《儿童精神哲学》。我导师（博士学位论文的指导老师）鲁洁教授在《儿童教育新论》的《序》中写道：该书“力图从儿童自身的诸种精神现象的特点及其发生发展规律出发来建立儿童教育学的理论体系。以往各种教育学教材和专著虽然也将教育与儿童身心特点相适应作为基本规律”，但“一般只是将儿童的生理和心理的形式面（如认识、情感、意志等）等的简单描述作为论证根据”，“本书则对儿童的哲学、科学、伦理学、艺术等方面的内在精神世界做了深入阐释，并力图据此探索儿童教育学的理论与方法”。《儿童教育新论》是如此进行教育研究的，我后来出版的《解放儿童》《儿童文化与儿童教育》《蒙蔽与拯救：评儿童读经》依然如此进行教育研究。这本《教育自然法的寻求》还是如此。这就意味着，我的教育观是以人为本的，是以儿童为本位的。

我对儿童或童年的认识也在逐步扩展：从关注儿童心理的形式发展，到关注儿童精神世界，再到对“童年资源”的追索；古代中国人便对“童年资源”

做过追索，《儿童精神哲学》特别是其最后一章也是对“童年资源”的探讨；其后，重点对中国的童心主义思想传统与西方儿童中心的现代教育学传统做会通；童年资源不仅仅是教育、教育学的起点与旨归，亦是人类文明、理想社会的起点、动力和目的；人是成人与儿童的合集，而“儿童是成人之父”（华兹华斯语），因而“以人为本”这一原则其内核是“儿童本位”；先秦时期老子、孟子等人开创了中国的童心主义思想传统，童心主义是中国的儿童本位思想，西方的儿童中心论与中国的童心主义是可以相互会通的。儿童本位观或童心主义作为思想原则是对人本主义的充实、发展与推进。即将出版的另一本拙著《从童年哲学到童心主义》会展示这些构想。这本《教育自然法的寻求》便是以这样一种儿童观、儿童本位观或童心主义为理论基础的。

本书收入的文章大都发表过，有的尚未发表。有的发表时限于篇幅做了删减，例如，有的访谈录由于考虑到报纸读者的特点和需要，于发表时相关编辑将理论推导等文字做了简化处理。这里收录的均是我保留的原稿，同时，我也对这些原稿做了修订乃至增补，有的还做了大量增补。在此对发表了相关文章的报刊及相关编辑表达谢意，对这些报刊允许我对这些文章进一步加工并结集出版谨致谢忱。

江苏教育出版社金玲副社长对本书出版给予了大力支持，责任编辑沈静明、王红梅对本书做了细致的审校工作，这里一并深深感谢。

本书是国家社会科学基金教育学类一般课题“儿童教育的现代立场与现代观念研究”（项目批准号：BAA140011）的成果之一，谨此说明。

图书在版编目(CIP)数据

教育自然法的寻求 / 刘晓东著. — 南京：江苏凤凰教育出版社，2018.7

ISBN 978-7-5499-7528-0

Ⅰ.①教… Ⅱ.①刘… Ⅲ.①教育研究 Ⅳ.①G40-03

中国版本图书馆 CIP 数据核字(2018)第 177351 号

书　　名　教育自然法的寻求
作　　者　刘晓东
责任编辑　王红梅　沈静明
装帧设计　刘　俊　张　颖
出版发行　江苏凤凰教育出版社(南京市湖南路 1 号 A 楼　邮编 210009)
苏教网址　http://www.1088.com.cn
照　　排　江苏凤凰制版有限公司
印　　刷　江苏凤凰通达印刷有限公司(电话 025-57572508)
厂　　址　南京市六合区冶山镇(邮编 211523)
开　　本　718×1000 毫米　1/16
印　　张　17.25
版　　次　2018 年 11 月第 1 版
　　　　　　2018 年 11 月第 1 次印刷
书　　号　ISBN 978-7-5499-7528-0
定　　价　45.00 元
网店地址　http://jsfhjycbs.tmall.com
公 众 号　苏教服务(微信号:jsfhjyfw)
邮购电话　025-85406265,025-85400774,短信 02585420909
盗版举报　025-83658579